2025年度版

山梨県の保健体育科

過去問

協同教育研究会 編

協同出版

本書には，山梨県の教員採用試験の過去問題を収録しています。各問題ごとに，以下のように5段階表記で，難易度，頻出度を示しています。

難　易　度

非常に難しい　☆☆☆☆☆
やや難しい　☆☆☆☆
普通の難易度　☆☆☆
やや易しい　☆☆
非常に易しい　☆

頻　出　度

◎　ほとんど出題されない
◎◎　あまり出題されない
◎◎◎　普通の頻出度
◎◎◎◎　よく出題される
◎◎◎◎◎　非常によく出題される

※本書の過去問題における資料，法令文等の取り扱いについて

本書の過去問題で使用されている資料や法令文の表記や基準は，出題された当時の内容に準拠しているため，解答・解説も当時のものを使用しています。ご了承ください。

はじめに～「過去問」シリーズ利用に際して～

教育を取り巻く環境は変化しつつあり，日本の公教育そのものも，教員免許更新制の廃止やGIGAスクール構想の実現などの改革が進められています。また，現行の学習指導要領では「主体的・対話的で深い学び」を実現するため，指導方法や指導体制の工夫改善により，「個に応じた指導」の充実を図るとともに，コンピュータや情報通信ネットワーク等の情報手段を活用するために必要な環境を整えることが示されています。

一方で，いじめや体罰，不登校，暴力行為など，教育現場の問題もあいかわらず取り沙汰されており，教員に求められるスキルは，今後さらに高いものになっていくことが予想されます。

本書の基本構成としては，出題傾向と対策，過去5年間の出題傾向分析表，過去問題，解答および解説を掲載しています。各自治体や教科によって掲載年数をはじめ，「チェックテスト」や「問題演習」を掲載するなど，内容が異なります。

また原則的には一般受験を対象としております。特別選考等については対応していない場合があります。なお，実際に配布された問題の順番や構成を，編集の都合上，変更している場合があります。あらかじめご了承ください。

最後に，この「過去問」シリーズは，「参考書」シリーズとの併用を前提に編集されております。参考書で要点整理を行い，過去問で実力試しを行う，セットでの活用をおすすめいたします。

みなさまが，この書籍を徹底的に活用し，教員採用試験の合格を勝ち取って，教壇に立っていただければ，それはわたくしたちにとって最上の喜びです。

協同教育研究会

C O N T E N T S

第１部

山梨県の
保健体育科
出題傾向分析

山梨県の保健体育科　傾向と対策

2024年度の山梨県の保健体育科は，中学校と高等学校の校種別問題で実施された。中学校は大問4問，高等学校は大問8問で，どちらも100点満点の出題であり，これまでと同様であった。

出題内容の大きな特徴は，中高ともに学習指導要領及び同解説からの出題が多いことである。解答方式は，一部に選択式問題もあるがほとんどが記述式問題であり，難易度は高いといえる。まずは学習指導要領解説を精読して正しく理解しておく必要がある。さらに，学習指導要領や保健体育科用教科書のキーワードとなる言葉を確実に押えて，キーワードを用いて自分の言葉で記述解答ができるように練習を重ねておきたい。

また，各運動種目の基本技術や競技用語のほかに，指導方法や指導のポイントを問う出題もあり，保健体育科教員としての指導力を問われる問題といえる。

□　学習指導要領

中学校では，「第3章　指導計画の作成と内容の取扱い，1 指導計画の作成」に関わって，体育分野は「Gダンス」，「A体つくり運動」に関わって，保健分野は「(1)健康な生活と疾病の予防」に関わって空欄補充問題を中心に出題された。

高等学校では，科目体育は「C陸上競技」，「H体育理論」に関わって，科目保健は「(3)生涯を通じる健康」に関わって出題された。また，「第3章　各科目にわたる指導計画の作成と内容の取扱い，第1節　指導計画作成上の配慮事項」より「障害のある生徒などへの指導」に関わって出題された。

中高ともに記述式がほとんどで，相当の知識量や理解力が求められているので，ポイントとなる用語については学習指導要領及び同解説を精読し正しく理解しておく必要がある。学習指導要領の改訂から時が経ってきて，「各運動種目の指導内容の例示」，「指導計画の作成」，「内容の取扱い」，「障害のある生徒などへの指導」などに関わる出題が見られるようになっており，細部にわたる対策が必要である。

□　運動種目

中学校では，各スポーツのルールや技術の名称を答えさせる問題が「マット運動」，「相撲」，「サッカー」，「陸上競技」に関わって出題された。教師の指導については「バレーボール，ルールの工夫」，「水泳，平泳ぎの呼吸法」に関わって出題された。また，学習指導要領からは「Gダンス，第3学年，(1)知識及び技能」，「A体つくり運動，第1学年及び第2学年，(3)学びに向かう力，人間性等」に関わって出題された。なお，ICT機器の活用の仕方等については，これまでは運動種目に関わって出題されていたが2024年度は保健学習に関わって出題された。

高等学校では，技術の名称やルールについて「柔道」，「卓球」，「サッカー」，「ソフトボール」に関わって出題された。技能のポイントについては「陸上競技，走り高跳びの助走」，「柔道，前回り受け身」，「バレーボール，オーバーハンドパス」に関わって，いずれも記述式で出題された。また，学習指導要領からは「C陸上競技，入学年次の次の年次以降，(1)知識及び技能」に関わって出題された。

保健体育科教員として理解しておくべき事柄であり，各運動種目の基本技術や競技用語，ゲームの進め方やルールなどについてルールブック等で確認し，正しく理解しておくようにしたい。また，指導法及び指導のポイントや留意点を問う問題については，学習指導要領解説に示されている指導上の留意点をよく確認しておくことと，「学校体育実技指導資料」(文部科学省)等の資料を活用して学習を進めておく必要がある。

□　体育理論

中学校では，2024年度は体育理論についての出題は見られなかった。なお，2023昨年度は「アダプテッド・スポーツ」について説明を求める記述式問題が出題されている。

高等学校では，「オーバーロードの原理」について説明する問題，学習指導要領から「3豊かなスポーツライフの設計の仕方」に関わって出題された。

対策としては，学習指導要領解説の精読だけでなく，保健体育科用教科書を活用して学習しておくことも必要である。特に高等学校の教科書レベルの知識は，中高ともに確実に身につけておきたい。また，関連資料やJOCやJPC，スポーツ庁のホームページなどを参照しておくとよいだろう。

□ 保健分野・科目保健

中学校の保健分野では，学習指導要領から「(1)健康な生活と疾病の予防」に関わって空欄補充問題が記述式で出題された。また，「ヘルスプロモーション」，「環境適応能力」，「予防接種」について，簡潔な説明を求める記述式問題が出題された。なお，ICT機器の活用について，2023年度までは運動種目に関わって出題されていたが，2024年度は「保健の学習における効果的なICTの活用例」を問う問題が出題されている。

高等学校の科目保健では，保健体育科用教科書の内容から「(2)安全な社会生活」の「事故の要因及び交通事故の補償などの法的責任」に関わって出題された。学習指導要領からは「(3)生涯を通じる健康，ア思春期と健康」の「指導に当たっての配慮事項」に関わって，「第3章 指導計画の作成と内容の取扱い，第1節 指導計画作成上の配慮事項」の「保健の標準単位数と履修学年」に関わって出題された。また，「HACCP」，「平均寿命」，「正常性バイアス」について，簡潔な説明を求める記述式問題が出題された。

対策としては，学習指導要領及び同解説の内容を十分に理解した上で，中学校及び高等学校で使用されている保健体育科用教科書を活用し，本文中の太字の語句・キーワード，脇の余白の側注の説明に注意し，記述による説明問題に対する十分な学習を積み重ねておくことが大切である。

過去5年間の出題傾向分析

◎：3問以上出題　●：2問出題　○：1問出題

分　類	主な出題事項			2020年度 中	2020年度 高	2021年度 中	2021年度 高	2022年度 中	2022年度 高	2023年度 中	2023年度 高	2024年度 中	2024年度 高
中学学習指導要領	総説										○		
	保健体育科の目標及び内容			◎		◎		●		◎	◎	◎	
	指導計画の作成と内容の取扱い			○			○					◎	
高校学習指導要領	総説								○				
	保健体育科の目標及び内容				◎				●				◎
	各科目にわたる指導計画の作成と内容の取扱い				◎		○						◎
運動種目 中〈体育分野〉 高「体育」	集団行動												
	体つくり運動			○	○			○				○	
	器械運動			◎	○		○	●	○		○	○	
	陸上競技			○	○	○			○	●		○	◎
	水泳			○	○	◎		○	○			○	
	球技	ゴール型	バスケットボール	○	●					○			
			ハンドボール		○	○					○		
			サッカー				○	○	○			○	○
			ラグビー		○	○					○		
		ネット型	バレーボール	○		○	○				○	○	○
			テニス				○			○	○		
			卓球							○			○
			バドミントン	○				○	○		○		
		ベースボール型	ソフトボール					○		○			○
	武道	柔道			○			○	●				●
		剣道					○		○	○			
		相撲										○	
	ダンス			○		○	○	○				○	
	その他（スキー，スケート）												
	体育理論			◎	◎	◎	○	○	○	○	○		○
中学〈保健分野〉	健康な生活と疾病の予防			◎		○		○		●		◎	
	心身の機能の発達と心の健康							○					
	傷害の防止			○				○		○			
	健康と環境					◎						○	
高校「保健」	現代社会と健康				○		◎		●		◎		○
	安全な社会生活				◎						◎		◎
	生涯を通じる健康										○		○
	健康を支える環境づくり				○				●				○
その他	用語解説			◎	◎	◎	◎						
	地域問題												

第２部

山梨県の
教員採用試験
実施問題

2024年度　実施問題

【中学校】

【1】中学校学習指導要領解説「保健体育編」について，(1)～(4)に答えよ。

(1)　次は，「第3章　指導計画の作成と内容の取扱い　1　指導計画の作成」についての一部である。以下の①～③に答えよ。

> (1)　単元など内容や時間のまとまりを見通して，その中で育む資質・能力の育成に向けて，生徒の[A]主体的・対話的で深い学びの実現を図るようにすること。その際，体育や保健の見方・考え方を働かせながら，運動や健康についての自他の課題を発見し，その(　a　)な解決のための活動の充実を図ること。また，運動の楽しさや喜びを味わったり，健康の大切さを実感したりすることができるよう(　b　)すること。

> (2)　授業時数の配当については，次のとおり扱うこと。
>
> ア　保健分野の授業時数は，3学年間で(　c　)単位時間程度配当すること。
>
> イ　保健分野の授業時数は，3学年間を通じて適切に配当し，各学年において効果的な学習が行われるよう考慮して配当すること。
>
> ウ　体育分野の授業時数は，各学年にわたって適切に配当すること。その際，体育分野の内容の「A体つくり運動」については，各学年で(　d　)単位時間以上を，「H(　e　)」については，各学年で3単位時間以上を配当すること。
>
> エ　体育分野の内容の「B(　f　)」から「Gダンス」までの

領域の授業時数は，それらの内容の習熟を図ることができるよう考慮して配当すること。

(3) B障害のある生徒などについては，学習活動を行う場合に生じる困難さに応じた(g)や指導方法の工夫を計画的，(h)に行うこと。

① (a)～(h)にあてはまることばと数字を，それぞれ記せ。

② 下線部Aについて，次の文の(i)にあてはまる三つのことばを記せ。

主体的・対話的で深い学びの実現に向けた授業改善を進めるに当たり，特に「深い学び」の視点に関して，各教科等の学びの深まりの鍵となるのが「見方・考え方」である。各教科等の特質に応じた物事を捉える視点や考え方である「見方・考え方」を，(i)という学びの過程の中で働かせることを通じて，より質の高い深い学びにつなげることが重要である。

③ 下線部Bについて，次の文(ii)にあてはまることばを記せ。なお，(ii)には同じことばが入るものとする。

特に，保健体育科においては，実技を伴うことから，全ての生徒に対する健康・安全の確保に細心の(ii)が必要である。そのため，生徒の障害に起因する困難さに応じて，複数教員による指導や個別指導を行うなどの(ii)をすることが大切である。

(2) 次は，「〔保健分野〕2 内容 (1)健康な生活と疾病の予防」の一部である。以下の①～③に答えよ。

(1)　健康な生活と疾病の予防について，課題を発見し，その解決を目指した活動を通して，次の事項を身に付けることができるよう指導する。
ア　健康な生活と疾病の予防について理解を深めること。
(ア)　健康は，主体と(　a　)の相互作用の下に成り立っていること。また，疾病は，主体の要因と(　a　)の要因が関わり合って(　b　)すること。
(イ)　健康の保持増進には，(　c　)，生活環境等に応じた運動，A食事，休養及び睡眠の(　d　)のとれた生活を続ける必要があること。
(ウ)　生活習慣病などは，(　e　)，食事の量や質の偏り，休養や睡眠の不足などの生活習慣の(　f　)が主な要因となって起こること。また，生活習慣病などの多くは，適切な運動，食事，休養及び睡眠の(　d　)のとれた生活を実践することによって予防できること。

①　(　a　)～(　f　)にあてはまることばを，それぞれ記せ。なお，同じアルファベットには同じことばが入るものとする。

②　上記の(ア)と(ウ)を取り扱う学年を，それぞれ記せ。

③　下線部Aについて，「保健体育編」には，次のような記述がある。(　i　)と(　ii　)にあてはまることばを，それぞれ記せ。

食事には，健康な身体をつくるとともに，運動などによって消費された(　i　)を補給する役割があることを理解できるようにする。また，健康を保持増進するためには，毎日適切な時間に食事をすること，年齢や運動量等に応じて栄養素の(　ii　)や食事の量などに配慮することが必要であることを理解できるようにする。

(3)　次は，「G　ダンス　[第3学年]　(1)知識及び技能」である。(　a　)～(　e　)にあてはまることばを，以下の①～⑩からそれぞれ一つ選び，記号で記せ。

> (1) 次の運動について，感じを込めて踊ったり，みんなで(a)に踊ったりする楽しさや喜びを味わい，ダンスの名称や用語，踊りの特徴と表現の仕方，交流や発表の仕方，(b)の方法，体力の高め方などを理解するとともに，イメージを深めた表現や踊りを通した交流や発表をすること。
> ア 創作ダンスでは，表したいテーマにふさわしいイメージを捉え，個や群で，緩急(c)のある動きや空間の使い方で変化を付けて即興的に表現したり，簡単な作品にまとめたりして踊ること。
> イ フォークダンスでは，日本の民踊(よう)や外国の踊りから，それらの踊り方の特徴を捉え，音楽に合わせて特徴的な(d)や動きと組み方で踊ること。
> ウ 現代的なリズムのダンスでは，リズムの特徴を捉え，変化と(e)を付けて，リズムに乗って全身で踊ること。

① 一斉　② 仲間の観察　③ ステップ
④ ビート　⑤ 高低　⑥ まとまり
⑦ 自由　⑧ 強弱　⑨ 運動観察
⑩ シンコペーション

(4) 次は，「A 体つくり運動 [第1学年及び第2学年] (3)学びに向かう力，人間性等」である。(a)~(c)にあてはまることばを，それぞれ記せ。

> (3) 体つくり運動に(a)に取り組むとともに，仲間の学習を援助しようとすること，一人一人の(b)に応じた動きなどを認めようとすること，話合いに(c)しようとすることなどや，健康・安全に気を配ること。

(☆☆☆◎◎◎)

【2】次の(1)～(3)に答えよ。

(1)　マット運動において，倒立前転は何系の技か，記せ。

(2)　相撲において，安全上の配慮から中学生以下で禁止されている技を一つ，記せ。

(3)　サッカーにおいて，自陣のペナルティエリア内で，直接フリーキックに相当する反則を行ったときに，相手チームに与えられるプレースキックを何というか，記せ。

(☆☆☆◎◎)

【3】次の(1)～(3)に答えよ。

(1)　球技「バレーボール」の学習では，空いた場所への攻撃を中心とした「ラリーの継続」についての学習課題を追究しやすいように，工夫したゲームを取り入れることが大切である。その工夫したゲームを二つ，記せ。

(2)　水泳「平泳ぎ」の学習で，「呼吸法を身に付けさせる」ための練習方法を二つ，記せ。

(3)　保健の学習において，生徒の資質・能力の育成に向けた効果的なICT機器の活用例を二つ，記せ。

(☆☆☆☆◎◎)

【4】次の(1)～(4)について，それぞれ簡潔に説明せよ。

(1)　ヘルスプロモーション

(2)　身体の環境に対する適応能力

(3)　ピッチとストライド

(4)　予防接種

(☆☆☆☆◎◎◎)

【高等学校】

【1】次の(1)，(2)の問い に答えよ。

(1)　次の文の(　①　)～(　④　)に当てはまる語句を，以下のア～クからそれぞれ一つ選び，記号で記せ。なお，同じ番号には同じ記号が入るものとする。

事故は単独の原因で発生するのではなく，複数の様々な要因が関係して発生している。その原因は，大きく(　①　)要因と環境要因に分けることができる。(　①　)要因としては，知識不足などによって周りの状況を把握できないことや，不注意や先入観などによる判断の誤りが挙げられる。

自動車の運転席からの(　②　)などの車両特性をよく理解しておくことは，交通事故の危険(　③　)・危険(　④　)の基礎となる。

ア　死角　　イ　直面　　ウ　目視　　エ　人的　　オ　予測
カ　物的　　キ　回避　　ク　実測

(2)　交通事故や交通違反をした運転者は，次の三つの責任を負うことになる。(　a　)～(　c　)に当てはまる語句をそれぞれ記せ。

他人を死傷させたり，飲酒運転や速度超過などの危険運転をしたりすると，罰金刑や懲役刑が科される(　a　)上の責任。

他人を死傷させたり，ものを壊したりすることに対して，損害を賠償する(　b　)上の責任。

違反や事故の種類，過失の程度に応じて，反則点数が科せられ，点数が一定以上になると免許停止・取り消しの処分を受ける(　c　)上の責任。

(☆☆◎◎◎)

【2】次の(1)～(4)の問いに答えよ。

(1)　柔道の進退動作で，一方の足が他方の足を越さないように足を運ぶ歩き方を何というか，記せ。

(2)　卓球のサービスは，ボールを手のひらからほぼ垂直に何cm以上投げ上げなければならないか，記せ。

(3)　サッカーで，各自が守る地域の分担を決めて，自分の地域に入ってきた相手をマークする守り方を何というか，記せ。

(4)　ソフトボールで，一塁での打者走者と守備者の接触する危険を回避するためのベースを何というか，記せ。

(☆☆☆◎◎◎◎)

【3】次の(1)～(3)の問いに答えよ。

(1)　陸上競技の走り高跳びにおいて，背面跳びの助走で行う曲線助走の利点を記せ。

(2)　柔道において，前回り受け身の技能のポイントを記せ。

(3)　バレーボールにおいて，オーバーハンドパスの技能のポイントを記せ。

(☆☆☆☆◎◎)

【4】次の文章は，高等学校学習指導要領(平成30年告示)「第2章　第6節　第2款　第1　体育　2　内容　C　陸上競技」の一部である。以下の(1)，(2)の問いに答えよ。

陸上競技について，次の事項を身に付けることができるよう指導する。

(1)　次の運動について，記録の向上や競争及び自己や仲間の課題を解決するなどの多様な楽しさや喜びを味わい，技術の名称や行い方，体力の高め方，課題解決の方法，競技会の仕方などを理解するとともに，各種目(　①　)の技能を身に付けること。

ア　短距離走・リレーでは，(　②　)の高いスピードを維持して速く走ることやバトンの受渡しで<u>次走者と前走者の距離を長くする</u>こと，長距離走では，(　③　)の変化に対応して走ること，ハードル走では，スピードを維持した走りからハードルを(　④　)リズミカルに越すこと。

イ　走り幅跳びでは，スピードに乗った助走と力強い踏み切りから着地までの動きを(　⑤　)にして跳ぶこと，走り高跳びでは，スピードのあるリズミカルな助走から力強く踏み切り，(　⑤　)な空間動作で跳ぶこと，三段跳びでは，短い助走からリズミカルに(　⑥　)して跳ぶこと。

ウ　砲丸投げでは，立ち投げなどから砲丸を(　⑦　)出して投げること，やり投げでは，短い助走からやりを(　⑧　)にまっすぐ投げること。

(1)　(　①　)～(　⑧　)に当てはまる語句を，次のア～ソからそれぞれ一つ選び，記号で記せ。なお，同じ番号には同じ記号が入るものとする。

ア　特有　　イ　高く　　ウ　ペース　　エ　突き　　オ　初速
カ　連続　　キ　前方　　ク　中間走　　ケ　斜め　　コ　滑らか
サ　低く　　シ　踏み　　ス　軽やか　　セ　基本　　ソ　起伏

(2)　下線部について述べた次の文の空欄を埋めよ。

次走者と前走者の距離を長くするとは，バトンパスのときの両走者間の距離(利得距離)を得るために，[　　　]状態でバトンの受渡しをすることである。

(☆☆◎◎◎◎)

【5】高等学校学習指導要領(平成30年告示)解説　保健体育編　体育編　第1部　保健体育編について，次の(1)，(2)の問いに答えよ。

(1)「第2章　第2節「保健」3　内容　(3)　生涯を通じる健康　ア　知識　(ア)　生涯の各段階における健康　㋐　思春期と健康」の指導に当たって，配慮することが大切な事項を記せ。

(2)「第3章　第1節　2「保健」(3)「保健」の標準単位数と履修学年」に，「保健は，原則として入学年次及びその次の年次の2か年にわたり履修させること。」と示されているが，その理由を記せ。

(☆☆☆☆◎◎◎)

【6】次の文章は，高等学校学習指導要領(平成30年告示)解説　保健体育編　体育編「第1部　第3章　第1節　3　体育　及び　保健　(2)　障害のある生徒などへの指導」の一部である。以下の(1)，(2)の問いに答えよ。

> (6)　障害のある生徒などについては，学習活動を行う場合に生じる困難さに応じた指導内容や指導方法の工夫を計画的，(　①　)に行うこと。

障害者の権利に関する条約に掲げられた(　②　)教育システムの構築を目指し，児童生徒の自立と(　③　)を一層推進していくためには，通常の学級，(　④　)による指導，小・中学校における特別支援学級，特別支援学校において，児童生徒の十分な学びを確保し，一人一人の児童生徒の障害の状態や発達の段階に応じた指導や支援を一層(　⑤　)させていく必要がある。

高等学校の通常の学級においても，発達障害を含む障害のある生徒が在籍している可能性があることを前提に，全ての教科等において，一人一人の教育的ニーズに応じた(　⑥　)指導や支援ができるよう，障害種別の指導の工夫のみならず，各教科等の学びの過程において考えられる困難さに対する指導の工夫の意図，(　⑦　)を明確にすることが重要である。

(中略)

特に，保健体育科においては，(　⑧　)を伴うことから，全ての生徒に対する健康・安全の確保に細心の配慮が必要である。そのため，生徒の障害に起因する困難さに応じて，(　⑨　)教員による指導や(　⑩　)を行うなどの配慮をすることが大切である。また，個々の生徒の困難さに応じた指導内容や指導方法については，学校や地域の実態に応じて適切に設定することが大切である。

(後略)

(1) (①)～(⑩)に当てはまる語句を記せ。

(2) 下線部について，次のア，イの場合の指導に際して，考えられる配慮の例を記せ。

ア 見えにくさのため活動に制限がある場合

イ 身体の動きに制約があり，活動に制限がある場合

(☆☆☆◎◎◎◎)

【7】次の文章は，高等学校学習指導要領(平成30年告示)解説 保健体育編 体育編「第1部 第2章 第2節 体育 3 内容 H 体育理論 3 豊かなスポーツライフの設計の仕方 ア 知識」の一部である。(①)～(⑥)に当てはまる語句を，以下のア～シからそれぞれ一つ選び，記号で記せ。

(イ) ライフスタイルに応じたスポーツとの関わり方

生涯にわたって「する，みる，支える，知る」などのスポーツを多様に継続するためには，ライフステージに応じたスポーツの(①)を見付けることに加え，それぞれの生き方や暮らし方といったライフスタイルに応じた(②)スポーツへの関わり方が大切であることを理解できるようにする。

また，ライフステージやライフスタイルによっては，仕事の種類や暮らし方によって運動に関わる機会が減少することもあるため，仕事と生活の(③)を図ること，運動の機会を生み出す工夫をすること，多様な関わり方を実現するための具体的な設計の仕方があることを理解できるようにする。

(ウ) スポーツ推進のための施策と諸条件

国や地方自治体は，スポーツの推進のために様々な施策を行っており，人や財源，施設や用具，情報などを人々に提供するなどの(④)整備を行っていること，また，スポーツの

推進を支援するために，企業や競技者の(　⑤　)貢献，スポーツ(　⑥　)や非営利組織(NPO等)などが見られるようになっていることを理解できるようにする。
　その際，我が国のスポーツ基本法やスポーツ基本計画等のスポーツの推進に関わる法律等やその背景についても触れるようにする。

ア　観戦者	イ　調和	ウ　楽しみ方	エ　常識的な
オ　両立	カ　無理のない	キ　会社	ク　案件
ケ　社会	コ　関心	サ　条件	シ　ボランティア

(☆☆◎◎◎)

【8】次の(1)～(4)について，説明せよ。
(1)　HACCP
(2)　平均寿命
(3)　オーバーロードの原理
(4)　正常性バイアス

(☆☆☆☆◎◎◎◎)

解答・解説

【中学校】

【1】(1)　①　a　合理的　　b　留意　　c　48　　d　7　　e　体育理論　　f　器械運動　　g　指導内容　　h　組織的　　②　習得・活用・探究　　③　配慮　　(2)　①　a　環境　　b　発生　　c　年齢　　d　調和　　e　運動不足　　f　乱れ　　②　(ア)　第1学年　　(ウ)　第2学年　　③　i　エネルギー　　ii　バランス　　(3)　a　⑦　　b　⑨　　c　⑧　　d　③　　e　⑥　　(4)　a　積極的　　b　違い　　c　参加

〈解説〉(1) ① a 合理的な解決とは，これまで学習した運動に関わる一般原則や運動に伴う事故の防止等の科学的な知識や技能を，自己や仲間の課題に応じて学習場面に適用したり，応用したりすること。 b 運動の楽しさや喜びを味わったり，健康の大切さを実感したりすることができるよう留意するとは，各運動領域の特性や魅力に応じた体を動かす楽しさや特性に触れる喜びを味わうことができるよう，また，健康の大切さを実感することができるよう指導方法を工夫すること。 c 3学年間で各分野に当てる授業時数は，全315単位時間中，体育分野は267単位時間程度，保健分野は48単位時間程度を配当することとしている。 d・e 「A体つくり運動」と「H体育理論」については，豊かなスポーツライフの実現に向けての基盤となる学習であることから，授業時数として，「A体つくり運動」は各学年で7単位時間以上を，「H体育理論」は各学年で3単位時間以上を配当することとしている。 f 「B器械運動」から「Gダンス」までの領域で，各領域に対する授業時数の配当をどのようにするかは，それぞれの領域について，どの程度習熟を図るかが重要な目安となる。 g 障害特性に配慮した指導内容や指導方法の工夫が必要であり，個々の生徒の困難さに応じた指導内容や指導方法については，学校や地域の実態に応じて適切に設定することが大切である。 h 学級担任や障害のある児童生徒本人を組織として支えるために，同学年の教員，専科担当教員，ティームティーチング担当教員等，その他学校内外の人材を活用して，教師一人による支援ではなく学校全体で組織として支援することが大切である。 ②「習得」は，基礎的な知識及び技能を身に付けること。「活用」は，基礎的な知識及び技能を使う思考力・判断力・表現力を身に付けること。「探究」は，自己が見つけた課題を，習得した知識・技能を活用して解決すること。なお，「活用」は教師が課題を出すこともあるが，「探究」は子どもが自ら課題を発見するもの。

③ 障害のある人が，教育や就業，その他社会生活において平等に参加できるよう，それぞれの障害特性や困りごとに合わせたり，障壁を取り除いたりするために行われる調整や変更への配慮(合理的配慮)が

必要である。　(2)　①　a　環境の要因には，温度や湿度などの物理的環境，有害化学物質などの化学的環境，ウイルスや細菌などの生物学的環境，人間関係や保健・医療機関などの社会的環境の要因がある。主体の要因には，年齢，性，免疫，遺伝などの素因と，生後に獲得された運動，食事，休養及び睡眠を含む生活上の習慣や行動の要因がある。　b　疾病の発生とは，健康が阻害された状態になること。
c　年齢に応じた運動とは，生涯の各段階のライフステージにある身体的，心理的，社会的特徴に応じた運動を行うこと。生活環境に応じた運動とは，その人のライフスタイルに関わる生き方や暮らし方に応じた運動を行うこと。　d　休養及び睡眠の調和とは，長時間の運動，学習，作業などは疲労をもたらすため，適切な休養及び睡眠によって疲労を蓄積しないようにすること。　e　運動不足は，体力の低下だけでなく，肥満症や動脈硬化，糖尿病などの生活習慣病の原因となる。一方，適度な運動は，体の各器官を発達させたり，体力を高めたり，気分転換など精神的にもよい効果がある。　f　生活習慣の乱れとは，運動不足，食事の量や質の偏り，休養や睡眠の不足，喫煙，過度の飲酒などの不適切な生活行動のこと。　②　(ア)・(ウ)　保健分野の「(1)健康な生活と疾病の予防」は，(ア)から(カ)の6項目で構成されており，(ア)・(イ)は第1学年，(ウ)・(エ)は第2学年，(オ)・(カ)は第3学年で取り扱うものとしている。　③　i　1日に消費するエネルギー量は，基礎代謝量に生活活動や運動によって消費されるエネルギー量を加えたものであり，消費したエネルギーは食事によって補給している。
ii　食物には様々な栄養素があり，栄養素の不足やとりすぎ，偏りは健康を害する原因となるため，体に必要な栄養素をバランスよくとる必要がある。　(3)　a　自由に踊るとは，フォークダンスなどの定型の踊りや，既存の振り付けを模倣する踊りではなく，全身を自由に動かして踊ること。　b　運動観察の方法には，自己や仲間の動き方を分析するための，自己観察や他者観察がある。例えば，ダンスを見せ合うことでお互いの動きを観察したり，ICT などで自己やグループの表現や踊りを観察したりすることなどがある。　c　緩急強弱のある動きや空間の使い方で変化を付けて即興的に表現するとは，緩急(時間的要素)や強弱(力の要素)の動きや，列・円などの空間の使い方に変化を付けて，思いつくままに捉えたイメージをすぐに動きに変えて表現すること。　d　特徴的なステップや動きと組み方とは，躍動的な動きや手振りの動きを強調する日本の民踊などの特徴的な動き，外国のフォークダンスでのパートナーとのステップや動きと組み方のこと。　e　変化とまとまりを付けてとは，短い動きを繰り返す，対立する動きを組み合わせる，ダイナミックなアクセントを加えるなどの変化や，個と群の動きを強調してまとまりを付けること。　(4)　a　体つくり運動に積極的に取り組むとは，発達の段階や学習の段階に適した課題を設定したり，運動を選んだり組み合わせたりする学習などに積極的に取り組むこと。　b　一人一人の違いに応じた動きなどを認めようとするとは，体の動きには，体力や性別，障害の有無等に応じた違いがあることを認めようとすること。　c　話合いに参加しようとするとは，ねらいに応じた行い方を話し合ったり，課題の合理的な解決に向けて話し合ったりする場面で，自らの考えを述べるなど積極的に参加しようとすること。

【2】(1)　回転系　　(2)　反り技，河津掛け，さば折り，かんぬき(極め出し，極め倒し)　　(3)　ペナルティキック(ペナルティーキック，PK)

〈解説〉(1)　マット運動の技は，回転系と巧技系に大別される。回転系はマットの上で回転する技で，巧技系はバランスをとりながら静止する技である。　(2)　柔道では絞め技や関節技，剣道では突き技，相撲では反り技，河津掛け，さば折り，かんぬきなどが，安全上の配慮から禁じられている禁じ技である。　(3)　ペナルティキックは，ペナルティーエリア内で守備側の選手が直接フリーキックに該当する危険な反則行為やハンドをしたときに，攻撃側の選手に与えられるフリーキックである。

【3】(1)　・ネットをはさんで，少ない人数から徐々に人数を増やしていくゲーム(プレイヤーの人数)　・小さいコートから大きいコートに広げていくゲーム(コートの広さ)　・やわらかいボールを使ったり，ネットの高さを低くしたゲーム(用具)　・ワンバウンドやワンキャッチを取り入れたゲーム(プレイ上の制限)　・パスを出す仲間やパスを受ける仲間の名前を呼びながら行うゲーム(声の掛け合い)から二つ　(2)　・ビート板を使って，両手で水を押さえながら，その反動を利用して顎を前に出し，顔を上げる練習。　・プル動作を行わずに，ストリームライン姿勢を保ちながらキックし，足を引き付けるタイミングで顔を上げ息を吸う練習。(両腕は水を押さえるつもりで)　・顔を水面につけ息を吐き，歩きながら顔を水面上に上げすぎないように息を吐く練習。　・浮きながら両手で水を押して浮上し，水上に出たら「パッ」と息を吐く練習。から二つ　(3)　・個人のICT端末で前時を振り返ったり，本日のめあてを確認し，授業の見通しをもたせること。　・本時の授業の学習状況をアンケート機能を使い集計し，リアルタイムで本時を振りかえること。　・実習の様子を撮影し，個のつまずきの把握とつまずきに応じた指導・支援に役立たせること。　・グループ等で情報を共有したり，自分の考えをグループの仲間に伝えること。　から二つ

〈解説〉(1)「空いた場所への攻撃を中心とした『ラリーの継続』」という学習課題を学びやすい教材に工夫することが大切である。「空いた場所への攻撃」は，「コート上の人数が少ない」，「低いネット」，「ワンキャッチ」などのルールの工夫により学びやすくなり，「ラリーの継続」は，「小さいコート」，「柔らかいボール」，「ワンバウンド」などのルールの工夫で学びやすくなる。　(2)　平泳ぎの呼吸法で上手くできない原因のひとつに，呼吸のタイミングが合わずに体が沈んでしまうことがある。ビート板を使って水を押さえたり，歩きながら顔を上げたりすることにより，上体を起こした時に息を吸うタイミングをつかむことができる。また，ストリームラインを保つことにより，体が沈まないようにすることができる。水を押して浮上し，水上に出たら

息を吐くことで，体が浮いたときに息を吐くタイミングをつかむことができる。　(3)　中学校学習指導要領解説保健体育編では，保健分野におけるICTの活用方法として，「健康情報の収集，健康課題の発見や解決方法の選択における情報通信ネットワーク等の活用などが考えられる」としている。解答例では，この具体例として，生徒に個別に授業の振り返りをさせることや授業の見通しを持たせること，一人一人の個別の指導や支援に活用すること，グループ活動で意見交換させることなどを挙げている。

【4】(1)　健康的な生活を送るためには，個人の努力とそれを支援するための社会的な取り組みの両方が必要であるという考え方のこと。

(2)　身体には，環境の変化に対応した調節機能があり，一定の範囲内で環境の変化に適応する能力のこと。　(3)　・ピッチは，一定時間の歩数のこと。ストライドは，1歩の歩幅のこと。　・自分に合った大きなストライドで，ピッチを高くすれば，走るスピードは速くなること。　・ピッチとストライドは，どちらか一方を意識的に高めようとすると，もう一方が低下してしまう関係性があること。

(4)　感染症の原因となる病原体に対する免疫ができる体の仕組みを使って，病気に対する免疫をつけたり，免疫を強くしたりするために，ワクチンを接種すること。

〈解説〉(1)　ヘルスプロモーションとは，1986年にWHO(世界保健機関)がオタワ憲章の中で提唱した健康戦略で，「人々が自らの健康をコントロールし，改善できるようにするプロセス」と定義されている。健康な生活を送るためには，個人が主体的に努力し，社会全体でそれを支援することが重要という考え方である。　(2)　身体には，暑さや寒さなどの外界の環境が変化した時にも，無意識のうちに体内の状態を一定に保とうとする働きがあり，この体の働きを適応といい，その能力を適応能力という。　(3)　ピッチは一定時間の歩数(脚の回転数)，ストライドは一歩の歩幅のこと。大きな歩幅で走ろうとすると脚の回転は遅くなり，回転を速くしようとすると歩幅が小さくなってしまうので，個人に合ったストライドとピッチのバランスが大事である。
(4)　予防接種とは，病原体の毒性を弱めるなどをしたワクチンを，前もって体内に入れることにより免疫をつけること。

【高等学校】

【1】(1)　①　エ　　②　ア　　③　オ　　④　キ　(※③④は順不同)
(2)　a　刑事　　b　民事　　c　行政

〈解説〉(1)　①　人的要因は，運転者の心身の状況や行動，規範を守る意識，危険予知能力のこと。環境要因は，天候や道路の状況のこと。その他，車両の特性，安全機能，整備状況に起因する車両要因もおさえておきたい。　②　自動車の死角とは，運転席から目視ではどうしても見えない範囲のこと。　③・④　安全な社会をつくるためには，周囲の状況から事故や事件，災害の危険を予測する危険予測と，その危険を避ける危険回避が重要である。　(2)　a　刑事上の責任は，罰金刑や懲役刑などの刑罰が科せられること。　b　民事上の責任は，人身事故や物損事故における被害者の損害を賠償する責任のこと。c　行政上の責任は，免許停止処分や反則減点などの行政処分を受けること。

【2】(1)　継ぎ足　　(2)　16(cm以上)　　(3)　ゾーンディフェンス
(4)　ダブルベース

〈解説〉(1)　柔道では，動きながら技をかけたり相手の技を防いだりするので，自分の姿勢を安定させながら移動することが大切である。この進退動作における基本の歩き方が，継ぎ足，歩み足であり，その際すり足を用いることで姿勢を安定させる。　(2)　卓球でサービスをするときのトスは16cm以上投げ上げなければならない。トスをほとんど上げないサーブは，インパクトの瞬間が見分けにくいため，レシーブの方法を判断する時間が少なくなる。また，トスを全く上げずにラケット面にぶつけるようなサーブは，ボールに強烈なスピンがかかり，相手がレシーブしにくくなる。このように，トスが低いとサービスする側が有利になってしまうので，これを防ぎ，卓球をフェアでラリーの続く面白いスポーツにするために決められたルールである。

(3) ゾーンディフェンスとは，自陣の守備エリアを各ゾーンに分け，それぞれのゾーンに侵入してきた選手を，各ポジションを受けもつ選手が守備する守り方のこと。なお，特定の決められた選手をマークする守り方はマンツーマンディフェンスである。 (4) ダブルベースとは，接触プレイによる事故防止のために一塁に2つのベースを置くこと。フェア側に白色，ファウル側にオレンジ色のベースを置き，打者走者はオレンジベースを走り抜け，守備者は白ベースを使用することによって，一塁で打者走者と守備者が接触する危険を回避することができる。

【3】(1) 曲線上を走ることによって遠心力を受けるが，体を内側に傾けることによりバランスが取れる。内傾することにより，重心を落とすなどの踏み切り姿勢が取りやすくなる。バーに背を向ける姿勢がつくりやすくなる。 (2) 左(右)膝をつき，右(左)脚を立てた姿勢から両手を畳につく。右(左)肘を前方に軽く曲げて右(左)斜め前へ体重をかけ，腰をあげるようにしながら右(左)前方へ身体を回転させ，左(右)背中側面が着くようにする。左(右)背中側面が着く瞬間に左(右)手と両脚で畳をたたきながら受け身をとらせ，この時，腕と両脚は横受け身と同じ形になるようにする。 (3) ボールの落下点にすばやく移動する。足は前後に開き，膝は柔らかく使う。親指と人差し指でできる菱形の窓からのぞくような感覚でボールをとらえる。ボールには指の腹から第2関節までの部分で触れる。

〈解説〉(1) 背面跳びの助走は，3～6歩の直線助走と4～5歩の「曲線助走」を組み合わせたJ字助走が一般的である。後半の助走で曲線を走ることにより，バーに背を向ける姿勢がつくりやすくなったり，身体が内傾して重心が下げられることで，踏み切り動作が行いやすくなったりする。 (2) 柔道の前回り受け身は，前方に投げられた際に，自分から前転をするように回ることで，頭を強打しないようにする受け身である。前回り受け身を行うときは，頭を畳に打たないように顎を引きながら受け身を取るのがポイントで，左手は伸ばして畳に手をつき，右足は膝を立てた状態で足の裏で畳を踏み，右手はお腹の前に置くようにする。　(3)　バレーボールのオーバーハンドパスは，額の上で両手を使ってボールを扱うパスで，ボールの回転を殺して無回転にすることで，スパイカーが打ちやすくなるなど，次のプレイヤーがボール操作をしやすくなる。技能のポイントは，「ボールの下に素早く入る」，「両手に均等な力をかける」，「腕の力だけでなく下半身を上手く使う」，「身体の軸が崩れない」，「親指・人差し指・中指の第2関節まででボールを触る」，「手首を素早く引き戻し，瞬間的にボールを離す」などがある。

【4】(1)　①　ア　　②　ク　　③　ウ　　④　サ　　⑤　コ
⑥　カ　　⑦　エ　　⑧　キ　　(2)　両走者が十分に腕を伸ばした

〈解説〉(1)　①　各種目特有の技能とは，陸上競技には，短距離走・リレー，長距離走，ハードル走，走り幅跳び，走り高跳びなど様々な種目があり，各種目にはそれぞれの種目が有する固有の技能があること。　②　中間走の高いスピードを維持して速く走るとは，スタートダッシュでの加速を終え，ほぼ定速で走る区間の走りを，走る距離に応じた高いスピードをできる限りフィニッシュ近くまで保つこと。　③　ペースの変化に対応して走るとは，自ら変化のあるペースを設定して走ったり，仲間のペースの変化に応じて走ったりすること。　④　ハードルを低くリズミカルに越すとは，ハードリングでハードルを低く走り越し，インターバルで3歩の早いリズムに近づけること。　⑤　踏み切りから着地までの動きを滑らかにして跳ぶとは，踏み切り準備でスピードを落とさないようにして踏み切りに移り，自己に合った空間動作から脚を前に投げ出す着地動作までを一連の動きでつなげること。また，滑らかな空間動作とは，流れよく行われるはさみ跳びや背面跳びなどの一連の空間での動きのこと。　⑥　リズミカルに連続して跳ぶとは，1歩目と2歩目は同じ足，3歩目は反対の足で踏み切る「ホップ－ステップ－ジャンプ」の連続する3回のバランスを保ち，リズムよく跳ぶこと。　⑦　突き出して投げるとは，砲丸を顎の下に保持した姿勢から，肘や肩に負担がかからないように直線的に砲丸を押し出す動きのこと。　⑧　前方にまっすぐ投げるとは，やりを真後ろに引いた状態から，やりに沿ってまっすぐに力を加えて投げること。(2)　利得距離とは，渡し手と受け手が手を伸ばした分，走らなくてすむ距離のことで，利得距離を長くするには，前走者と後走者が腕をまっすぐに伸ばし，両者の腕が地面と平行に上がっている状態を作るとよい。

【5】(1)　発達の段階を踏まえること。　(2)　高等学校では，小学校3学年から中学校第3学年まで毎学年学習することを踏まえ，継続して学習させることによって，学習の効果を上げることをねらっているから。

〈解説〉(1)「思春期と健康」では，性に関する情報等への適切な対処などを理解できるようにする。指導に当たっては，「発達の段階を踏まえること」，「学校全体で共通理解を図ること」，「保護者の理解を得ること」などに配慮することが大切である。　(2)「保健」の年間指導計画については，「原則として入学年次及びその次の年次の2か年にわたり履修させるよう作成しなければならない」としている。これは，継続して学習させることによって，学習の効果を上げることをねらったものである。また，高等学校においてもできるだけ長い期間継続して学習し，健康や安全についての興味・関心や意欲を持続させ，生涯にわたって健康で安全な生活を送るための基礎となるよう配慮したものである。

【6】(1)　①　組織的　②　インクルーシブ　③　社会参加　④　通級　⑤　充実　⑥　きめ細かな　⑦　手立て　⑧　実技　⑨　複数　⑩　個別指導　(2)　ア　音が出る用具を使用したりする。　イ　用具やルールの変更を行う。

〈解説〉(1)　①　学級担任や障害のある児童生徒本人を組織として支え

るために，同学年の教員，専科担当教員，ティームティーチング担当教員等，その他学校内外の人材を活用して，教師一人による支援ではなく学校全体で組織として支援することが大切である。　② インクルーシブ教育とは，障害のある者と障害のない者が共に学ぶ仕組みのこと。　③ 社会参加とは，社会の中で主体的に役割を果たすことであり，社会的，職業的自立に向けて必要な基盤となる資質・能力を身に付けていくことが大切である。なお，自立とは，能力や障害の程度に関係なく，支援を受けながらも主体的に行動できること。　④ 通級による指導とは，通常の学級に在籍し，通常の学級での学習におおむね参加でき，一部特別な指導を必要とする児童生徒に対して，障害に応じた特別の指導を行う指導形態のこと。　⑤ 平成28年4月に「障害を理由とする差別の解消の推進(障害者差別解消法)」が施行され，同年12月中央教育審議会の答申「幼稚園，小学校，中学校，高等学校及び特別支援学校の学習指導要領等の改善及び必要な方策等について」により，「子供たちの十分な学びを確保し，一人一人の子供の障害の状態や発達の段階に応じた指導や支援を一層充実させていく必要がある」と，特別支援教育の充実が示された。　⑥ 保健体育における「きめ細かな指導」とは，教材，練習やゲーム及び試合や発表の仕方等を検討し，障害の有無にかかわらず，参加可能な学習の機会を設けたりするなど，生徒の実態に応じたきめ細かな指導に配慮すること。⑦ ここでいう手立ては，学習活動を行う場合に生じる困難さが異なることに留意し，個々の生徒の困難さに応じた指導内容や指導方法を工夫すること。　⑧ 実技は，「体育」では各運動種目の技能練習やゲーム及び試合，発表など，「保健」ではストレスへの対処や心肺蘇生法などに技能の内容がある。指導に際しては，特に健康・安全に十分に留意するとともに，実習の手順や方法が理解できるよう，それらを視覚的に示したり，一つ一つの技能を個別に指導したりするなどの配慮をする。　⑨・⑩ 保健体育科は実技を伴う教科のため，健康や安全の確保には細心の配慮が必要であり，健康を維持したり安全を保持したりするためには，生徒の障害に起因する困難さに応じて，複数教員による指導や個別指導を行うなどの配慮をすることが大切である。　(2)　ア　見えにくさのため活動に制限がある場合には，不安を軽減したり安全に実施したりすることができるよう，活動場所や動きを事前に確認したり，仲間同士で声を掛け合う方法を事前に決めたり，音が出る用具を使用したりするなどの配慮をする。　イ　身体の動きに制約があり，活動に制限がある場合には，生徒の実情に応じて仲間と積極的に活動できるよう，用具やルールの変更を行ったり，それらの変更について仲間と話し合う活動を行ったり，必要に応じて補助用具の活用を図ったりするなどの配慮をする。

【7】①　ウ　②　カ　③　イ　④　サ　⑤　ケ　⑥　シ

〈解説〉①　ライフステージに応じたスポーツの楽しみ方とは，生涯の各段階(ライフステージ)に，体格や体力の変化などに見られる身体的特徴，精神的ストレスの変化などに見られる心理的特徴，人間関係や所属集団の変化などに見られる社会的特徴に応じた多様な楽しみ方があること。　②　ライフスタイルに応じた無理のないスポーツへの関わり方とは，運動機会や活動の場を条件とする自らの生き方や暮らし方(ライフスタイル)に適したスポーツとの関わり方があること。　③　仕事と生活の調和は，ワーク・ライフ・バランスといわれ，仕事(ワーク)と仕事以外の生活(ライフ)のいずれか一方ではなく，調和をとりながら両方を充実させる働き方や生き方のこと。仕事とのバランスをとり時間を有効に活用することで，スポーツを生活の中に位置づけることができる。　④　国や地方公共団体は，スポーツ基本法やスポーツ推進基本計画に基づくスポーツ推進の施策において，施設・設備，指導者や仲間，スポーツ大会・教室・イベントなど，スポーツ環境の条件整備を行っている。　⑤　社会貢献とは，企業がスポーツ支援などで社会的責任を果たすこと。企業はスポーツ推進のために，様々なスポーツ大会を財政的に後援したり，アスリートを活用してスポーツ教室を開催したりして社会貢献を行っている。　⑥　ボランティアとは，個人の自由意思に基づいて，社会に貢献する活動を行うこと。スポーツボランティアの対象は，大会やイベントの運営に携わる活動や，スポーツクラブや団体における指導や運営などに対する活動が含まれる。

【8】(1)　安全で衛生的な食品を製造するための管理方法の1つで，問題のある製品の出荷を未然に防ぐことが可能なシステムのこと。

(2)　0歳児が今後何年生きることができるかという期待値のこと。

(3)　練習やトレーニングによって技能や体力を向上させるためには，それまで行っていた運動より強度や難度が高い運動を行うことで機能を向上させること。　(4)　これまでの経験などに基づいて自分に都合よく状況を捉えること。

〈解説〉(1)　HACCP(ハサップ)とは，Hazard Analysis Critical Control Point(危害要因分析重要管理点)の略で，食品の製造・加工の段階で，食中毒などの発生のおそれがある危害を分析し，特に重点的に管理するポイントを決めて監視する方法。　(2)　平均寿命とは，生まれたばかりの赤ちゃん(0歳)が，平均してあと何年生きられるかを数値で示した健康指標のこと。死亡統計を用いて計算し，論理的な数値で示されている。　(3)　オーバーロードの原理は，過負荷の原理ともいわれ，身体に一定以上の負荷(過負荷)を与えることで運動機能が向上するという原理のこと。ある程度の負荷を身体に与えないと運動の効果は得られないということでもある。　(4)　正常性バイアスとは，災害などで自分の身に危険が迫っていても，これくらいなら大丈夫とこれまでの経験をもとに自分に都合よく，正常の範囲内ととらえようとする心の動きのこと。バイアス(Bias)とは偏りの意味。

2023年度　実施問題

【中学校】

【1】中学校学習指導要領解説「保健体育編」第2章について，(1)～(5)に答えよ。

(1) 次は，「第2節　各分野の目標及び内容〔保健分野〕1　目標」である。以下の①，②に答えよ。

> (1) (a)における健康・安全について理解するとともに，(b)な技能を身に付けるようにする。
> (2) 健康についての自他の課題を発見し，よりよい(c)に向けて思考し判断するとともに，A他者に伝える力を養う。
> (3) 生涯を通じて心身の健康の(d)を目指し，明るく豊かな生活を営む(e)を養う。

① (a)～(e)にあてはまることばをそれぞれ記せ。

② 下線部Aについて，次の文の(　　)にあてはまることばを記せ。

> 学習の展開の基本的な方向として，小学校での身近な生活における健康・安全に関する基礎的な内容について(中略)科学的に思考し，判断するとともに，それらを(　　)他者に表現できるようにすることを目指している。

(2) 次は，「〔保健分野〕2　内容　(3)傷害の防止」の一部である。以下の①～④に答えよ。

> (3) 傷害の防止について，課題を発見し，その解決を目指した活動を通して，次の事項を身に付けることができるよう指導する。
> ア　傷害の防止について(a)を深めるとともに，応急手当をすること。

(ア)　交通事故や自然災害などによる傷害は，(　b　)や環境要因などが関わって発生すること。

(イ)　A交通事故などによる傷害の多くは，安全な行動，環境の改善によって防止できること。

(ウ)　自然災害による傷害は，災害発生時だけでなく，(　c　)によっても生じること。また，自然災害による傷害の多くは，災害に備えておくこと，安全に(　d　)することによって防止できること。

(エ)　B応急手当を適切に行うことによって，傷害の悪化を防止することができること。また，C心肺蘇(そ)生法などを行うこと。

① (　a　)～(　d　)にあてはまることばをそれぞれ記せ。

② 下線部Aについて，「保健体育編」には，次のような記述がある。(　　)にあてはまることばを記せ。

交通事故を防止するためには，自転車や自動車の特性を知り，交通法規を守り，車両，道路，気象条件などの周囲の状況に応じ，安全に行動することが必要であることを理解できるようにする。

その際，自転車事故を起こすことによる(　　)についても触れるようにする。

③ 下線部Bについて，出血している部分を覆うことのできるガーゼやハンカチ，タオル等をきず口に直接当てて強く押さえて止血する方法を答えよ。

④ 下線部Cについて，心室細動の状態にある心臓に，電気ショックを与えて正常な働きを取り戻すための機器を何というか答えよ。

(3)　次は，「B　器械運動[第1学年及び第2学年](1)　知識及び技能」の一部である。以下の①～②に答えよ。

> (1) 次の運動について，技ができる楽しさや喜びを味わい，器械運動の特性や成り立ち，技の名称や行い方，その運動に関連して高まる体力などを理解するとともに，技をよりよく行うこと。
>
> ア マット運動では，A回転系や巧技系の基本的な技を滑らかに行うこと，B条件を変えた技や発展技を行うこと及びそれらを組み合わせること。

① 下線部Aは，2つの技群に分類することができる。それぞれの技群の名称を分けて記せ。また，各技群における「基本的な技」及び「発展技」を一つずつ記せ。

② 下線部Bについて，次の文の(i), (ii)にあてはまることばをそれぞれ記せ。

条件を変えた技とは，同じ技でも，開始姿勢や(i)を変えて行う，その技の前や後に動きを組み合わせて行う，手の(ii)や握りを変えて行うことなどを示している。

(4) 次は，「F 武道[第3学年](1) 知識及び技能」である。(a)～(e)にあてはまる語句を，以下の①～⑩から一つ選び，記号で記せ。

> (1) 次の運動について，技を高め勝敗を競う楽しさや喜びを味わい，(a)な考え方，技の名称や見取り稽古の仕方，(b)の高め方などを理解するとともに，基本動作や基本となる技を用いて攻防を展開すること。
>
> ア 柔道では，相手の動きの変化に応じた基本動作や基本となる技，(c)を用いて，相手を崩して投げたり，抑えたりするなどの攻防をすること。
>
> イ 剣道では，相手の動きの変化に応じた基本動作や基本となる技を用いて，相手の(d)を崩し，しかけたり応じたりするなどの攻防をすること。

ウ　相撲では，相手の動きの変化に応じた基本動作や基本となる技を用いて，相手を崩し，投げたり(　e　)するなどの攻防をすること。

①　継続的　②　いなしたり　③　体力　④　すかしたり
⑤　受け身　⑥　重心　⑦　構え　⑧　伝統的
⑨　技術　⑩　連絡技

(5)　次は，「C　陸上競技[第1学年及び第2学年](3)　学びに向かう力，人間性等」である。(　a　)～(　c　)にあてはまることばをそれぞれ記せ。

(3)　陸上競技に積極的に取り組むとともに，勝敗などを認め，ルールや(　a　)を守ろうとすること，分担した(　b　)を果たそうとすること，一人一人の違いに応じた課題や(　c　)を認めようとすることなどや，健康・安全に気を配ること。

(☆☆☆◎◎◎◎◎)

【2】次の(1)～(3)に答えよ。

(1)　陸上競技の「リレー」のルールにおいて，失格とならないバトンの受け渡しの範囲を何というか，記せ。

(2)　バスケットボールにおいて，ボール保持者が味方を壁にして，自分の防御者の動きを止める方法を何というか，記せ。

(3)　卓球において，フォアハンドとバックハンドで両面を使い分けることができるラケットの握り方を何というか，記せ。

(☆☆☆◎◎◎◎)

【3】次の(1)～(3)に答えよ。

(1)　3年生の球技「ソフトテニス」の学習で，サービスを行う際に「ねらった場所に打つことができない」という生徒に対して指導すべきポイントを二つ，記せ。

(2)　3年生の陸上競技「走り幅跳び」の学習で，「力強く踏み切る」ための練習方法を二つ，記せ。

(3)　2年生の球技ベースボール型「ソフトボール」の学習で「基本的なバット操作」を習得させるための授業におけるICT機器の効果的な活用例を二つ，記せ。

(☆☆☆◎◎◎)

【4】次の(1)～(4)について，それぞれ簡潔に説明せよ。

(1)　アダプテッド・スポーツについて

(2)　がん(癌)について

(3)　剣道の「気剣体」一致について

(4)　感染症の予防について

(☆☆☆◎◎◎)

【高等学校】

【1】次の文章を読んで(1)，(2)の問いに答えよ。

けがや急病の際に，その場にいあわせた人がおこなう(　①　)の手当を応急手当といいます。応急手当は，(　②　)を救うことばかりでなく，傷害の悪化を防いだり，苦痛をやわらげたりすることにも役立ちます。また，その後に続く救急隊員や(　③　)による処置や(　④　)の効果を高めます。

応急手当は実行されて初めて意味をもちます。しかし，わが国では応急手当が(　⑤　)におこなわれているとはいえません。誰もが応急手当の手順や方法を理解し身につけておくとともに，自ら進んで実行できる態度を養っておくことは，自他の(　②　)や身体を守り，安全で安心な社会をつくることに役立ちます。

(1)　(　①　)～(　⑤　)に当てはまる語句を，次のア～クから選び，それぞれ記号で記せ。なお，同じ番号には同じ語句が入るものとする。

ア　介護士　　イ　緊急　　ウ　予防　　エ　生命　　オ　治療
カ　平時　　キ　積極的　　ク　医師

(2)　捻挫や打撲の応急手当の基本であるRICE処置とは，4つの処置の頭文字をとったものである。それぞれの処置について，記せ。

(☆☆☆◎◎◎)

【2】次の(1)～(4)の問いに答えよ。

(1)　ラグビーで，タックルを受けて倒されたプレーヤーがボールをかかえて離さない反則を何というか，記せ。

(2)　ソフトテニスで，ラケットの面を地面に対して水平に置いて，グリップを上から握る握り方を何グリップというか，記せ。

(3)　バドミントンで，シャトルがどこに飛んできても追いつくことができるプレーヤーのコート上の位置を何というか，記せ。

(4)　ハンドボールで，オーバーステップとはどのような反則か，記せ。

(☆☆☆◎◎◎)

【3】次の(1)，(2)の問いに答えよ。

(1)　マット運動の倒立前転において，補助者の安全を確保した補助方法を記せ。

(2)　バレーボールにおいてスパイクする際，強打以外の技術を三つ記せ。

(☆☆◎◎◎)

【4】次の文章は，高等学校学習指導要領(平成30年告示)解説　保健体育編　体育編「第1章　第2節　1　保健体育科改訂の趣旨　③　改善の具体的事項」の一部である。(　a　)～(　c　)に当てはまる語句をそれぞれ記せ。なお，同じアルファベットには同じ語句が入るものとする。

ア　高等学校「体育」については，平成28年12月の中央教育審議会答申において「生涯にわたって豊かなスポーツライフを継続し，スポーツとの多様な関わり方を状況に応じて選択し，卒業後も継続して(　a　)することができるよう，『知識・技能』，

『思考力・判断力・表現力等』,『学びに向かう力・人間性等』の育成を重視する観点から内容等の改善を図る。また,『保健』との一層の関連を図った内容等について改善を図る。

(ア) 各領域で身に付けたい具体的な内容を，資質・能力の三つの柱に沿って明確に示す。特に,『思考力・判断力・表現力等』及び『学びに向かう力・人間性等』の内容の明確化を図る。また,(b)や技能の程度，年齢や性別及び障害の有無等にかかわらず，運動やスポーツの多様な楽しみ方を社会で(a)することができるよう配慮する。

(イ) 体を動かす楽しさや心地よさを味わうとともに，健康や(b)の状況に応じて自ら(b)を高める方法を身に付け，運動やスポーツの(c)化につなげる観点から，体つくり運動の内容等について改善を図る。

(☆☆◎◎◎◎◎)

【5】次の文章は，高等学校学習指導要領(平成30年告示)「第2章　第6節　保健体育　第2款　第1　体育　2　内容　F　武道」の一部である。(1),(2)の問いに答えよ。

武道について，次の事項を身に付けることができるよう指導する。

(1) 次の運動について，勝敗を競ったり自己や仲間の課題を解決したりするなどの多様な楽しさや喜びを味わい，(①)な考え方，技の名称や見取り稽古の仕方，体力の高め方，課題解決の方法，試合の仕方などを理解するとともに，(②)などを用いた攻防を展開すること。

ア　柔道では，相手の動きの変化に応じた(③)から，(②)や連絡技・(④)を用いて，素早く相手を(⑤)て投げたり，抑えたり，返したりするなどの攻防をすること。

> イ　剣道では，相手の動きの変化に応じた(　③　)から，(　②　)を用いて，相手の構えを(　⑤　)，素早く(　⑥　)たり応じたりするなどの攻防をすること。

(1)　(　①　)～(　⑥　)に当てはまる語句をそれぞれ記せ。なお，同じ番号には同じ語句が入るものとする。

(2)　下線部「連絡技」について，説明せよ。

(☆☆☆◎◎◎◎)

【6】次の(1)，(2)の問いに答えよ。

(1)　次の文章は，高等学校学習指導要領(平成30年告示)「第2章　第6節　保健体育　第2款　第2　保健　2　内容」の一部である。(　①　)～(　③　)に当てはまる語句を記せ。

> ア　現代社会と健康について理解を深めること。
>
> (ア)　健康の考え方
>
> 国民の健康課題や健康の考え方は，国民の健康水準の向上や(　①　)構造の変化に伴って変わってきていること。また，健康は，様々な要因の影響を受けながら，主体と環境の相互作用の下に成り立っていること。
>
> 健康の保持増進には，(　②　)の考え方を踏まえた(　③　)の適切な意思決定や行動選択及び環境づくりが関わること。
>
> (イ)　現代の感染症とその予防
>
> 感染症の発生や流行には，時代や地域によって違いがみられること。その予防には，(　③　)の取組及び社会的な対策を行う必要があること。

(2)　次の資料は，「新型コロナウイルス感染症の予防　～子供たちが正しく理解し，実践できることを目指して～」(令和4年3月改訂　文部科学省)に示された指導例の一部である。①，②の問いに答えよ。

〈テーマ〉 新型コロナウイルス感染症に関連する【 A 】や【 B 】

【ねらい】 新型コロナウイルス感染症に関連する【 A 】や【 B 】について考え，適切な行動をとることができるようにする。

〔指導内容〕

◯感染者，濃厚接触者，[a]従事者，社会機能の維持にあたる方等とその[b]に対する誤解や【 B 】に基づく【 A 】は許されないこと。

◯見えないウイルスへの不安から，特定の対象(※1)を嫌悪の対象としてしまうことで，【 A 】や【 B 】が起こること。

※1 ・感染症が広がっている地域に住んでいる人
・咳をしている人
・マスクをしていない人　・外国から来た人
・ワクチンを接種していない人，接種できない人

◯【 A 】や【 B 】のもととなる「[c]」を解消するためにも，正しい情報(公的機関が提供する情報)を得ること，[d]情報ばかりに目を向けないこと，【 A 】的な言動に同調しないことが大切であること。

① 文中の【 A 】，【 B 】に当てはまる語句を記せ。

② 文中の[a]～[d]に当てはまる語句を次のア～クから選び，それぞれ記号で記せ。

ア 不安　イ 沈む　ウ 医療　エ 第三者　オ 福祉
カ 家族　キ 不正　ク 悪い

(☆☆☆◎◎◎)

【7】高等学校学習指導要領(平成30年告示)解説　保健体育編　体育編「第1部　第2章　第2節　各科目の目標及び内容」の一部である。①，②の問いに答えよ。

① 「体育　3　内容　E　球技　[入学年次]　(1)　知識及び技能　アゴール型」に示されている「空間を作りだすなどの動き」について，攻撃側と守備側の動きをそれぞれ説明せよ。

② 「体育　4　内容の取扱い　「体育」の領域及び内容の取扱い」について，(あ)，(い)に答えよ。

(あ) 「G　ダンス」の領域の内容を三つ記せ。

(い)　次の表の【　a　】～【　e　】に当てはまる語句や数字を記せ。

領域及び領域の内容	内容の取扱い			
	入学年次	その次の年次	それ以降の年次	各領域の取扱い
H　体育理論	必修	必修	必修	(1) は入学年次，(2) はその次の年次，(3) はそれ以降の年次で必修（各年次【　e　】単位時間以上）
(1) スポーツの【　a　】的特性や【　b　】のスポーツの発展				
(2) 運動やスポーツの【　c　】的な学習の仕方				
(3) 豊かなスポーツライフの【　d　】の仕方				

(☆☆☆◎◎◎◎◎)

【8】次の(1)～(4)について，説明せよ。

(1)　心室細動　　　(2)　セカンド・オピニオン

(3)　クローズドスキル　(4)　ユニバーサルデザイン

(☆☆☆◎◎◎)

解答・解説

【中学校】

【1】(1) ① a 個人生活 b 基本的 c 解決 d 保持増進 e 態度 ② 筋道を立てて (2) ① a 理解 b 人的要因 c 二次災害 d 避難 ② 加害責任 ③ 直接圧迫法(直接圧迫止血法) ④ AED(自動体外式除細動器) (3) ① ・技群…接転 基本的な技…前転(開脚前転，補助倒立前転，後転，開脚後転) 発展技…伸膝前転(倒立前転，跳び前転，伸膝後転，後転倒立)
・技群…ほん転 基本的な技…側方倒立回転(倒立ブリッジ，頭はねおき) 発展技…側方倒立回転跳び(ロンダート)(前方倒立回転，前方倒立回転跳び) ② i 終末姿勢 ii 着き方 (4) a ⑧ b ③ c ⑩ d ⑦ e ② (5) a マナー b 役割 c 挑戦

〈解説〉(1) ① 各分野の目標及び内容から保健分野の目標について，穴埋め記述式の問題である。目標については，教科の目標，分野の目標，各学年の目標を整理して文言は必ず覚えること。 ② 目標について，中学校学習指導要領解説に説明されている箇所からの出題である。目標については，文言を覚えるだけでなく，同資料で内容についての理解を深めよう。 (2) ① 保健分野の内容は4項目，(1)健康な生活と疾病の予防について，(2)心身の機能の発達と心の健康について，(3)傷害の防止について，(4)健康と環境について示されている。ここでは(3)から出題されたが，他の項目についても確認しておくこと。
② 交通事故，自然災害などによる傷害の発生要因は人的要因，環境要因及びそれらの相互の関わりによって発生する。設問の箇所の後に「なお，必要に応じて，通学路を含む地域社会で発生する犯罪が原因となる傷害とその防止について取り上げることにも配慮するものとする。」と示されている。 ③ 直接圧迫法について「包帯法や止血法としての直接圧迫法などを取り上げ，実習を通して応急手当ができる

ようにする。」とあるので実際に指導できるよう理解しておくこと。④「心肺停止に陥った人に遭遇したときの応急手当としては，気道確保，人工呼吸，胸骨圧迫，AED(自動体外式除細動器)使用の心肺蘇生法を取り上げ，理解できるようにする。」とある。　(3)　①　接転技群は，背中をマットに接して回転する技群，ほん転技群は，手や足の支えで回転する技群である。　②　条件を変えた技について同資料では次のように説明している。「例えば，マット運動の回転系のうち，接転技群の前転グループでは前転が基本的な技にあたる。」「条件を変えた技では，その前転を，足を前後に開いた直立の開始姿勢からや歩行から組み合わせて行ったり，回転後の終末姿勢を片足立ちに変えたり，両足で立ち上がった直後にジャンプしたりするなど，動きを組み合わせて行うことを示している。」　(4)　F武道について第3学年の(1)からの穴埋め選択式の問題である。学習指導要領解説にはそれぞれの文言について説明されているので，理解を深めること。またA～Hのそれぞれの項目についても同様である。　(5)　C陸上競技第1学年及び第2学年の(3)について問われた。(1)～(3)と第3学年の記述について確認しておきたい。

【2】(1)　テークオーバーゾーン(テイクオーバーゾーン)　　(2)　スクリーンプレイ　　(3)　シェークハンドグリップ(シェイクハンドグリップ)

〈解説〉(1)　テークオーバーゾーンの距離は30mである。　(2)　スクリーンとは「ついたて」という意味を持っている。バスケットボールにおける「スクリーン」も，ディフェンスの動きを止める役割をもつために，このような名前が付けられた。スクリーンとは，ボールを持っていない選手が，ディフェンスの進む方向の前に立つことで，ディフェンスの邪魔をするプレーのことを意味する。バスケットボールのオフェンスでは，ボールを持ってドリブルをして1on1をする以外にも，このスクリーンを使ったチームプレーが多用される。　(3)　握手するようにグリップを握り，ひとさし指をバック面に当てる。シェークハンドグリップにも，厚めに握るフォアハンドグリップと薄めに握るバックハンドグリップがある。

【3】(1)　・トスを安定させること。(肘を伸ばし，まっすぐ押し上げるようにする。目の高さで離す。)　・肘を上げる。肩の上で，高い打点でボールをとらえること。(打点の確認)　・ボールとラケットの面の角度を調整すること。(ラケット操作)　・ラケットの握り方を確認すること。　・スタンスの方向を確認すること。　・ボールをしっかり見ているか確認すること。　から二つ。　(2)　・踏み切り前3～4歩からリズムアップして踏み切りに移る練習。　・踏み切りでは上体を起こして，地面を踏みつけるようにキックし，振り上げ脚を素早く引き上げる練習。　・助走距離を変えながら，自分に適した助走距離を見付ける練習。　・踏み切り板の前にミニハードル等を置き助走スピードを生かして跳び越す練習。　から二つ。

(3)　・自分のバット操作(動き)を方向や角度を変えながら繰り返し撮影した動画等を観察し，自分自身のバット操作(動き)を客観的に確認すること。　・授業で学習したバット操作(動き)のポイントと自分のバット操作(動き)を動画等で比較し，できている点や修正点を確認すること。　・毎時間のバット操作(動き)を動画等で比較することにより，自己変容を確認すること。　から二つ。

〈解説〉(1)　トスアップするときに，ボールを握りすぎないようにする。また右肘が下がっているとスイングが安定しない。サーブを打つ方向と足のスタンスがあっているか確認する。インパクトの瞬間の面の角度で打つ方向が決まるので，グリップの握りと面の角度を意識する。

(2)　跳び箱1台を踏切位置に設置し，片足がその上にのった際に腰が落ちる状態を意図的に作り，力をためて踏み切ることを意識させることも考えられる。　(3)　ICT機器の活用としては，見本動画でのイメージづくり，自分の動きの撮影，よい手本との比較などが有効である。

【4】(1)　ルールや用具，補助などで障害者や高齢者，子供などにも適合した(adapted)スポーツのこと。　(2)　異常な細胞であるがん細胞が増殖する疾病のこと。　(3)　竹刀の打突部で打突部位を刃筋正しく打つ「剣」だけでは有効にならず，勢いある明確な打突部位の発声に象徴される「気」，背筋を垂直にした体勢の「体」，この三つが調和した打突のこと。　(4)　消毒や殺菌等により発生源をなくすこと，周囲の環境を衛生的に保つことにより感染経路を遮断すること，栄養状態を良好にしたり，予防接種の実施により免疫を付けたりするなど身体の抵抗力を高めること。

〈解説〉(1)　アダプテッドスポーツとは，障害者や高齢者，子どもあるいは女性などスポーツをする人にあわせて道具やルールを変えて楽しむ運動やスポーツ，レクリエーション全般を指す言葉である。本来は1人1人の発達状況や身体条件に適応させたスポーツという意味である。　(2)　悪性腫瘍のことである。現在，日本人の2人に1人は一生のうちに何らかのがんにかかると言われており，死因の第1位である。
(3)　気とは意志や心の働きを言い，充実した気勢や大きな声を出し気持ちを集中させての決断力を言う。剣とは刃筋の通った正しい竹刀操作，竹刀の働く作用を指す。体とは正しい体さばき，体勢のことで正しく踏み込んで打つことを指す。　(4)　新型コロナウイルス感染症の流行により，感染症対策が広く知られるようになった。手洗いやうがい，マスクの正しい着用など確認しておきたい。

【高等学校】

【1】(1)　①　イ　②　エ　③　ク　④　オ　⑤　キ
(2)　R…安静(Rest)　I…冷却(Ice)　C…圧迫(Compression)　E…挙上(Elevation)

〈解説〉(1)　心停止や窒息という生命の危機に陥った傷病者や，これらが切迫している傷病者を救命し，社会復帰に導くためには，1．心停止の予防，2．早い119番通報(心停止の早期認識と通報)，3．早い心肺蘇生とAED(一次救命処置)，4．救急隊や病院での処置(二次救命処置)

の4つが連続して行われることが必要であり，これを「救命の連鎖」と呼ぶ。この4つのうち，どれか1つでも途切れてしまえば，救命効果は低下してしまう。　(2)　RICE処置とは，肉離れや打撲，捻挫など外傷を受けたときの基本的な応急処置の方法である。早期にRICE処置を行うことで，内出血や腫れ，痛みを抑え，回復を助ける効果がある。

【2】(1)　ノットリリースザボール　　(2)　ウエスタン(グリップ)　(3)　ホームポジション　　(4)　ボールを持って4歩以上動くこと。

〈解説〉(1)　ラグビーには，基本ルールとして，立っていない選手(寝ている選手)はプレーしてはいけないという決まりがある。そのため，ボールを持った選手が倒された場合は，速やかにボールを離さなくてはいけない。　(2)　ウエスタングリップは，最もオーソドックスな持ち方で使用頻度も高い。トップスピンがかけやすく，高い打点でボールを打つときやストローク，ロブ，ボレーといったさまざまな場面に適している。その他に，コンチネンタルグリップ，イースタングリップ，セミウエスタングリップがある。　(3)　プレーヤーによって，また相手プレーヤーによっても，ホームポジションは変わってくる。

(4)　ボールを保持したときに既にコートについている足(空中でキャッチした場合は最初に着いた足，両足同時着地ならば両足で着地した状態)が0歩である。その次に足を動かしたところから歩数を数える。4歩目のステップの前にドリブルすれば0歩にリセットされるが，ドリブルをやめた後の最初の着地から1歩目のステップになる。

【3】(1)　補助者は倒立する人の横で待ち構え，膝を持って倒立の補助をし，足が背面側に移動してから手を離す。　　(2)　フェイント，ブロックアウト，コースの打ち分け

〈解説〉(1)　演技者の正面に補助が入ると，演技者の上がってきた足を捉えきれずに，顔面を強打することがあるため，横で構える。

(2)　フェイントは，強力なスパイクを打つと見せかけて軟打し，タイミングをずらし相手のレシーブの足を止めさせること。ブロックアウ

トは，スパイクを相手ブロッカーの手に当てて，ボールをコート外にはじき出すことである。ブロックやレシーブのいないところにコースを打ち分けることも重要である。

【4】a　実践　　b　体力　　c　習慣

〈解説〉新学習指導要領は，「習得した知識や技能を活用して課題解決することや，学習したことを相手に分かりやすく伝えること等に課題があること，運動する子供とそうでない子供の二極化傾向が見られること，子供の体力について，低下傾向には歯止めが掛かっているものの，体力水準が高かった昭和60年ごろと比較すると，依然として低い状況が見られることなどの指摘がある。また，健康課題を発見し，主体的に課題解決に取り組む学習が不十分であり，社会の変化に伴う新たな健康課題に対応した教育が必要との指摘がある。」といった課題が見られることを踏まえて改訂された。

【5】(1)　①　伝統的　　②　得意技　　③　基本動作　　④　変化技　⑤　崩し　　⑥　しかけ　　(2)　技をかけたときに，相手の防御に応じて，更に効率よく相手を投げたり抑えたりするためにかける技のこと。

〈解説〉(1)　F武道の内容について，穴埋め記述式の問題である。武道だけでなく，A～Hすべての項目について，(1)～(3)までの内容を確認し，学習指導要領解説により，理解を深めておくこと。　(2)　連絡技については，学習指導要領解説に[入学年次の次の年次以降]として次の内容が例示されている。「◯投げ技の連絡　〈二つの技を同じ方向にかける技の連絡〉　・釣り込み腰から払い腰へ連絡すること。　・内股から体落としへ連絡すること。　〈二つの技を違う方向にかける技の連絡〉　・内股から大内刈りへ連絡すること。　◯固め技の連絡　・取は相手の動きの変化に応じながら，けさ固め，横四方固め，上四方固めの連絡を行うこと。　・受はけさ固め，横四方固め，上四方固めで抑えられた状態から，相手の動きの変化に応じながら，相手を体側や頭方向に返すことによって逃げること。　・相手が四つんばいのとき，相手を仰向けに返して抑え込みに入ること。」[入学年次]とあわせて確認しておくこと。

【6】(1) ① 疾病　② ヘルスプロモーション　③ 個人
(2) ① A 差別　B 偏見　② a ウ　b カ　c ア　d ク

〈解説〉(1) 高等学校学習指導要領の保健体育分野の内容について，穴埋め記述式の問題である。文言を覚えるだけでなく，学習指導要領解説により理解を深めること。 (2) 差別や偏見，嫌がらせが広がると医療従事者やエッセンシャルワーカーの負担は増大し，離職が増える可能性もある。また，感染者に対しても同様のことが増えると検査や受診を避けたり，感染を隠そうとしたりする人が増え，感染拡大を抑えにくくなる。

【7】① 攻撃…味方から離れる動きのこと。　守備…相手の動きに対して，相手をマークして守る動きのこと。　② (あ) 創作ダンス，フォークダンス，現代的なリズムのダンス　(い) a 文化　b 現代　c 効果　d 設計　e 6

〈解説〉① 空間を作り出す動きとして，次の内容が例示されている。「・ゴール前に広い空間を作りだすために，守備者を引きつけてゴールから離れること。 ・パスを出した後に次のパスを受ける動きをすること。 ・ボール保持者が進行できる空間を作りだすために，進行方向から離れること。 ・ゴールとボール保持者を結んだ直線上で守ること。 ・ゴール前の空いている場所をカバーすること。」 ② ダンスは，イメージを捉えた表現や踊りを通した交流を通して仲間とのコミュニケーションを豊かにすることを重視する運動で，仲間とともに感じを込めて踊ったり，イメージを捉えて自己を表現したりすることに楽しさや喜びを味わうことのできる運動である。体育理論は，(1)は入学年次，(2)はその次の年次，(3)はそれ以降の年次で取り上げ，その際，各年次で6単位時間以上を配当することとされている。

【8】(1)　心臓全体が細かくふるえて，規則正しく血液を送り出せない状態のこと。　(2)　医師の診断に納得できなかったり，確かめたりしたいことがある場合には，安心して治療を受けたり，誤診を防ぐためにも，別の医療機関で専門家の意見を求めること。　(3)　競争する相手から直接影響を受けることが少なく，安定した環境のなかで用いられる技術のこと。　(4)　障害の有無や年齢・性別・国籍にかかわらず，初めから誰もが使いやすいように施設や製品，環境などをデザインするという考え方のこと。

〈解説〉(1)　心臓を動かしている電気系統(心臓の筋肉の一部から発信された微量の電気が伝わるしくみ)が何らかの原因で混乱すると，リズミカルな収縮が行えなくなる(不整脈)。その不整脈の中でも，とくに心臓の血液を全身に送り出す場所(心室)がブルブルふるえて(細動)，血液を送り出せなくなった状態(心停止状態)を心室細動と呼ぶ。この心室細動が起こると，脳や腎臓，肝臓など重要な臓器にも血液が行かなくなり，やがて心臓が完全に停止して死亡してしまう。心臓が原因の突然死の多くは，この心室細動を起こしている。　(2)　セカンドオピニオンを受けることで，担当医の意見を別の角度から検討することができる。同じ診断や治療方針が説明された場合には，病気に対する理解が深まり，また，別の治療法が提案された場合には，選択の幅が広がることで，より納得して治療に臨むことができる。　(3)　器械運動，水泳，陸上競技などがこれに分類される。球技や武道のように，対戦相手やボールが常に変化する状況下で発揮される技術をオープンスキルという。　(4)　ユニバーサルデザインには7つの原則がある。①誰でも使えて手にいれることが出来る(公平性)，②柔軟に使用できる(自由度)，③使い方が簡単にわかる(単純性)，④使う人に必要な情報が簡単に伝わる(わかりやすさ)，⑤間違えても重大な結果にならない(安全性)，⑥少ない力で効率的に，楽に使える(省体力)，⑦使うときに適当な広さがある(空間性)である。

2022年度　実施問題

【中学校】

【1】中学校学習指導要領解説「保健体育編」について，次の(1)～(5)に答えよ。

(1) 次は，「第2節　各分野の目標及び内容〔体育分野〕 1　目標[第3学年]」の一部である。以下の①～③に答えよ。

> (1) 運動の合理的な実践を通して，運動の楽しさや喜びを味わい，A生涯にわたって運動を豊かに実践することができるようにするため，運動，体力の必要性について理解するとともに，基本的な技能を身に付けるようにする。
>
> (2) 運動についての自己や仲間の課題を(　a　)し，合理的な解決に向けて思考し判断するとともに，自己や仲間の考えたことを他者に伝える力を養う。
>
> (3) 運動における競争や協働の経験を通して，公正に取り組む，互いに協力する，自己の責任を果たす，(　b　)する，一人一人の違いを大切にしようとするなどの意欲を育てるとともに，健康・安全を確保して，生涯にわたって運動に親しむ態度を養う。

① (　a　)，(　b　)にあてはまることばをそれぞれ記せ。

② 第3学年の体育分野で必修となっている領域についてすべて記せ。

③ 下線部Aについて，次の文の(　i　)～(　iv　)にあてはまることばをそれぞれ記せ。

生涯にわたって運動を豊かに実践することができるようにするとは，高等学校との発達の段階のまとまりを踏まえて，卒業後も運動やスポーツに(　i　)な形で関わることができるようにすることを目指し，第3学年では，自己に適した運動の経験を通して，

(ii)の修了段階においての「生涯にわたって運動を豊かに実践する」ための(iii)となる知識や技能を身に付け，(iv)した運動種目等での運動実践を深めることができるようにすることを示している。

(2)　次は，「G　ダンス　[第1学年及び第2学年]　(1)　知識及び技能」の一部である。以下の①～③に答えよ。

(1)　次の運動について，(a)を込めて踊ったりみんなで踊ったりする楽しさや喜びを味わい，ダンスの特性や_A由来，表現の仕方，その運動に関連して高まる体力などを理解するとともに，(b)を捉えた表現や踊りを通した(c)をすること。

①　(a)～(c)にあてはまることばをそれぞれ記せ。

②　学習指導要領に示されている3つのダンスは何か，記せ。

③　下線部Aについて，次の文の(i)～(iii)にあてはまることばをそれぞれ記せ。

ダンスの由来では，ダンスは民族ごとの生活習慣や(i)が反映されていること，様々な(i)の影響を受け(iii)してきたことなどを理解できるようにする。

(3)　次は，「〔保健分野〕 2　内容　(2)　心身の機能の発達と心の健康」の一部である。以下の①～③に答えよ。

ア　心身の機能の発達と心の健康について理解を深めるとともに，(a)への対処をすること。

(ア)　身体には，多くの器官が発育し，それに伴い，様々な機能が発達する時期があること。また，発育・発達の時期やその程度には，(b)があること。

(イ)　思春期には，内分泌の働きによって生殖に関わる機能が成熟すること。また，成熟に伴う変化に対応した適切な行動が必要となること。

(ウ) A知的機能，(c)，社会性などの精神機能は，生活経験などの影響を受けて発達すること。また，思春期においては，自己の認識が深まり，(d)がなされること。
(エ) B精神と身体は，相互に影響を与え，関わっていること。欲求や(a)は，心身に影響を与えることがあること。また，心の健康を保つには，欲求や(a)に適切に対処する必要があること。

① (a)～(d)にあてはまることばをそれぞれ記せ。なお，同じ記号には同じことばが入る。
② 下線部Aはどのような機能のことか，2つ記せ。
③ 下線部Bについて，次の文の(i)，(ii)にあてはまることばをそれぞれ記せ。

精神と身体には，(i)な関係があり，互いに様々な影響を与え合っていることを理解できるようにする。また，心の(ii)が体にあらわれたり，体の(ii)が心にあらわれたりするのは，神経などの働きによることを理解できるようにする。

(4) 次は，「E 球技 [第1学年及び第2学年] (3) 学びに向かう力，人間性等」の一部である。(a)～(c)にあてはまることばをそれぞれ記せ。

(3) 球技に(a)に取り組むとともに，(b)なプレイを守ろうとすること，作戦などについての話合いに参加しようとすること，一人一人の違いに応じたプレイなどを認めようとすること，仲間の学習を(c)しようとすることなどや，健康・安全に気を配ること。

(5) 次は，「A 体つくり運動 [第3学年] (1) 知識及び運動」の一部である。(a)～(d)にあてはまる語句を以下の①～⑥からそれぞれ一つ選び，記号で記せ。

(1)　次の運動を通して，体を動かす楽しさや心地よさを味わい，運動を(　a　)する意義，体の構造，運動の原則などを理解するとともに，健康の保持増進や体力の向上を目指し，目的に適した運動の計画を立て取り組むこと。

ア　体ほぐしの運動では，手軽な運動を行い，心と体は互いに影響し(　b　)することや心身の状態に気付き，仲間と自主的に関わり合うこと。

イ　(　c　)に生かす運動の計画では，ねらいに応じて，健康の保持増進や(　d　)のとれた体力の向上を図るための運動の計画を立て取り組むこと。

①　調和　②　継続　③　実生活　④　生涯　⑤　変化
⑥　同調

(☆☆☆◎◎◎◎)

【2】次の(1)～(3)に答えよ。

(1)　ソフトボールの投手が，風車のように腕を大きく1回転させる投げ方のことを何というか，記せ。

(2)　器械運動の「マット運動」において，「Y字バランス」や「倒立」は何系の技か，記せ。

(3)　バドミントンのラケットの握り方で，ラケット面を床と垂直にして，握手をするように上から持つ握り方を何というか，記せ。

(☆☆◎◎◎)

【3】次の(1)～(3)に答えよ。

(1)　球技の「サッカー」の学習で，「試合中に声を出しても相手がいてうまくパスがもらえない」と学習カードに記入してきた生徒にどのような「動きのアドバイス」をしたらよいか，記せ。

(2)　水泳の学習で，正しい「ストリームライン」を習得させるための練習方法について，記せ。

(3)　器械運動の「跳び箱」で台上前転の技能を習得するための学習において，段階的な練習方法としてどのような場の工夫があるか，記せ。

(☆☆☆☆◎◎◎)

【4】次の(1)～(4)について，それぞれ簡潔に説明せよ。

(1)　柔道の抑え込みとなる条件について

(2)　受動喫煙について

(3)　オリンピックの価値のひとつの「卓越」について

(4)　きずの手当として考えられる手立てについて

(☆☆☆◎◎◎)

【高等学校】

【1】次の文章を読んで(1)，(2)の問いに答えよ。

誰しも，病気になってしまってから治すよりも最初から病気にならないほうを望むでしょう。また，生活習慣病のなかには，一度発病してしまうと(　ア　)に治すことがきわめて難しい病気もたくさんあります。したがって，もっとも重要なのは，発病自体を防ぐことです。

発病を防ぐためには，食事，運動，休養及び(　イ　)といった基本的な生活習慣を健康的なものにする，さらには，喫煙や過度の(　ウ　)をしない，などが大切です。このように，生活習慣病は，健康的な生活習慣を毎日積み重ねることによって予防できるのです。

また，こうした習慣は比較的(　エ　)時期に確立し，それが継続していく場合が多く見られます。高校生であるみなさんが，いま，おこなう生活習慣の選択が，あなたの一生の健康を決めてしまうかもしれないのです。

生活習慣病の一つであるがんは，正式には(　オ　)といいます。特徴は，細胞が(　カ　)に増殖することと，(　キ　)することです。肺，胃，肝臓，大腸，乳房などのがんが代表的です。

(1)　(　ア　)～(　キ　)に当てはまることばを，次の①～⑪から選び，それぞれ記号で記せ。

① 老いた　② 無制限　③ 若い　④ 完全
⑤ 良性腫瘍　⑥ 移植　⑦ 飲酒　⑧ 睡眠
⑨ 転移　⑩ 限定的　⑪ 悪性新生物

(2) 文中の下線部の生活習慣病の予防には，一次予防，二次予防と三次予防がある。二次予防について説明せよ。

(☆☆☆◎◎◎)

【2】次の(1)～(4)の問いに答えよ。

(1) 走り幅跳びの試技の際に，記録が無効となる場合を2つ記せ。

(2) サッカーの試合中，競技者が競技のフィールド内(ペナルティーエリア以外)で相手競技者に対する反則があったあとの再開方法には2種類がある。その2つの方法を記せ。

(3) 剣道において，相手と自分との間にできる基本的な間合である「一足一刀の間合」について説明せよ。

(4) バドミントンのサービスで，サーバーのラケットでシャトルが打たれる瞬間に，シャトル全体が必ずコート面から何m以下でなければならないか記せ。

(☆☆☆◎◎◎)

【3】次の(1)，(2)の問いに答えよ。

(1) 水泳のスタート時の重大事故をなくすために，入学年次のスタート練習では水中から段階的に練習していくことが必要である。このうち，水中からのスタート(背泳ぎスタートは除く)の方法を2つ記せ。

(2) 柔道の支え技系の投げ技である「膝車」の学習で，「取」に技能を習得させるための指導のポイントを2つ記せ。

(☆☆☆◎◎◎)

【4】次の文は，高等学校学習指導要領(平成30年3月)「第1章　総則　第1款　高等学校教育の基本と教育課程の役割　2」の一部である。(①)～(⑥)に当てはまることばをそれぞれ記せ。

> 学校における体育・健康に関する指導を，生徒の(　①　)を考慮して，学校の(　②　)を通じて適切に行うことにより，健康で安全な生活と豊かなスポーツライフの実現を目指した教育の充実に努めること。特に，学校における(　③　)の推進並びに体力の向上に関する指導，安全に関する指導及び心身の健康の保持増進に関する指導については，保健体育科，(　④　)科及び特別活動の時間はもとより，各教科・科目及び(　⑤　)などにおいてもそれぞれの(　⑥　)に応じて適切に行うよう努めること。また，それらの指導を通して，(中略)配慮すること。

(☆☆☆☆◎◎◎)

【5】次は，高等学校学習指導要領解説保健体育編・体育編(平成30年7月)「第1部　第2章　第1節　教科の目標及び内容」の一部である。(1)，(2)の問いに答えよ。

> <u>体育や保健の見方・考え方を働かせ</u>，課題を発見し，(　①　)，計画的な解決に向けた学習過程を通して，(　②　)を一体として捉え，生涯にわたって心身の健康を保持増進し豊かなスポーツライフを継続するための(　③　)・能力を次のとおり育成することを目指す。
>
> (1)　各種の運動の特性に応じた(　④　)等及び社会生活における健康・(　⑤　)について理解するとともに，(　④　)を身に付けるようにする。
>
> (2)　運動や健康についての自他や社会の課題を発見し，(　①　)，計画的な解決に向けて思考し(　⑥　)するとともに，(　⑦　)を養う。
>
> (3)　生涯にわたって継続して運動に親しむとともに健康の保持増進と体力の向上を目指し，明るく豊かで(　⑧　)ある生活を営む(　⑨　)を養う。

(1)　(　①　)～(　⑨　)に当てはまることばをそれぞれ記せ。なお，同じ番号には同じことばが入るものとする。

(2)　下線部のうち「体育の見方・考え方」では，運動やスポーツとの多様な関わり方について示されている。それはどのような関わり方が考えられるとしているか，記せ。

(☆☆☆◎◎◎)

【6】高等学校学習指導要領解説保健体育編・体育編(平成30年7月)「第1部　第2章　第1節　教科の目標及び内容　2　教科の内容」で示されていることについて，次の(1)，(2)の問いに答えよ。

(1)　科目「保健」は4つの項目(内容のまとまり)で構成されている。その4つを記せ。

(2)　科目「体育」の標準単位数を記せ。

(☆☆☆◎◎◎)

【7】高等学校学習指導要領解説保健体育編・体育編(平成30年7月)「第1部　第2章　第2節　各科目の目標及び内容」で示されていることについて，次の(1)～(3)の問いに答えよ。

(1)「体育　4　内容の取扱い　「体育」の領域及び内容の取扱い　領域及び領域の内容」に示されている，A　体つくり運動の2つの領域の内容を記せ。

(2)　次の文は，「体育　3　内容　B　器械運動　[入学年次]　(1)　ア　マット運動」において，身に付けることができるよう指導する内容である。(　①　)～(　③　)に当てはまることばを，以下のa～fから選び，それぞれ記号で記せ。

> (1)　次の運動について，(中略)で演技すること。
> ア　マット運動では，回転系や(　①　)の基本的な技を(　②　)に安定して行うこと，条件を変えた技や(　③　)を行うこと及びそれらを構成し演技すること。

a　切り返し系　　b　滑らか　　c　巧技系　　d　発展技
e　細やか　　　　f　懸垂技

(3) 「体育　3　内容　F　武道　ア　柔道　内容の取扱い　柔道の主な技の例」に示されている投げ技のまわし技系で，入学年次で取り扱うことができる技を2つ記せ。

(☆☆◎◎◎)

【8】次の(1)～(4)について，説明せよ。

(1)　副流煙

(2)　昇華(適応機制)

(3)　病院と診療所の病床数の違い

(4)　細菌による食中毒予防の三原則

(☆☆◎◎◎)

解答・解説

【中学校】

【1】(1)　①　a　発見　　b　参画　　②　A体つくり運動，H体育理論　③　i　多様　　ii　義務教育　　iii　基礎　　iv　選択　(2)　①　a　感じ　　b　イメージ　　c　交流　　②　創作ダンス，フォークダンス，現代的なリズムのダンス　　③　i　心情　　ii　文化　　iii　発展　　(3)　①　a　ストレス　　b　個人差　　c　情意機能　　d　自己形成　　②　認知，記憶，言語，判断　から2つ　③　i　密接　　ii　状態　　(4)　a　積極的　　b　フェア　　c　援助　(5)　a　②　　b　⑤　　c　③　　d　①

〈解説〉(1)　①　第3学年の目標と第1学年及び第2学年の目標との違いとしては，(1)については「運動を豊かに実践することができるようにするため」が第3学年では「生涯にわたって運動を豊かに実践することができるようにするため」となり，(2)については「運動についての自己の課題を発見し」が「運動についての自己や仲間の課題を発見し」に，(3)では「自己の役割を果たす，一人一人の違いを認めようとするなどの意欲」が「自己の責任を果たす，参画する，一人一人の違いを大切にしようとするなどの意欲」となっている。　②　第3学年では，Aの体つくり運動に関しては「体ほぐしの運動」と「実生活に生かす運動の計画」が，Hの体育理論に関しては「文化としてのスポーツの意義」が必修として示されている。　③　下線部以外の文言では，「運動の楽しさや喜びを味わい」とは「それぞれの運動が有する特性や魅力に応じて，運動を楽しんだり，その運動の特性や魅力に触れたりすることが大切であることを示したものである。」と解説されている。　(2)　中学校では，小学校での表現リズム遊びや表現運動の学習を受けて，イメージを捉えたり深めたりする表現，伝承されてきた踊り，リズムに乗って全身で踊ることや，これらの踊りを通した交流や発表ができるようにすることが求められる。　(3)　小学校における，体の発育・発達の一般的な現象や個人差，思春期の体つきの変化や初経，精通などの学習や，心も体と同様に発達し，心と体には密接な関係があること，不安や悩みへの対処などの学習を踏まえ，健康の保持増進を図るための基礎として，心身の機能は生活経験などの影響を受けながら年齢とともに発達することについて理解できるようにする。(4)　学びに向かう力，人間性等については，生徒自らが公正，協力，責任，参画，共生といったことの意義や価値を認識して取り組もうとする意欲を高めることが重要であるため，指導に際しては，意義や価値の理解と具体的な取り組み方を組み合わせて指導することが大切である。　(5)　第1学年及び第2学年では，体を動かす楽しさや心地よさを味わい，体つくり運動の意義と行い方，体の動きを高める方法を理解し，目的に適した運動を身に付け，組み合わせることができるようにすることをねらいとしている。

【2】(1) ウインドミルモーション (2) 巧技系 (3) イースタングリップ

〈解説〉(1) ウインドミルはもっともポピュラーな投げ方で，風車のように腕を大きく１回転させ，その遠心力を利用して投げるため，大きなスピードを得ることができる。腕の回転は1回に制限されており，打者を幻惑させるために何回転も腕を回すことは禁止されている。スリングショットはソフトボールの“原点”ともいえる投げ方で，時計の振り子のように腕を下から後方へ振り上げ，前方に振り戻す反動を利用して投げる投法である。ゴムのパチンコ(スリングショット)の動きに似ているのでこう呼ばれている。変化球を投げるには不向きであり，ボールの握りが常に打者に晒されてしまうため，現在ではほとんど見られなくなった。 (2) マット運動は，回転系と巧技系の2つに分かれている。前方や後方，側方に回転する回転系と，倒立したりバランスをとったり，巧みにジャンプする技からなる巧技系の運動である。(3) バドミントンのラケットの持ち方には，大きく分けてイースタングリップとウエスタングリップの2種類がある。イースタングリップは，ラケット面を床と垂直にし，握手をするように握る持ち方で，ウエスタングリップは，ラケット面を床と平行にし，上からグリップを握る握り方である。

【3】(1) 空いているスペースを見つけて動いたり，相手のいる後ろのデッドゾーンから出たりしてボールをもらってみよう。 (2) 陸上で形を確認する。 (3) 低くした跳び箱にマットをかけ，恐怖心を取り除く。

〈解説〉(1) 相手がいることでうまくパスをもらえない生徒への指導法としては，①空いているスペースを認知すること，②周りを見ることを習慣化すること，を意識させることが重要である。それにより，相手のマークを外し，パスコースのある位置にポジショニングをすることで，パスを受けることができるようになると期待できる。 (2) 体のラインと水面を平行にするために，まず陸上で直立し，あごを下げ，お腹をへこませて姿勢を安定させ，手をそろえてしっかり伸ばす。伸ばした両腕が耳の後ろあたりで軽く触れるようにするとよい。陸上で美しいラインができるようになったら，水中で壁を蹴って蹴伸びし，その姿勢が維持できるようにする。　(3)　高さを変えた跳び箱をあらかじめ複数設置しておくことで，生徒が自分の課題を解決するために適した条件の跳び箱を選んで練習することができる。また，その際，「高い跳び箱を跳べばよい」という意識ではなく，滑らかに安定して跳ぶ，または発展技に挑戦するために適した跳び箱を選ぶことが大切であることを意識づけるようにする。

【4】(1)　・相手を大体あおむけにする。　・相手の上で向かい合った形になっている。　・足や胴を絡まれていない。　(2)　喫煙者の近くにいる人が，副流煙や喫煙者が吐き出す煙を吸い込むこと。　(3)　スポーツに限らず人生においてベストを尽くすこと。　(4)　出血を止める，細菌感染を防ぐ，痛みを和らげること。

〈解説〉(1)　抑え込みの3条件は，①受が仰向けである。②取と受とが，ほぼ向き合っている。③取が脚をからまれるなど受から拘束を受けていない，である。　(2)　たばこの煙には，喫煙者が直接吸い込む煙「主流煙」と喫煙者が吸って吐き出した煙「呼出煙」，火のついたたばこの先端部分から立ち上る煙「副流煙」がある。フィルターを通らない副流煙には喫煙者が吸う主流煙より高濃度の有害物質が含まれている。本人はたばこを吸わなくても，周囲に喫煙者がいるとこの副流煙と呼出煙が混ざった煙を吸ってしまうことになり，これを受動喫煙という。　(3)　オリンピックの価値における「卓越」は，スポーツに限らず人生においてベストを尽くすこと。大切なのは勝利することではなく，目標に向かって全力で取り組むことであり，体と頭と心の健全な調和をはぐくむことである。なお，「友情」は，スポーツでの喜びやチームスピリット，対戦相手との交流は人と人とを結び付け，互いの理解を深めることであり，平和でよりよい世界の構築に寄与すること。「敬意・尊重」は，互いに敬意を払い，ルールを尊重することはフェアプレー精神をはぐくむことであり，オリンピック・ムーブメントに参加するすべての人にとっての原則である。 (4) 毛細血管性出血や静脈性出血の場合，出血している部分に清潔なガーゼやハンカチをあてて片手で圧迫する(直接圧迫止血法)。なお，万一の感染防止のため，止血の際には実施者は傷病者の血液に触れないことが大切である。

【高等学校】

【1】(1) ア ④ イ ⑧ ウ ⑦ エ ③ オ ⑪
カ ② キ ⑨ (2) 健康診断などで早期発見し，進行する前に早期治療すること。

〈解説〉(1) 生活習慣病とは1996年までは「成人病」とよばれていたもので，「食習慣，運動習慣，休養，喫煙，飲酒等の生活習慣が，その発症・進行に関与する疾患群」を指しており，がん，循環器疾患，糖尿病，COPD(慢性閉塞性肺疾患)などの生活習慣病は，医療費の約3割，死亡者数の約6割を占めている。急速に進む高齢化を背景として，その予防は健康を守るために重要である。 (2) 予防の3段階は，一次予防が「生活習慣を改善して健康を増進し，生活習慣病等を予防すること」，二次予防が「健康診査等による早期発見・早期治療」，三次予防が「疾病が発症した後，必要な治療を受け，機能の維持・回復を図ること」である。従来，予防の中心は二次予防，三次予防であったが，2000年に始まった「21世紀における国民健康づくり運動(健康日本21)」において，すべての国民が健やかで心豊かに生活できる活力ある社会とするためには一次予防に重点を置いた対策を強力に推進して，壮年期死亡の減少及び健康で自立して暮らすことができる期間(健康寿命)の延伸等を図っていくことが極めて重要であるとの考えが示された。

【2】(1) ・競技者が踏切を行う際，跳躍しないで走り抜ける中で，あるいは跳躍の動きの中で，体のどこかが踏切線の先の地面(粘土板を含む)に触れたとき。 ・踏切線の延長線より先でも手前でも，踏切板

の両端よりも外側から踏切った時。　(2)　直接フリーキック，間接フリーキック　(3)　一歩踏み込めば打て，一歩退けば相手の打突を外せる距離のこと。　(4)　1.15〔m〕

〈解説〉(1)　走り幅跳びの無効試技に関して，「陸上競技ルールブック2021」(「日本陸上競技連盟競技規則(2021年度版)」)では，次のケースが該当するとしている。①競技者が踏切る際，跳躍しないで走り抜けたり，あるいは跳躍の動きの中で踏切足または踏切足の靴のどこかが，踏切板または地面から離れる前に踏切線の垂直面より前に出たとき(2022年4月1日より適用)。②踏切線の延長線より先でも手前でも，踏切板の両端よりも外側から踏切ったとき。③助走あるいは跳躍動作中に宙返りのようなフォームを使ったとき。④踏切後，着地場所への最初の接触前に助走路あるいは助走路外の地面あるいは着地場所の外側の部分に触れた場合。⑤着地の際，砂に残った最も近い痕跡よりも踏切線に近い砂場の外の境界線または地面に触れたとき(体のバランスを崩したことも含む)。⑥TR30.2に定める以外の方法で着地場を離れた場合(TR30.2に定める方法とは，「着地場所を離れる際，競技者の足が砂場との境界線上または砂場外の地面へ最初に触れる位置は，踏切線に最も近い痕跡よりも踏切線から遠くなくてはならない。」)。　(2)　競技者が「チャージする，飛びかかる，ける，またはけろうとする」などを相手競技者に対して不用意に，無謀に，または過剰な力で犯したと主審が判断した場合，直接フリーキックが与えられる。また，相手競技者が「危険な方法でプレーする。身体的接触を伴わずに，相手競技者の進行を妨げる。異議を示す，攻撃的，侮辱的，もしくは下品な発言や行動をとる，または言葉による反則を犯す。」などのことを行った場合，間接フリーキックが与えられる。　(3)　剣道における基本的な間合で，打ち間ともいわれる。お互いの竹刀の剣先と中結いの中間あたり(剣先から10cm程度)で竹刀が交差する距離とされる。

(4)　競技規則の第9条　サービス　第1項(6)に「サーバーのラケットで打たれる瞬間に，シャトル全体が必ずコート面から1.15m以下でなければならない。」とある。

【3】(1)　・水底をけってスタートする方法。　　・側壁をけってスタートする方法。　　(2)　・両手で大きなハンドルを回すようにすること。　　・支え足の膝を伸ばすこと。

〈解説〉(1)　水泳プールの事故として，スタート時に逆さまに深く入水し，水底に頭部を打ちつけて死亡する等の事故が起こっている。スタートの指導は個人の能力に応じた段階的な取扱いを重視し，指導者の指示に従って実施すること，水深や水底の安全を確かめ入水角度に注意することなど，安全に配慮した指導が大切である。なお，小・中学校では，水中からのスタートのみを指導しており，授業での跳び込みによるスタート指導は行わないこととなっており，高等学校においても，入学年次では飛び込みによるスタートの指導は行わない。入学年次の次の年次以降については，原則として水中からのスタートを取り扱うこととし，「安全を十分に確保した上で，学校や生徒の実態に応じて段階的な指導を行うことができる」としている。　(2)　膝車は，釣り手と引き手の作用で「受」を右前隅に崩し，次いで，崩しの手を緩めないように，左足の土踏まずの部分を「受」の右膝の部分に正面から当てる。さらに，引き手を強く利かせ前方に投げる技である。指導上の留意点としては，「取」は腰や膝を曲げた状態で技をかけないようにすること，「受」の膝に当てた左足に力を入れすぎないようにすることがある。

【4】①　発達の段階　　②　教育活動全体　　③　食育　　④　家庭　　⑤　総合的な探究の時間　　⑥　特質

〈解説〉教育基本法第2条では，教育の目的の一つとして「健やかな身体を養う」ことを規定している。これからの社会を生きる生徒に，健やかな心身の育成を図ることは極めて重要である。健やかな体の育成は，心身の調和的な発達の中で図られ，心身の健康と安全や，スポーツを通じた生涯にわたる幸福で豊かな生活の実現と密接に関わるものであり，生徒の心身の調和的発達を図るためには，運動を通して体力を養うとともに，食育の推進を通して望ましい食習慣を身に付けるなど，健康的な生活習慣を形成すること，様々な自然災害の発生や情報化等の進展に伴う生徒を取り巻く環境の変化などを踏まえた，安全に関する指導の充実も必要とされる。学校における体育・健康に関する指導は，こうした現代的課題を踏まえ，生徒の発達の段階を考慮しつつ学校教育活動全体として取り組むことにより，健康・安全で活力ある生活を営むために必要な資質・能力を育て，心身の調和的な発達を図り，健康で安全な生活と豊かなスポーツライフの実現を目指すものである。

【5】(1)　①　合理的　②　心と体　③　資質　④　技能　⑤　安全　⑥　判断　⑦　他者に伝える力　⑧　活力　⑨　態度　(2)　自己の適性等に応じた「する・みる・支える・知る」

〈解説〉(1)　平成30年の高等学校学習指導要領の改訂においては，保健体育科の目標は，育成を目指す資質・能力の3つの柱を踏まえつつ，新設された3つの目標すべてにおいて健康や安全が示されているように，これまでに引き続いて，体育と保健を関連させていく考え方が強調されている。　(2)　体育の見方・考え方については，生涯にわたる豊かなスポーツライフを実現する観点を踏まえ，「運動やスポーツを，その価値や特性に着目して，楽しさや喜びとともに体力の向上に果たす役割の視点から捉え，自己の適性等に応じた『する・みる・支える・知る』の多様な関わり方と関連付けること」とされている。なお，保健の見方・考え方については，疾病や傷害を防止するとともに，生活の質や生きがいを重視した健康に関する観点を踏まえ，「個人及び社会生活における課題や情報を，健康や安全に関する原則や概念に着目して捉え，疾病等のリスクの軽減や生活の質の向上，健康を支える環境づくりと関連付けること」であるとされている。

【6】(1)　現代社会と健康，安全な社会生活，生涯を通じる健康，健康を支える環境づくり　(2)　7～8

〈解説〉(1)　具体的には，「現代社会と健康」では，現代の感染症とその予防，生活習慣病などの予防と回復，喫煙，飲酒，薬物乱用と健康について項目を立てて充実が図られ，とくに，生活習慣病などの予防と回復においてがんが取り上げられたほか，精神疾患の予防と回復の内容が新しく示された。「安全な社会生活」は，小学校，中学校の系統性及び安全に関する指導を重視する観点から新たに設定された項目で，従前「現代社会と健康」に含まれていた応急手当と交通安全に関する内容が移され，心肺蘇生法等の応急手当についての技能や交通安全を含めた安全な社会づくりとして独立した項目とされた。「生涯を通じる健康」は，従前の内容に増減が生じており，「社会生活と健康」に含まれていた労働と健康が，生涯の各段階と関連が深いことからここに移され，保健・医療制度及び地域の保健・医療機関などの活用や様々な保健活動に関する内容は，自然環境，社会環境を含めた「健康を支える環境づくり」へ移動している。「健康を支える環境づくり」では，従前の「社会生活と健康」に含まれていた自然環境を中心とした環境と健康，食品と健康が引き続き示されるとともに，社会環境として，保健・医療制度及び地域の保健・医療機関などの適切な活用，我が国や世界において様々な保健活動や対策などが行われていることについての内容が盛り込まれている。　(2)　体育の標準単位時間は7～8単位，保健は2単位である。これは，各学校の特色に応じて，卒業までに7～8単位を配当することとされているため，7単位未満に単位数を減じて配当することはできない。また，7～8単位と幅をもって示されたのは，各学校でそれぞれ適切な教育課程を編成することができるように配慮したためである。

【7】(1)　体ほぐしの運動，実生活に生かす運動の計画　(2)　①　c　②　b　③　d　(3)　体落とし，釣り込み腰

〈解説〉(1)　体ほぐしの運動は，心と体の関係に気付き，仲間と交流することがねらいの運動であり，実生活に生かす運動の計画は，自己の体力に関するねらいに応じて，健康の保持増進や調和のとれた体力の向上を図るための継続的な運動の計画を立てて取り組むことが主なね

らいである。　(2)　器械運動の知識及び技能の目標は「次の運動について，技ができる楽しさや喜びを味わい，技の名称や行い方，運動観察の方法，体力の高め方などを理解するとともに，自己に適した技で演技すること。」とされており，「次の運動」が示すマット運動，鉄棒運動，平均台運動，跳び箱運動，それぞれの運動について，個々の目標が示されている。器械運動の各種目には多くの技があることから，これらの技は，運動の構造に基づいて，系，技群及びグループの視点によって系統的に分類されている。入学年次においては，中学校段階の学習を踏まえ，新たに学習する技や系，技群，グループの名称を理解できるようにするとともに，技の行い方では，技の課題を解決するための合理的な動き方のポイントがあり，同じ系統(技群，グループ)の技には共通性があることを理解できるようにする。　(3)　高等学校学習指導要領解説では，投げ技のまわし技系の例示として，中学校1・2年生で体落としと大腰，中学校3年・高校入学年次で釣り込み腰と背負い投げ，高校その次の年次以降で払い腰と内股を示している。

【8】(1)　たばこの先から立ち上る煙のこと。　(2)　おさえられた性的欲求などを学問・スポーツ・芸術などに向ける心の働きのこと。　(3)　病院の病床数は20床以上，診療所の病床は19床以下あるいは病床をもたない。　(4)　細菌を食品につけない，細菌を増やさない，細菌を殺すこと。

〈解説〉(1)　フィルターを通らない副流煙には喫煙者が吸う主流煙より高濃度の有害物質が含まれている。本人はたばこを吸わなくても，周囲に喫煙者がいるとこの副流煙と呼出煙が混ざった煙を吸ってしまうことになり，これを受動喫煙という。　(2)　破壊的欲求や性的欲求のエネルギーをスポーツや芸術，仕事など社会や人に認められることに消費することが昇華である。　(3)　病院の場合は，入院施設としてベッド数が20床以上で，医師の数も最低3名以上(40人の外来患者に対して医師1人，16名の入院患者に対して医師1人)が必要である。これに対し，診療所は，入院施設としてのベッド数は19床以下で，入院施設がなくてもよい。医師の数は，患者数にかかわらず1名以上となっている。　(4)　細菌をつけない(清潔・洗浄)とは，食中毒を起こす細菌が魚や肉，野菜などの食材についていることがあり，この食中毒菌が手指や調理器具などを介して他の食品を汚染し，食中毒の原因となることがある。そのため，手指や器具類の洗浄・消毒や，食品を区分け保管したり，調理器具を用途別に使い分けたりすることなどが必要となる。また，細菌を増やさない(迅速・冷却)とは，食品に食中毒菌がついてしまっても食中毒をおこす菌量まで増えなければ食中毒にはならないが，食品についた菌は時間の経過とともに増えるため，調理はすばやく行い，調理後は早く食べることが大切である。なお，細菌は通常，10℃以下では増えにくくなるため，食品を扱うときには室温に長時間放置せず，冷蔵庫に保管する必要がある。細菌を殺す(加熱・殺菌)とは，一般的に，食中毒をおこす細菌は熱に弱く，食品に細菌がついていても加熱すれば死んでしまう。加熱はもっとも効果的な殺菌方法であるが，加熱が不十分な場合，食中毒菌が生き残って食中毒が発生する例も多いため，注意が必要である。

2021年度　実施問題

【中学校】

【1】中学校学習指導要領解説「保健体育編」について，次の(1)～(5)に答えよ。

(1)　次は，「第2節　各分野の目標及び内容〔体育分野〕 1　目標[第1学年及び第2学年]」の一部である。下の①～③に答えよ。

> (1)　運動の合理的な実践を通して，運動の楽しさや喜びを味わい，運動を豊かに実践することができるようにするため，運動，体力の(　a　)について理解するとともに，基本的な技能を身に付けるようにする。
>
> (2)　運動についての自己の課題を発見し，合理的な解決に向けて思考し判断するとともに，自己や仲間の考えたことを他者に(　b　)を養う。
>
> (3)　運動における競争や協働の経験を通して，公正に取り組む，互いに協力する，自己の役割を果たす，一人一人の(　c　)を認めようとするなどの意欲を育てるとともに，A健康・安全に留意し，自己の最善を尽くして運動をする態度を養う。

①　a～cにあてはまることばをそれぞれ記せ。

②　(1)は，どのような資質・能力を育成することを示した目標か，記せ。

③　下線部Aについて，どのような点に留意し運動を行えばよいか，次の文のi～iiiにあてはまることばをそれぞれ記せ。

運動を行う際は，(　i　)などが起こることもあるため，練習や試合を行うに当たっては，自己の(　ii　)や体力を十分に理解し，体育施設・用具等の安全を確かめるとともに，運動の(　iii　)や自己の技能の程度を把握して行う必要がある。

(2) 次は,「第2節 各分野の目標及び内容 2 内容」の「D 水泳[第1学年及び第2学年] (1)」の一部である。下の①~③に答えよ。

> (1) 次の運動について,記録の向上や競争の楽しさや喜びを味わい,A水泳の特性や成り立ち,技術の名称や行い方,Bその運動に関連して高まる体力などを理解するとともに,(a)を身に付けること。
> ア クロールでは,手と足の動き,(b)のバランスをとり速く泳ぐこと。
> イ (c)では,手と足の動き,(b)のバランスをとり長く泳ぐこと。
> ウ 背泳ぎでは,手と足の動き,(b)のバランスをとり泳ぐこと。
> エ (d)では,手と足の動き,(b)のバランスをとり泳ぐこと。

① a~dにあてはまることばをそれぞれ記せ。なお,同じ記号には同じことばが入る。

② 下線部Aはどのような特性があるか簡潔に説明せよ。

③ 下線部Bについて,短距離泳及び長距離泳で高まる体力をそれぞれ記せ。

(3) 次は,「〔保健分野〕 2 内容 (4) 健康と環境」の一部である。あとの①~③に答えよ。

> (4) 健康と環境について,(a)を発見し,その解決を目指した活動を通して,次の事項を身に付けることができるよう指導する。
> ア 健康と環境について理解を深めること。
> (ア) (b)には,環境に対してある程度まで適応能力があること。(b)の適応能力を超えた環境は,健康に影響を及ぼすことがあること。また,A快適で能率の

よい生活を送るための温度，湿度や明るさには一定の範囲があること。

(イ)　(　c　)や空気は，健康と密接な関わりがあること。また，(　c　)や$_B$空気を衛生的に保つには，基準に適合するよう管理する必要があること。

(ウ)　人間の生活によって生じた(　d　)は，環境の保全に十分配慮し，環境を汚染しないように衛生的に処理する必要があること。

イ　健康と環境に関する情報から(　a　)を発見し，その解決に向けて思考し判断するとともに，それらを表現すること。

① a～dにあてはまることばをそれぞれ記せ。なお，同じ記号には同じことばが入る。

② 下線部Aの範囲のことを何というか，記せ。

③ 下線部Bの指導内容に関わって，次の文のi～ivにあてはまることばをそれぞれ記せ。

室内の(　i　)は，人体の呼吸作用や物質の(　ii　)により増加すること，そのため，室内の空気が汚れてきているという(　iii　)となること，定期的な(　iv　)は室内の(　i　)の濃度を衛生的に管理できることを理解できるようにする。

(4) 次は，「H　体育理論　[第3学年]　ア　知識」の一部である。a～eにあてはまることばをそれぞれ記せ。

(1)　文化としてのスポーツの意義について，課題を発見し，その解決を目指した活動を通して，次の事項を身に付けることができるよう指導する。

ア　文化としてのスポーツの意義について理解すること。

(ア)　スポーツは，文化的な生活を営みよりよく生きていくために重要であること。

(イ)　オリンピックや(　a　)及び国際的なスポーツ大会

などは，(b)や(c)に大きな役割を果たしていること。
(ウ) スポーツは，民族や国，(d)や性，(e)の違いなどを超えて人々を結び付けていること。

(5) 次は，「F 武道 [第1学年及び第2学年] (1)」の一部である。a～dにあてはまる語句を下の①～⑥から一つ選び，記号で記せ。なお，同じ記号には同じことばが入る。

伝統的な考え方では，武道は，単に試合の(a)を目指すだけではなく，技能の習得などを通して，(b)を図るという考え方があることを理解できるようにする。例えば，武道は，相手を尊重する(c)の考え方から受け身を取りやすいように相手を投げたり，(a)が決まった後でも，相手に配慮して(d)の表出を控えたりするなどの考え方があることを理解できるようにする。

① 精神　② 礼　③ 感情　④ 学力向上
⑤ 人間形成　⑥ 勝敗

(☆☆☆◎◎◎◎◎)

【2】次の(1)～(3)に答えよ。

(1) ハンドボールで，ゴールキーパーの頭越しにボールをふわりと浮かせた軌道のシュートを何というか，記せ。

(2) 創作ダンスで，2人以上で同じ動きを輪唱のようにずらして表現する動きを何というか，記せ。

(3) タグラグビーやラグビーの試合終了のことを何というか，記せ。

(☆☆☆◎◎◎◎)

【3】次の(1)～(3)に答えよ。

(1) 球技「バレーボール」のスパイクの学習で，生徒が適切なタイミングでジャンプできるようにするための指導方法を，記せ。

(2)　陸上競技「ハードル走」の学習で，ハードルを高く跳んでしまう生徒にどのようなアドバイスをしたらよいか，2つ記せ。

(3)　保健分野「感染症の予防」の学習で，感染症を予防するために，指導すべきことが3つある。「消毒や殺菌等により発生源をなくすこと」,「周囲の環境を衛生的に保つことにより感染経路を遮断すること」の他に，もう1つ指導すべきことを，具体的に記せ。

(☆☆☆☆◎◎)

【4】次の(1)～(4)について，それぞれ簡潔に説明せよ。

(1)　WBGT

(2)　副作用

(3)　塵浄水（ちりちょうず）

(4)　ブレインストーミング

(☆☆☆◎◎◎)

【高等学校】

【1】次の文章を読んで(1)～(3)の問いに答えよ。

病原体がほかの人や動物などからその人の体のなかに入り，それが体内で増えることで起こる病気を感染症といいます。消毒や殺菌などにより，(A)病原体がなくなれば感染症は起きません。

また，病原体をなくせなくても(B)体に入らないよう工夫することによっても感染は防止できます。

私たちの体のなかには，ほとんどの病原体に対して対抗できるだけの力が備わっています。このようなしくみの1つに(C)免疫があります。感染症にかからないように，あるいは，早く治るためには，このしくみを最大限発揮させることが有効です。

また，エイズやO157（オー）による(　ア　)などのように，新たに注目されるようになった感染症は新興感染症と呼ばれています。

新興感染症は，診断や(　イ　)の方法が確立していないために適切な医療行為が困難です。

現在では，航空機などの交通網が世界中に整備され，(　ウ　)な流行が瞬く間に全世界に広がるため昔よりも侵入防止対策が難しくなっています。

感染症は，人から人へと広がっていき，社会全体を巻き込んでいくものなので，対応も社会的におこなうことが求められます。(　エ　)を充実させ，感染を防ぐ安全な環境を維持すること，(　オ　)により国内への侵入を未然に防ぐこと，予防接種の普及により流行を起こりにくくすること，さらに，それらにかかわる適切な情報発信をして注意を促すことなども社会のしくみとして重要です。

(1)　下線部(A)，(B)は感染症予防の原則である。それぞれの対策名を記せ。

(2)　下線部(C)について，説明せよ。

(3)　(　ア　)～(　オ　)にあてはまることばをそれぞれを記せ。

(☆☆☆◎◎◎◎)

【2】次の(1)～(4)の問いに答えよ。

(1)　サッカーでコーナーキックとなる場合の状況を記せ。

(2)　6人制バレーボールでバックプレイヤーの反則を2つ記せ。

(3)　剣道の「残心」について説明せよ。

(4)「新体力テスト実施要項(12歳～19歳対象，スポーツ庁)Ⅱテスト項目　ハンドボール投げ　2　方法」に示されている内容を3つ，記せ。

(☆☆☆◎◎◎)

【3】次の(1)，(2)の問いに答えよ。

(1)　テニスの授業で，コースをねらってサービスを打つ練習の方法を説明せよ。

(2)　マット運動の授業で，回転系の接転技群を指導する際の技能のポイントを2つ記せ。

(☆☆☆☆◎◎◎)

【4】高等学校学習指導要領解説保健体育編・体育編(平成21年12月)「第1部　第2章　各科目」について，次の(1)～(3)の問いに答えよ。

(1)「第2節　保健　3　内容(3)　社会生活と健康　ア　環境と健康　(ｱ)環境の汚染と健康」において，「理解できるようにする」とされている指導内容は何か，記せ。

(2)「第1節　体育　3　内容　H　体育理論　3　豊かなスポーツライフの設計の仕方　ウ　スポーツ振興のための施策と諸条件」では，「国や地方自治体は，スポーツ振興のために，様々な施策や条件整備を行っていること等を理解できるようにする。」と示されているが，その際「触れるようにする」とされている指導内容は何か，記せ。

(3)「第1節　体育　3　内容　G　ダンス　3　知識，思考・判断　○思考・判断」について，入学年次の例示を2つ記せ。

(☆☆☆☆◎◎◎)

【5】次は，高等学校学習指導要領解説保健体育編・体育編(平成21年12月)「第1　部　第2章　各科目　4　内容の取扱い」の一部である。(　①　)～(　⑥　)にあてはまることばをあとのア～シからそれぞれ選び，記号で記せ。

> (5)　集合，(　①　)，列の増減，(　②　)などの行動の仕方を身に付け，能率的で安全な集団としての行動ができるようにするための指導については，内容の「A体つくり運動」から「Gダンス」までの領域において適切に行うものとする。

集団として必要な行動の仕方を身に付け，能率的で安全な集団としての行動ができるようにすることは，運動の学習においても大切なことである。

集団としての行動については，運動の学習に(　③　)を取り扱うようにし，体つくり運動からダンスまでの各運動に関する(　④　)の学習との関連を図って適切に行うこととした。

なお，集団行動の指導の効果を上げるためには，(　⑤　)だけでなく，(　⑥　)において指導するよう配慮する必要がある。

ア　社会教育活動全体　　イ　領域　　ウ　整理
エ　学校の教育活動全体　　オ　特定　　カ　整頓（とん）
キ　直接必要なもの　　ク　特別活動　　ケ　保健体育科
コ　間接的に必要なもの　　サ　方向変換　　シ　隊列移動

(☆☆☆☆◎◎)

【6】評価規準の作成，評価方法等の工夫改善のための参考資料(高等学校　保健体育)(平成24年7月　国立教育政策研究所　教育課程研究センター)について，次の(1)，(2)の問いに答えよ。

(1)　体育において観点別学習評価を実施するにあたり，4観点で評価しないとされている領域は何か，2つ記せ。

(2)　学習評価の妥当性，信頼性等を高めるためには，どのような取組が有効であるとされているか，2つ記せ。

(☆☆☆☆◎◎◎)

【7】次は，高等学校学習指導要領解説保健体育編・体育編(平成21年12月)「第1部　第3章　第3節　部活動の意義と留意点等」の一部である。(1)，(2)の問いに答えよ。

＜運動部の活動＞

運動部の活動は，スポーツに興味と関心をもつ同好の生徒が，より高い水準の技能や記録に(　①　)する中で，スポーツの(　②　)や(　③　)を味わい，豊かな学校生活を経験する活動であるとともに，(　④　)の向上や(　⑤　)の増進にも極めて効果的な活動である。

したがって，生徒が運動部の活動に(　⑥　)に参加できるよう配慮することが大切である。また，生徒の能力等に応じた技能や記録の向上を目指すとともに，互いに(　⑦　)し合って(　⑧　)を深めるなど好ましい(　⑨　)を育てるよう適切な指導を行う必要がある。

運動部の活動は，主として(　⑩　)に行われ，特に(　⑪　)する同好の生徒によって行われる活動であることから，生徒の(　⑫　)を尊重する必要がある。また，生徒に任せすぎたり，(　⑬　)ことのみを目指したりした活動にならないよう留意する必要もある。このため，運動部の活動の意義が十分発揮されるよう，生徒の(　⑭　)の尊重と柔軟な運営に留意したり，生徒のバランスのとれた生活や成長のためにも(A)休養日や練習時間を適切に設定したりするなど，生徒の能力・適性，興味・関心等に応じつつ，健康・(　⑮　)に留意し適切な活動が行われるよう配慮して指導することが必要である。

(1)　(　①　)～(　⑮　)にあてはまることばをそれぞれ記せ。

(2)　下線部(A)について，「やまなし運動部活動ガイドライン(平成30年3月)」及び「やまなし文化部活動ガイドライン(令和元年7月)」では，休養日及び活動時間について，どのように示されているか，記せ。

(☆☆☆☆◎◎)

【8】次の(1)～(4)について，説明せよ。

(1)　健康水準

(2)　環境負荷

(3)　速筋線維

(4)　トレーニングの負荷条件

(☆☆☆☆◎◎◎)

解答・解説

【中学校】

【1】(1) ① a 必要性 b 伝える力 c 違い ② 知識及び技能 ③ i 事故 ii 健康状態 iii 難易度
(2) ① a 泳法 b 呼吸 c 平泳ぎ d バタフライ
② 水の物理的特性である浮力，抵抗，水圧などの影響を受けながら，浮く，呼吸をする，進むという，それぞれの技術の組み合わせによって泳法が成立している運動。 ③ 短距離離泳…瞬発力 長距離離泳…全身持久力 (3) ① a 課題 b 身体 c 飲料水 d 廃棄物 ② 至適範囲 ③ i 二酸化炭素 ii 燃焼 iii 指標 iv 換気 (4) a パラリンピック b 国際親善 c 世界平和 d 人種 e 障害 (5) a ⑥ b ⑤ c ② d ③

〈解説〉(1) ① 第1学年及び第2学年の体育分野の目標は，小学校，中学校，高等学校における12年間の一貫性を踏まえたものとなっている。設問の目標は，第1学年及び第2学年における「知識及び技能」「思考力，判断力，表現力等」「学びに向かう力，人間性等」の育成を目指す資質・能力について示されている。 ② 設問文の(1)は，知識及び技能の目標を示したものであり，生徒が運動の合理的な実践を通して，運動の楽しさや喜びを味わうことができるようにすること，運動の行い方や体力の必要性の理解をもとに基本的な技能を身に付けることを目指したものとなっている。 ③ 下線部Aの「健康・安全に留意し」は，運動による事故，けがなどを防止するためには，自己の健康，自己や仲間の安全に対し，正しい行動が求められることを示している。
(2) ① 中学校では，小学校までの学習を受け，クロール・平泳ぎ・背泳ぎ・バタフライなどの泳法を身に付け，効率的に泳ぐことができるようにすることが求められている。そのためには，各泳法に応じた手と足の動き(プルやキック)，呼吸動作(バランス)が必要となる。

②　下線部Aの「水泳の特性」は，水泳が陸上とは異なり，水の物理的特性である浮力，抵抗，水圧などの影響を受けながら泳法が成立している運動であることを示している。このため，生徒にはそれぞれの泳法を身に付け，続けて長く泳いだり，速く泳いだり，競い合ったりする楽しさや喜びを味わうことの重要性を理解させることが必要となる。　③　下線部Bの「その運動に関連して高まる体力」は，水泳がそれぞれの種目において，高まる体力要素が異なることを示している。具体的には，短距離泳では主として「瞬発力」，長距離泳では主として「全身持久力」などが高められるとされる。　(3)　①　人間の健康は，個人を取り巻く環境から大きな影響を受ける。そのため，健康を保持増進するためには，心身の健康に対する環境の影響について理解すること，健康と環境に関する情報から課題を発見し，その解決に向けて思考し，判断することが必要となる。　②　下線部Aは，「至適範囲」について述べている。よって，温度・湿度・気流の温熱条件には，人間が活動しやすい至適範囲があること，温熱条件の至適範囲は，体温を容易に一定に保つことができる範囲であることを理解しておきたい。　③　下線部Bは，空気の衛生管理について述べている。空気の衛生管理は，飲料水の衛生的管理とともに，人間の生命の維持や健康な生活と密接な関わりがある。これらについては，いずれも一定の基準が定められており，その衛生管理は，ともに重要な役割を果たしていることを理解しておきたい。　(4)　文化としてのスポーツの意義は，(ア)の現代生活におけるスポーツの文化的意義，(イ)の国際的なスポーツ大会などが果たす文化的な意義や役割，(ウ)の人々を結び付けるスポーツの文化的な働きについて理解することが求められている。

(5)　武道は「礼に始まり礼に終わる」といわれるように，「礼法」を重視している。そのため，「礼」を重んじ，その形式に従うことは，自分を律するとともに，相手を尊重する態度を形に表すことでもある。よって，これらのことを技の習得と関連付けて指導することが大切となる。

【2】(1) ループシュート　(2) カノン　(3) ノーサイド

〈解説〉(1) ハンドボールのループシュートは，ゴールキーパーと1対1になったとき効力を発揮する。打ち方としては，ボールに軽くバックスピンをかけるようにして浮かせ，ゴールキーパーの頭越しにふわりと打つ。ゴールキーパーに，いつものような強いジャンプシュートを打つように見せかけることが成功のカギとなる。 (2) 創作ダンスのカノンは，群(集団)の動きの中で「順番に追いかける動き」のことをいう。これに対し，ユニゾンは全員一緒の動き，シンメトリーは対称の動き，アシンメトリーは非対称の動き，ランダムはバラバラな動き，コントラストは高低・曲直・多少など相反する動きである。 (3) ラグビーのノーサイド(No Side)には，「それまで対立していた者同士が和解する」という意味がある。この言葉には，試合が終われば，その瞬間から敵味方の区別はなくなり，お互いの健闘を讃え合うというメッセージが込められている。

【3】(1) トスを上げてもらい短い助走から最高点でボールをキャッチする練習を行う。それからスパイク動作へとつなげていく

(2) ・ハードルをできるだけ遠くから踏み切る　・ハードルの上では抜き足を立てないで，できるだけ水平にする　(3) 栄養状態を良好にしたり，予防接種の実施により免疫を付けたりするなど身体の抵抗力を高めること

〈解説〉(1) バレーボールは，ネットをはさんで攻防を展開するネット型の球技である。スパイクの学習において，生徒が適切なタイミングでジャンプできるようにするためには，「最高点でスパイクを打つ」という意識付けが必要となる。それを修得する方法としては，最初からスパイクを打つ学習をするのではなく，まずトスを上げてもらい，最高点でボールをキャッチすることから始めることが大切となる。なお，このような部分単位で反復学習をする方法を「分習法」という。運動種目の修得については，このような分習法と全習法(全体を通した反復学習)を効果的に使い分けることが良いとされている。 (2) 陸

上競技のハードル走において，ハードルをうまく跳ぶためには，しっかり踏み切ることが必要となる。それを可能にするには，低いハードルを使い，できるだけ遠くから踏み切る学習が効果的とされる。また，ハードリングについては，抜き脚の膝が脇の下をくぐるように意識し，できるだけ低い姿勢で跳ぶ学習が重要となる。　(3)　感染症は，病原体が主な要因となって発生する。また，感染症の多くは，発生源をなくすこと，感染経路を遮断すること，主体の抵抗力を高めることによって予防できる。なお，感染症にかかった場合は，疾病から回復することはもちろん，周囲に感染を広げないためにも，できるだけ早く適切な治療を受けることが重要となる。

【4】(1)　熱中症予防の温度指標のこと　(2)　医薬品の主作用以外の好ましくない作用のこと　(3)　手を清めて，正々堂々と武器を持たずに戦うことを示す，相撲固有の礼法のこと　(4)　様々なアイデアや意見を出していく活動のこと

〈解説〉(1)　WBGT(Wet Bulb Globe Temperature)は，暑さ指数(湿球黒球温度)のこと。これは，人体の熱収支に大きく影響する湿度，輻射熱，気温の3つを取り入れた指標で，乾球温度，湿球温度，黒球温度の値を使って計算する。WBGTが31度以上の場合，熱中症予防のため，運動は原則中止となる。　(2)　副作用は，「好ましくない薬の作用」ともいえる。世界保健機関(WHO)は，この有害反応(ADR：adverse drug reaction)を「有害かつ意図されない反応で，疾病の予防，診断，治療または身体的機能の修正のためにヒトに通常用いられる量で発現する作用」と定義している。　(3)　塵手水は相撲の作法の1つで，「塵を切る」「手水を切る」ともいう。これは，清める水がないとき，草をちぎって手を拭いていたことに由来する。　(4)　ブレインストーミングは，複数人がアイデアを出し合うことで，様々なアイデアや意見を生み出すことを目的とする。これを成功させるためには，①判断や結論を出さない，②ユニークで新しいアイデアを歓迎する，③質より量を重視する，④出されたアイデアを結び付ける，などのルールが知られ

ている。

【高等学校】

【1】(1) (A) 感染源対策 (B) 感染経路対策 (2) 病原体が体内に侵入したときにそれを排除するしくみ (3) ア 腸管出血性大腸菌感染症 イ 治療 ウ 地域的 エ 環境衛生 オ 検疫

〈解説〉(1) 感染症は，①感染源，②感染経路，③宿主の3つの要因がそろうことで感染する。よって，感染症予防においては，(A)の感染源対策(病原体の排除)，(B)の感染経路対策(感染経路の遮断)が特に大切となる。 (2) 免疫は，自然免疫と獲得免疫に分けられる。自然免疫は初期防御を担う免疫で，マクロファージや好中球といった自然免疫細胞が，様々な病原体を食べて排除する。一方，獲得免疫は，T細胞，B細胞といった獲得免疫細胞が，侵入してきた特定の病原体に当てはまる抗体をつくって退治する。この抗体は，一度できると2度目以降はより迅速につくることができるため，インフルエンザなどのワクチンは，この仕組みを利用して培養する。 (3) かつて多く流行した感染症が再び増加し，再度，公衆衛生上問題となったものを「再興感染症」という。これに対し，新たな病原体による感染症を「新興感染症」という。

【2】(1) ゴールイン以外で，ボールが最後に守備側のプレイヤーに触れてゴールラインから出た場合。 (2) ・フロントゾーン内から(アタックラインを踏む，または踏み越して)ネットより高いボールをアタックヒット等すること。 ・ブロックに参加すること。
(3) 打突した後にも油断しないで，次に起こるどんな変化にもただちに対処できる気構え，身構え。 (4) ・投球は地面に描かれた円内から行う。 ・投球中または投球後，円を踏んだり，越したりして円外に出てはならない。 ・投げ終わったときは，静止してから，円外に出る。

〈解説〉(1)　サッカーのコーナーキックは，グラウンド上または空中にかかわらず，守備側の選手が最後に触れたボールが守備側のゴールラインを越え，得点とならなかったときに与えられる。この場合，攻撃側の選手が守備側のコーナーからボールをキックしてプレーが再開される。　(2)　バレーボールの場合，バックプレイヤー(後衛にいる選手)が攻撃に参加する際，アタックラインに触れたり，踏み越してしまう行為は反則となる。また，バックプレイヤーがブロックに参加した場合も反則となる。　(3)　剣道における「残心」とは，打ち込んだあとも油断することなく，相手の反撃に備えて即座に身構え，心を残すことをいう。なお，残心には「心が途切れない」という意味がある。なお，剣道においては，正しく打突し，残心のあるものを「有効打突」というが，残心のない場合には有効打突とならない。　(4)「新体力テスト」におけるハンドボール投げの方法としては，①投球は地面に描かれた円内から行う，②投球中または投球後，円を踏んだり，越したりして円外に出てはならない，③投げ終わったときは，静止してから円外に出る，とされている。また，記録に関しては，①ボールが落下した地点までの距離を，あらかじめ1m間隔に描かれた円弧によって計測する，②記録はメートル単位とし，メートル未満は切り捨てる，③2回実施してよい方の記録をとる，とされている。

【3】(1)　ターゲットをねらってサービスを打つ。　(2)　・体をマットに順々に接触させて回転するための動きかた，回転力を高めるための動き方で，基本的な技の一連の動きを滑らかに安定させて回ること。
・開始姿勢や終末姿勢，組合せの動きや支持の仕方などの条件を変えて回ること。

〈解説〉(1)　テニスのサーブにおいて，特に初心者に関しては，トスアップの精度を向上させることが重要となる。また，インパクトの位置に意識し，ターゲットを定めてサービスを行う練習も必要となる。
(2)　マット運動の技は，回転系の接転技群，ほん転技群と巧技系の平均立ち技群に分類される。接転技群は，背中をマットに接しながら回転する技であるため，体をマットに順々に接触させて回転するための動き方，回転力を高めるための動き方で，基本的な技の一連の動きを滑らかにする。また，開始姿勢や終末姿勢，組合せの動きや手のつき方など，条件を変えて回るようにすることも必要となる。このほか，学習した基本的な技を発展させ，一連の動きで回ることができるようにすることも，指導する際には重要なポイントとなる。

【4】(1) 人間の生活や産業活動に伴う大気汚染，水質汚濁，土壌汚染などは人々の健康に影響を及ぼしたり，被害をもたらしたりすることがあること。 (2) 我が国のスポーツ振興法やスポーツ振興基本計画の内容や背景について。 (3) ・表したいテーマにふさわしいイメージを見付けること。 ・それぞれのダンスの特徴に合った踊りの構成を見付けること。

〈解説〉(1) すべての人が健康に生きていくためには，環境と健康などに関して理解できるようにする必要がある。よって，(ア)環境の汚染と健康においては，自然環境の汚染が社会生活における健康に影響を及ぼすこと，その防止には汚染の防止及び改善の対策を講じる必要があることなどを理解させる。 (2) 国や地方自治体は，スポーツ振興のための条件整備として，人や財源，施設や用具，情報などを提供している。また，スポーツ振興の支援には，企業や競技者の社会貢献，スポーツボランティアや非営利組織(NPO)などからの後押しもある。したがって，これらのことを理解するため，我が国のスポーツ振興法，スポーツ振興基本計画の内容や背景についても触れることが求められている。 (3) ダンスの思考・判断について，入学年次では，公式解答のほか，「発表や仲間との交流の場面では，互いの違いやよさを指摘すること」，「健康や安全を確保するために，体調に応じて適切な練習方法を選ぶこと」，「ダンスを継続して楽しむための自己に適したかかわり方を見付けること」が示されている。なお，設問の問いはすべて平成21年12月の解説であるため，新学習指導要領解説にもよく目を通し，変更点などについて十分理解しておきたい。

【5】① カ　② サ　③ キ　④ イ　⑤ ケ　⑥ エ

〈解説〉各領域の内容の取扱いに関して，集合，整頓（とん），列の増減，方向変換などの行動の仕方については，従前どおり，「体つくり運動」から「ダンス」までの領域において適切に行うものとされている。また，集団行動の指導の効果を上げるためには，保健体育科だけでなく，学校の教育活動全体において指導するよう配慮する必要がある。なお，この内容の取扱いについては，「体を動かすことが，身体能力を身に付けるとともに，集団的活動などを通じてコミュニケーション能力を育成することにも資する」という，中央教育審議会答申の指摘を頭に入れておきたい。

【6】(1)　・体つくり運動　・体育理論　(2)　・指導の目標及び内容と対応した形で評価規準を設定することや評価方法を工夫する。
・評価の観点で示される資質や能力等を評価するのにふさわしい方法を選択する。　・評価方法を評価規準と組み合わせて設定する。
・評価規準と対応するように評価方法を準備する。　から2つ

〈解説〉(1)「評価規準の作成，評価方法等の工夫改善のための参考資料」(高等学校・保健体育)によると，評価の観点は「関心・意欲・態度」「思考・判断 」「運動の技能」「知識・理解」の4観点で評価するとしている。ただし，「体つくり運動」は，指導内容に技能が示されておらず(運動と示されている)，運動の内容は「思考・判断」で評価することから，「運動の技能」を除いた3観点で評価する。また，知識に関する領域の「体育理論」は，大項目の「内容のまとまり」ごとに狙いを設定し，学習活動を工夫した上で，「運動の技能」を除いた3観点で評価する。　(2)　学習評価を進めるに当たっては，指導の目標・内容と対応した形で評価規準を設定することに加え，評価方法を工夫する必要もある。その際には，資質や能力等を評価するのにふさわしい方法を選択することが，評価の妥当性，信頼性等を高めることにつながる。また，評価方法を評価規準と組み合わせて設定することも，評価方法の妥当性，信頼性等を高めるためには重要となる。

【7】(1) ① 挑戦 ② 楽しさ ③ 喜び(※②，③順不同) ④ 体力 ⑤ 健康 ⑥ 積極的 ⑦ 協力 ⑧ 友情 ⑨ 人間関係 ⑩ 放課後 ⑪ 希望 ⑫ 自主性 ⑬ 勝つ ⑭ 個性 ⑮ 安全 (2) 休養日：学期中は，週あたり2日以上の休養日を設ける。平日は少なくとも1日，土曜日及び日曜日は少なくとも1日以上を休養日とする。 活動時間：生徒の一日の活動時間は，長くとも平日2時間程度，学校の休業日(学期中の週末を含む)は3時間程度とし,できるだけ短時間に合理的でかつ効率的・効果的な活動を行う。

〈解説〉(1) 生徒の自主的，自発的な参加により行われる部活動については，学校教育の一環として教育課程との関連が図られるよう留意し，生徒の「生きる力」の育成を図ることが求められている。その際には，地域や学校の実態に応じ，地域の人々の協力，社会教育施設や各種団体との連携など，運営上の工夫を行うようにすることが重要となる。また，部活動の実施に当たっては，生徒が参加しやすいような実施形態などを工夫するとともに，休養日や活動時間を適切に設定し，生徒の生活や成長に配慮することも必要となる。 (2) 山梨県では，部活動の休養日について，学期中は「週当たり2日以上の休養日を設けること(平日は少なくとも1日，土曜日及び日曜日は少なくとも1日以上を休養日とすること)」と定められている。また，生徒の1日当たりの活動時間は，「平日が2時間程度，学校の休業日は3時間程度とすること」と定めている。これは，スポーツ医学などの観点から，成長期にある生徒が運動・食事・休養・睡眠等に十分留意し，バランスのとれた生活を送ることができるよう示されたものである。

【8】(1) 健康指標ではかられた健康の程度。 (2) 人間の活動が環境に与える影響であり，とくに環境を汚染する可能性のあるもの。 (3) おもに大きな筋力や短時間での高いパワーが求められる競技や運動において働く。収縮力が大きく，収縮スピードも速い筋線維。 (4) 運動強度，運動時間，頻度

〈解説〉(1)　集団の健康状態をはかるものさし(尺度)を「健康指標」といい，この健康指標によって導き出される健康の程度を「健康水準」という。一般的に健康水準は，平均寿命や死亡率といった集団の健康状態をはかるデータから導き出される。　(2)「環境負荷」とは，環境汚染や環境破壊など，人間の活動によって自然に負荷を与えることをいう。近年は，経済成長を主目的とした活動が世界的に拡大し，その結果，地球温暖化などの影響によって，様々な環境問題が生じている。(3)「速筋線維」は瞬発力に優れた筋肉で，速い速度で収縮するため疲れやすい。これに対し，「遅筋繊維」は持久力に優れた筋肉で，遅い速度で収縮するため疲れにくい。　(4)「トレーニングの負荷条件」は，過負荷の原則を前提とする。これは，トレーニングの強度・時間・頻度が一定以上なければ効果が期待できないとする原則であり，トレーニングは，定期的に負荷条件を見直しながら継続することが重要となる。

2020年度　実施問題

【中学校】

【1】中学校学習指導要領(平成29年告示)解説「保健体育編」について，次の(1)～(5)に答えよ。

(1) 次は，「第1節　教科の目標及び内容　1　教科の目標」の一部である。下の①～③に答えよ。

> A体育や保健の見方・考え方を働かせ，課題を発見し，(a)な解決に向けた学習過程を通して，心と体を一体として捉え，(b)にわたって心身の健康を保持増進し豊かな(c)を実現するための資質・能力を次のとおり育成することを目指す。
>
> (1) 各種の運動の特性に応じた技能等及び個人生活における健康・安全について理解するとともに，基本的な技能を身に付けるようにする。
>
> (2) B運動や健康についての自他の課題を発見し，(a)な解決に向けて思考し判断するとともに，他者に伝える力を養う。
>
> (3) C(b)にわたって運動に親しむとともに健康の保持増進と体力の向上を目指し，明るく豊かな生活を営む態度を養う。

① a～cにあてはまることばをそれぞれ記せ。なお，同じ記号には同じことばが入る。

② 下線部Aについて，「体育の見方・考え方」と「保健の見方・考え方」をそれぞれ簡潔に説明せよ。

③ 下線部B，Cはそれぞれどのような資質・能力を育成することを目指す目標か，次のd，eにあてはまることばをそれぞれ記せ。

・下線部B「思考力，判断力，(　d　)等」
・下線部C「(　e　)，人間性等」

(2)　次は，「第2節　各分野の目標及び内容　2　内容」の「B　器械運動〔第1学年及び第2学年〕 (1)　知識及び技能　エ　跳び箱運動」の一部である。下の①，②に答えよ。

跳び箱運動の主な技の例示

系	グループ	基本的な技（主に小5・6で例示）	発展技
(　a　)系	(　a　)跳び	開脚跳び→ かかえ込み跳び→	開脚（　b　）跳び （　c　）跳び
回転系	回転跳び	頭はね跳び→	前方屈腕倒立回転跳び→前方倒立回転跳び

〈回転系の例示〉

○　回転跳びグループ(跳び箱上を回転しながら跳び越す)

・着手後も前方に回転するための勢いを生み出す(　d　)の動き方，(　e　)によって空中に飛び出して着地するための動き方で，基本的な技の[A]一連の動きを滑らかにして跳び越すこと。

①　a～eにあてはまることばをそれぞれ記せ。なお，同じ記号には同じことばが入る。

②　下線部Aについて，簡潔に説明せよ。

(3)　次は，「[保健分野]　2　内容　(1)　健康な生活と疾病の予防」の一部である。あとの①～④に答えよ。

(1)　健康な生活と疾病の予防について，課題を発見し，その解決を目指した活動を通して，次の事項を身に付けることができるよう指導する。

ア　健康な生活と疾病の予防について理解を深めること。

(ア)　健康は，(　a　)と環境の相互作用の下に成り立っていること。また，疾病は，(　a　)の要因と環境の要因が関わり合って発生すること。

(イ) 健康の保持増進には，年齢，生活環境等に応じた運動，(　b　)，休養及び睡眠の(　c　)のとれた生活を続ける必要があること。

(ウ) A<u>生活習慣病などは，運動不足，(　b　)の量や質の偏り，休養や睡眠の不足などの生活習慣の乱れが主な要因となって起こること。また，生活習慣病の多くは，適切な運動，(　b　)，休養及び睡眠の(　c　)のとれた生活を実践することによって予防できること</u>。

(エ) (　d　)，飲酒，B<u>薬物乱用</u>などの行為は，心身に様々な影響を与え，健康を損なう原因となること。また，これらの行為には，個人の心理状態や人間関係，社会環境が影響することから，それぞれの要因に適切に対処する必要があること。

① a～dにあてはまることばをそれぞれ記せ。なお，同じ記号には同じことばが入る。

② 下線部Aの指導内容に関わって，次の文の[　　]にあてはまることばをそれぞれ記せ。

健康診断や[　i　]検診などで早期に異常を発見できることなどを取り上げ，疾病の[　ii　]についても触れるように配慮するものとする。

③ 下線部Bの指導内容に関わって，次の文の[　　]にあてはまることばを記せ。

体育分野との関連を図る観点から，フェアなプレイに反する[　iii　]の健康への影響についても触れるようにする。

④ (ア)～(エ)を取り扱う学年をそれぞれ記せ。

(4) 次は，「H　体育理論　〔第1学年及び第2学年〕　ア　知識」の一部である。a～fにあてはまることばをそれぞれ記せ。なお，同じ記号には同じことばが入る。

(ウ)　運動やスポーツの(　a　)な楽しみ方

(　b　)や機会に応じて，生涯にわたって運動を楽しむためには，自己に適した運動やスポーツの(　a　)な楽しみ方を見付けたり，(　c　)したりすることが大切であることを理解できるようにする。

健康を維持したりする必要性に応じて運動を実践する際には，(　d　)の学習を例に，体を動かすことの心地よさを楽しんだり，体の動きを高めることを楽しんだりする行い方があることを理解できるようにする。

競技に応じた力を試す際には，ルールやマナーを守りフェアに競うこと，(　b　)や機会に応じてルールを(　c　)すること，勝敗にかかわらず健闘を称え合う等の行い方があることなどを理解できるようにする。

(　e　)と親しんだり，仲間と交流したり，感情を表現したりする際には，互いの違いやよさを(　f　)的に捉えて自己やグループの課題の達成を楽しむ等の仲間と協働して楽しむ行い方があることを理解できるようにする。

(5)　次は，「E　球技　ゴール型のボール操作とボールを持たないときの動きの例」の一部である。a～cにあてはまる例示を，下の①～⑤から一つ選び，記号で記せ。

	中学校１・２年	中学校３年
ボール操作	・マークされていない味方にパスを出すこと ・(　a　)	・ゴールの枠内にシュートをコントロールすること ・味方が操作しやすいパスを送ること
ボールを持たないときの動き	・ボールとゴールが同時に見える場所に立つこと ・(　b　) ・ボールを持っている相手をマークすること	・(　c　) ・パスを出した後に次のパスを受ける動きをすること ・ゴールとボール保持者を結んだ直線上で守ること

①　守備者とボールの間に自分の体を入れてボールをキープすること

②　得点しやすい空間にいる味方にパスを出すこと

③　ゴール前に広い空間を作りだすために，守備者を引きつけてゴ

ールから離れること

④　パスを受けるために，ゴール前の空いている場所に動くこと

⑤　得点しやすい場所への移動とパスを受けてからのシュート

(☆☆☆◎◎◎)

【2】次の(1)～(3)に答えよ。

(1)　バスケットボールで，ゴール前のプレイヤーを起点に攻める攻撃法を何というか，記せ。

(2)　バレーボールで，強打と見せかけてボールを指先で柔らかく突き，ブロッカーの後方など，レシーバーのいない場所に落とす技術を何というか，記せ。

(3)　新体力テスト実施要項(12歳～19歳対象，スポーツ庁)で，巧緻性及び瞬発力を評価するテスト項目を何というか，記せ。

(☆☆☆◎◎◎)

【3】次の(1)～(3)に答えよ。

(1)　球技「バドミントン」の学習で，強いスマッシュが打てない生徒に対してどのようなアドバイスをしたらよいか，2つ記せ。

(2)　陸上競技「走り高跳び」の学習で，踏み切り後，体が上がらず，バーの方へ流れてしまう生徒に対してどのようなアドバイスをしたらよいか，2つ記せ。

(3)　水泳「クロール」の学習で，呼吸法を身に付ける練習を2つ記せ。

(☆☆☆◎◎◎)

【4】次の(1)～(5)について，それぞれ簡潔に説明せよ。

(1)　ストレスへの対処における技能

(2)　自動体外式除細動器

(3)　フォークダンス

(4)　運動やスポーツの学び方

(5)　保健体育科における，主体的・対話的で深い学びの実現に向けた

授業改善

(☆☆☆◎◎◎)

【高等学校】

【１】次の文章を読んで(1)～(3)に答えよ。

直射日光下や高温多湿な環境のもとでは，体温調節機能や血液循環機能が十分に働かなくなり，さまざまな障害があらわれてくることがあります。それは激しい労働やスポーツをおこなう際に顕著です。これを(A)熱中症といい，(B)重症度に応じて3つに分類されます。また，(C)人体と外気との熱のやりとり(熱収支)に着目した，熱中症予防のための指標があります。

(1)　下線部(A)について，手当の方法を3つ記せ。

(2)　次は，下線部(B)についてまとめた表である。次の(　ア　)～(　ウ　)にあてはまることばをそれぞれ記せ。

分類		主な症状
Ⅰ度	現場での（ ア ）で対応できる軽症	めまい・失神，筋肉の硬直，手足のしびれ等
Ⅱ度	（ イ ）への搬送を必要とする中等症	頭痛・吐き気・嘔吐・倦怠感等
Ⅲ度	入院して（ ウ ）の必要性がある重症	意識障害・けいれん・手足の運動障害（呼びかけへの反応がおかしい，まっすぐ歩けないなど），高体温等

(3)　下線部(C)の指標名を記せ。

(☆☆☆◎◎◎)

【２】次の(1)～(4)に答えよ。

(1)　バドミントンでネット際から相手のネット際に落とすフライトを何というか，記せ。

(2)　柔道で一方の足が他方の足をこさないようにする歩き方を何というか，記せ。

(3)　ハンドボールで7mスローとなる行為を2つ記せ。

(4)　ラグビーでスローフォワードとはどのような反則か，記せ。

(☆☆☆◎◎◎)

【3】高等学校学習指導要領解説保健体育編・体育編(平成21年12月)「第1部　第2章　各科目」について，次の(1)～(3)に答えよ。

(1) 「第1節　体育　3　内容　A　体つくり運動　内容の取扱い」で示されている，「体力を高める運動」の指導方法の工夫について記せ。

(2) 「第2節　保健　3　内容　(3)社会生活と健康」の内容について，関連する法律等を扱う際にどのようなことを中心に理解できるようにするとされているか，記せ。

(3) 「第2節　保健　4　内容の取扱い(8)」に，「指導に際しては，知識を活用する学習活動を取り入れるなどの指導方法の工夫を行うものとする」とあるが，取り入れることとされている，指導方法の具体例を2つ記せ。

(☆☆☆◎◎◎)

【4】次は，高等学校学習指導要領解説保健体育編・体育編(平成21年12月)「第3章　各科目にわたる指導計画の作成と内容の取扱い　第1節　指導計画の作成」の一部である。(1)，(2)に答えよ。

> (2) 「体育」は，各年次(　①　)して履修できるようにし，各年次の単位数はなるべく(　②　)して配当するものとする。なお，内容の「A(　③　)」に対する授業時数については，各年次で【　ア　】～【　イ　】単位時間程度を，内容の「H(　④　)」に対する授業時数については，各年次で【　ウ　】単位時間以上を配当するとともに，内容の「B(　⑤　)」から「G(　⑥　)」までの(　⑦　)に対する授業時数の配当については，その内容の(　⑧　)を図ることができるよう考慮するものとする。

(1) (　①　)～(　⑧　)にあてはまることばを次のア～ソからそれぞれ選び，記号で記せ。

ア　体つくり運動	イ　体育理論	ウ　修得
エ　武道	オ　習熟	カ　体育概論
キ　器械体操	ク　分割	ケ　均分
コ　継続	サ　体力を高める運動	シ　ダンス

ス　領域　　　　　　セ　範囲　　　　　　ソ　器械運動

(2) 【　ア　】～【　ウ　】にあてはまる数字を記せ。

(☆☆☆◎◎◎)

【5】次の(1), (2)に答えよ。

(1) 陸上競技の授業でハードル走を指導する際に，ハードル走の特性や魅力を深く味わえるようにするとともに，特有の技能を高めるよう取り組ませるための留意点を記せ。

(2) バスケットボールの授業で，ドリブルからのレイアップシュートを指導する際のポイントを記せ。

(☆☆☆◎◎◎)

【6】高等学校学習指導要領解説保健体育編・体育編(平成21年12月)「第1部　第2章　各科目　第1節」について，次の(1)～(3)に答えよ。

(1) 「3　内容　B　器械運動　1　技能　(1)　マット運動」について，接転技群の入学年次の例示を2つ記せ。

(2) 「3　内容　E　球技　2　態度」について，入学年次で自主的に取り組めるようにするとされていることは何か，記せ。

(3) 「3　内容　D　水泳　1　技能　(2)　スタート及びターン　アスタート」について，入学年次の例示を2つ記せ。

(☆☆☆◎◎◎)

【7】次の【図1】,【図2】について，(1)～(4)に答えよ。

【図1】

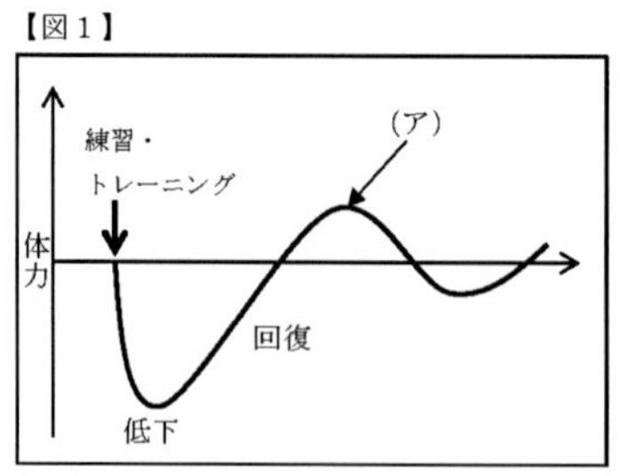

【図2】

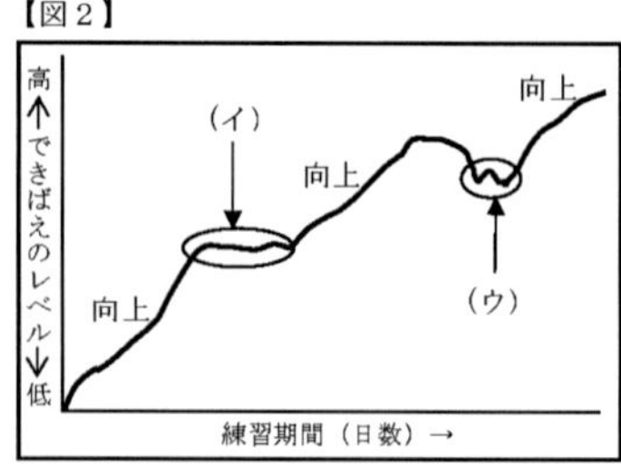

(1) 【図1】は，練習やトレーニングにより体の機能が低下するが，適度な休養をとることで前より高いレベルにまで回復する性質を表した模式図である。(ア)を何というか，記せ。

(2) 練習とトレーニングの効果をあげるための原則を5つ記せ。

(3) 【図2】は運動技能が上達する過程を表した模式図である。(イ)，(ウ)を何というか，記せ。

(4) 【図2】(ウ)の原因には何があるか，具体例を5つ記せ。

(☆☆☆◎◎◎)

【8】次の(1)～(4)について，説明せよ。

(1) メッツ(METs：Metabolic equivalents)

(2) 再興感染症

(3) コンセントリック収縮

(4) ボッチャ

(☆☆☆◎◎◎)

解答・解説

【中学校】

【1】(1) ① a 合理的 b 生涯 c スポーツライフ ② 体育の見方・考え方…生涯にわたる豊かなスポーツライフを実現する観点を踏まえ，「運動やスポーツを，その価値や特性に着目して，楽しさや喜びとともに体力の向上に果たす役割の視点から捉え，自己の適性等に応じた『する・みる・支える・知る』の多様な関わり方と関連付けること」 保健の見方・考え方…疾病や傷害を防止するとともに，生活の質や生きがいを重視した健康に関する観点を踏まえ，「個人及び社会生活における課題や情報を，健康や安全に関する原則や概念に着目して捉え，疾病等のリスクの軽減や生活の質の向上，健康を

支える環境づくりと関連付けること」　③　d　表現力　e　学びに向かう力　(2)　①　a　切り返し　b　伸身　c　屈身　d　踏み切り　e　突き放し　②　助走から着地までの動きが途切れずに続けてできること。　(3)　①　a　主体　b　食事　c　調和　d　喫煙　②　i　がん　ii　回復　③　iii　ドーピング　④　(ア)　第1学年　(イ)　第1学年　(ウ)　第2学年　(エ)　第2学年　(4)　a　多様　b　世代　c　工夫　d　体つくり運動　e　自然　f　肯定　(5)　a　②　b　④　c　③

〈解説〉(1)　新しい中学校学習指導要領(平成29年告示)に関する空欄補充問題および用語の説明問題であり，すべて記述式である。改訂に関わりポイントとなる用語や言葉そのものの理解を深めておく必要がある。　①　中学校学習指導要領(平成29年告示)の「教科の目標」でポイントとなる用語は「体育や保健の見方・考え方を働かせ」,「課題を発見し，合理的な解決に向けた学習過程」,「生涯にわたって心身の健康を保持増進」,「豊かなスポーツライフを実現する資質・能力」である。　②　中学校学習指導要領(平成29年告示)解説　保健体育編　第2章　第1節に，体育の見方・考え方については「生涯にわたる豊かなスポーツライフを実現する観点」を踏まえ，「運動やスポーツを，その価値や特性に着目して，楽しさや喜びとともに体力の向上に果たす役割の視点から捉え，自己の適性等に応じた『する・みる・支える・知る』の多様な関わり方と関連付けること」，保健の見方・考え方については「疾病や傷害を防止するとともに，生活の質や生きがいを重視した健康に関する観点」を踏まえ，「個人及び社会生活における課題や情報を，健康や安全に関する原則や概念に着目して捉え，疾病等のリスクの軽減や生活の質の向上，健康を支える環境づくりと関連付けること」と示されている。　③　中学校学習指導要領の改訂により，教科の目標や内容は資質・能力の3つの柱である「知識及び技能」,「思考力，判断力，表現力等」,「学びに向かう力，人間性等」に基づいて整理されている。　(2)　①　中学校学習指導要領(平成29年告示)解説　保健体育編　第2章　第2節〔体育分野〕2　内容　B　器械運

動　(1)　知識及び技能には，運動の構造に基づいて「系」，「技群」，「グループ」の分類が示されている。ただし，跳び箱運動と平均台運動については，技の数が少ないことから「系」と「グループ」のみで分類している。跳び箱運動の技は，課題の視点から大きく「切り返し系」と「回転系」に分けられ，さらに運動の方向や経過の視点から「切り返し跳び」と「回転跳び」のグループに分けられる。なお，「切り返し跳び」のグループの技としては，「開脚伸身跳び」，「屈伸跳び」が示されている。　②　跳び箱運動における「一連の動き」とは「助走」から「着地」までの動きであり，それを「滑らかにして跳び越す」とは，途中で動きが途切れずにスムーズに跳び越すことである。なお，技の開始局面から終末局面までが「一連の動き」と表現され，技の終末局面から次の技の開始局面までが「一連の流れ」と表現されることもある。　(3)　中学校学習指導要領(平成29年告示)解説　保健体育編　第2章　第2節　〔保健分野〕　2　内容　(1)　健康な生活と疾病の予防からの出題であるが，解説に示されている知識の指導内容や内容の取扱いについて，かなり細かな内容が問われているので，複数回にわたり繰り返し読み込んでおくことが大切である。　①　a　疾病の要因には「主体の要因」と「環境の要因」がある。　b，c　健康の保持増進には「運動」，「食事」，「休養及び睡眠」の「調和のとれた生活」が必要。　d「喫煙」，「飲酒」，「薬物乱用」は，好奇心，なげやりな気持ち，過度のストレスなどの「心理状態」や断りにくい人間関係などの「社会環境」によって助長されるので，それらに適切に対処する必要がある。　②　(ウ)の生活習慣病などの予防では，「生活習慣病の予防」に併せて「がんの予防」も扱うことになっている。また，健康診断やがん検診などで早期に発見し，疾病を回復させることについても触れるように配慮することも示されている。　③　薬物乱用に関わって，体育分野との関連を図る観点から，ドーピングの健康への影響について触れることが示されている。　④　内容の「(1)　健康な生活と疾病の予防」は第1学年から第3学年で，「(2)　心身の機能の発達と心の健康」は第1学年で，「(3)　傷害の防止」は第2学年で，「(4)　健康と環境」は第3学年で指導する。なお，内容(1)のアの(ア)と(イ)は第1学年，(1)のアの(ウ)と(エ)は第2学年，(1)のアの(オ)と(カ)は第3学年で取り扱うものとされ，内容(1)のイは全ての学年で取り扱うものとされている。　(4)　中学校学習指導要領(平成29年告示)解説　保健体育編　第2章　第2節〔体育分野〕2　内容　H　体育理論［第1学年及び第2学年］ア　知識からの出題である。体育理論の指導内容は，第1学年では「運動やスポーツの多様性」，第2学年では「運動やスポーツの効果と学び方」，第3学年では「文化としてのスポーツの意義」を中心に構成されている。また，第1学年の「運動やスポーツの多様性」は，(ア)運動やスポーツの必要性と楽しさ，(イ)運動やスポーツへの多様な関わり方，(ウ)運動やスポーツの多様な楽しみ方の3つを「知識」の内容として示している。さらに，同解説　H　体育理論　ア　知識の内容の(ウ)には「世代や機会に応じて，生涯にわたって運動やスポーツを楽しむためには，自己に適した多様な楽しみ方を見付けたり，工夫したりすることが大切であること」と示されている。また，「自然と親しんだり，仲間と交流したり，感情を表現したりする際には，互いの違いやよさを肯定的に捉えて自己やグループの課題の達成を楽しむ等の仲間と協働して楽しむ行い方があることを理解できるようにする」とも示されている。　(5)　a　ボール操作についての例示は選択肢①と②であり，①は中学校3年の例示であるからaは②となる。
b，c　選択肢③，④，⑤はボールを持たないときの動きの例示で，中学校1・2年の例示であるbが④，中学校3年の例示であるcが③となる。⑤は小学校5・6年の動きの例示である。中学校学習指導要領(平成29年告示)解説　保健体育編のE　球技の解説の末尾には「ボール操作」と「ボールを持たないときの動き」が一覧表にまとめられているので確認しておきたい。

【2】(1)　ポストプレイ　(2)　プッシュ(フェイント)　(3)　ハンドボール投げ

〈解説〉(1)　ゴール前で攻撃の起点を作って攻める戦術をポストプレイ

という。バスケットボールに限らず，サッカーやハンドボールなどでも同様のプレイをポストプレイという。　(2)　相手に強打と見せかけて，ブロッカーの背後にボールを落とすプレイをフェイントという。(3)　体力テストには，それぞれのテスト運動で何の力を計測するのかというねらいが設定されている。握力は筋力，立ち幅跳びは瞬発力，反復横跳びは敏捷性，上体起こしは筋力と筋持久力，長座体前屈は柔軟性，立位体前屈は柔軟性，垂直跳びは瞬発力，ハンドボール投げは巧緻性(運動を調整する力)と瞬発力，20mシャトルランは全身持久力，50m走はスピードをそれぞれ計測するテスト項目である。なお，ソフトボール投げも巧緻性と瞬発力を測定するテスト項目だが，これは小学生の項目である。本問以外の各運動種目の技術や戦術の名称，また，体力テストのテスト項目は何を目的に計測するのかは，一通り確認しておきたい。

【3】(1)　・ネットに対して半身に構え，腰の回転を利用して打つ。・打点をつかむために，ラケットを持つ手の反対の手でシャトルをつかむようにする。　(2)　・助走が速すぎると体が上に上がりにくいので，リズムを大切にする。　・5歩程度の短い助走から練習して，助走から踏み切り動作の感覚をつかむようにする。　(3)　・2人組で，補助者に片手を支えてもらい，肩越しに後ろを見るようにして，「パッ」と息を吐き，その反動で息を吸う。　・ビート板を使って横向きキックを行い，伸ばした腕に耳を着けるようにして呼吸を行う。

〈解説〉(1)　スマッシュを強く打てない原因としては「シャトルの落下地点に正確に入れない」，「肘と足を後ろに引いてネットに対して半身に構えられない」，「腰を回転させながら打てない」，「手首のスナップのみで肘関節の外旋運動や回外運動を使って打てない」，「半身になって引いた足を一歩前に踏み出す重心移動ができない」，「打点が頭の真上にあり顔よりも前で打てない」などが考えられる。　(2)　走り高跳びで跳躍が流れてしまう原因とその対策としては「助走のスピードが速すぎてしまうと踏み切りで流れてしまうので，踏み切りに向けて余裕がもてるスピードで，リズミカルにテンポよく助走する」。また，「踏み切り後，すぐにクリアランスを行うのではなく，まずはしっかりと踏み切って，身体がしっかり上がったら空中動作を行うようにする」。その他には「バー側の肩が落ちていたり，上体が前に傾いていることもあるので，体の軸を崩さないように上体を起こして跳ぶ」ことも大切である。　(3)　クロールの呼吸法を身につける練習としては「泳がずにプールに立ち，顔を水につけて鼻から息をブクブク出し，顔を横に向けて『パッ』と口から吸う練習」，「上半身だけクロールの水をかく動きを行い，利き手側でかいたときに息継ぎをする練習」，「ビート板を息継ぎしない方の手(利き手じゃない手)で持ち，利き手で水をかいたときに，横を向いてクロールの息継ぎをする練習」，「二人組で補助者に伸ばした片手を支えてもらいながら，プル動作の終わりの段階で息継ぎをする練習」などが考えられる。

【4】(1)　リラクセーションの方法等を取り上げ，ストレスによる心身の負担を軽くするような対処の方法ができるようにする。

(2)　AEDのことで，心臓がけいれんして血液を送ることができなくなったとき，そのけいれんを取り除き，心臓を正常な状態に戻すための機器である。　(3)　伝承されてきた日本の民踊や外国の踊りがあり，それぞれの踊りの特徴を捉え，音楽に合わせてみんなで踊って交流して楽しむことができる。　(4)　各種の運動の技能を効果的に獲得するためには，その領域や種目に応じて，よい動き方を見付けること，合理的な練習の目標や計画を立てること，実行した技術や戦術，表現がうまくできたかを確認すること，新たな課題を設定することなどの運動の課題を合理的に解決する学び方がある。　(5)　・運動の楽しさや健康の意義等を発見し，運動や健康についての興味や関心を高め，課題の解決に向けて粘り強く自ら取り組み，学習を振り返るとともにそれを考察し，課題を修正したり新たな課題を設定したりするなどの主体的な学びを促すこと。　・運動や健康についての課題の解決に向けて，生徒が他者(書物等を含む)との対話を通して，自己の思考を広げ深め，課題の解決を目指して学習に取り組むなどの対話的な学びを促すこと。　　・習得・活用・探究という学びの過程を通して，自他の運動や健康についての課題を発見し，解決に向けて試行錯誤を重ねながら，思考を深め，よりよく解決するなどの深い学びを促すこと。

〈解説〉(1)　中学校学習指導要領(平成29年告示)解説　保健体育編　第2章　第2節　〔保健分野〕　2　内容　(2)　心身の機能の発達と心の健康　ア　知識及び技能の(エ)欲求やストレスへの対処と心の健康に「リラクセーションの方法等を取り上げ，ストレスによる心身の負担を軽くするような対処の方法ができるようにする」と示されている。

(2)　心臓が細かく動くけいれん(細動)が生じて血液を送り出すことができなくなったときに，そのけいれんを取り除き(除細動)，心臓を正常な状態に戻すための機器でAEDという。　(3)　中学校学習指導要領(平成29年告示)解説　保健体育編のG　ダンスの項に，「フォークダンスには，伝承されてきた日本の民踊や外国の踊りがあり，それぞれの踊りの特徴を捉え，音楽に合わせてみんなで踊って交流して楽しむことができるようにする」と示されている。　(4)　中学校学習指導要領(平成29年告示)解説　保健体育編のH　体育理論　［第1学年及び第2学年］の「運動やスポーツの意義や効果と学び方や安全な行い方」に，「各種の運動の技能を効果的に獲得するためには，その領域や種目に応じて，よい動き方を見付けること，合理的な練習の目標や計画を立てること，実行した技術や戦術，表現がうまくできたかを確認すること，新たな課題を設定することなどの運動の課題を合理的に解決する学び方があることを理解できるようにする」と示されている。

(5)　中学校学習指導要領(平成29年告示)解説　保健体育編　第3章　1　指導計画の作成に「保健体育科においては，例えば次の視点等を踏まえて授業改善を行うことにより，育成を目指す資質・能力を育んだり，体育や保健の見方・考え方を更に豊かなものにしたりすることにつなげることが大切である」とあり，深い学びの視点として，次の3つが掲げられている。「・運動の楽しさや健康の意義等を発見し，運動や健康についての興味や関心を高め，課題の解決に向けて粘り強く自ら取り組み，学習を振り返るとともにそれを考察し，課題を修正したり新たな課題を設定したりするなどの主体的な学びを促すこと」，「・運動や健康についての課題の解決に向けて，生徒が他者(書物等を含む)との対話を通して，自己の思考を広げ深め，課題の解決を目指して学習に取り組むなどの対話的な学びを促すこと」，「・習得・活用・探究という学びの過程を通して，自他の運動や健康についての課題を発見し，解決に向けて試行錯誤を重ねながら，思考を深め，よりよく解決するなどの深い学びを促すこと」　本大問は，(2)の問題は教科書からだが，それ以外はすべて中学校学習指導要領解説からの出題であり，多岐にわたっての用語解説問題となっている。同解説で用いられている表現そのものでの記述でなくてもよいので，基本的な考え方や要点は自分の言葉で記述できるようにしておきたい。

【高等学校】

【1】(1)　・薄い食塩水やスポーツドリンクを飲ませる。　・木陰などの涼しい場所に運ぶ。　・頸部や脇の下に氷嚢を当てる。
(2)　ア　応急手当(応急処置)　イ　病院(医療機関等)　ウ　集中治療　(3)　暑さ指数(WBGT)

〈解説〉(1)　熱中症の手当には，「木陰などの涼しい場所に運ぶ」，「薄い食塩水やスポーツドリンクを飲ませる」，「衣服をゆるめ，安静を保つ」，「頭部を低くして足部を高くした体位をとる」，「首や脇の下に氷嚢を当てて体温を下げる」などがある。　(2)　熱中症は重症度に応じて，Ⅰ度「現場での応急手当で対応できる軽症」，Ⅱ度「病院への搬送を必要とする中等症」，Ⅲ度「入院して集中治療の必要性がある重症」の3つに分類される。　(3)　暑さ指数(WBGT)は，人体と外気との熱のやりとり(熱収支)に着目した指標で，人体の熱収支に与える影響の大きい①湿度，②日射・輻射(ふくしゃ)など周辺の熱環境，③気温の3つを取り入れた指標である。WBGTについては，環境省の「熱中症予防情報サイト」も確認しておきたい。

【2】(1) ヘアピン (2) つぎ足 (3) ・明らかな相手の得点チャンスを反則行為で邪魔する。 ・コートプレーヤーが自陣ゴールエリア内に入って，相手の明らかな得点チャンスを邪魔する。

(4) プレーヤーが前にボールを投げること。

〈解説〉(1) バドミントンのヘアピンは，ネット際から相手コートのネット際に落とすショットのことで，シャトルが髪の毛を止めるときに使うヘアピンのような軌道を描くことから名付けられた。 (2) つぎ足とは柔道の基本的な歩き方の一つで，例えば右足を先に出したら，その後に左足が右足を追い越さないように足を継いで移動すること。一方の足に体重がかかると，相手にバランスを崩されやすくなるため，畳から大きく足を上げないようにすり足で行う。 (3) ハンドボールの反則時のペナルティスローは，反則の起こった場所やどのような反則かによって「7mスロー」か「フリースロー」かに分かれる。「7mスロー」は，明らかな得点機会を阻止されたときや，守備側選手が攻撃を止めようとゴールエリアに入ったときなどに与えられる。

(4) スローフォワードは英語にすると「Throw Forward」で「前方にボールを投げる，パスをする反則」である。ここでいう「前方」とは，プレーヤーの身体の向きに対しての前方ではなく，自分たちの目指すゴールに向かっての「前方」という意味であり，自分たちが攻める方向である相手側のデッドボールラインの方向が「前方」になる(インゴールエリアでもスローフォワードは成立する)。

【3】(1) 日常的に取り組める運動例を組み合わせる。 (2) 個々の名称よりも，法律が制定された背景や趣旨を中心に理解できるようにする。 (3) ・ディスカッション ・ロールプレイング

〈解説〉(1) 高等学校学習指導要領(平成21年告示)解説 保健体育編 体育編 第1部 第2章 第1節 体育 3 内容 A 体つくり運動 内容の取扱いには，体力を高める運動について「日常的に取り組める運動例を組み合わせることに重点を置くなど指導方法の工夫を図る」，「学習する時間が限られていることや個人のねらいが異なることから，

同じねらいをもった仲間と運動の組み合わせ方を検討したり，実践した運動の計画例を発表したりして自己のねらいと異なる運動の組み立て方についても情報を共有できるようにするなどの工夫を図る」ことが示されている。　(2)　高等学校学習指導要領(平成21年告示)解説　保健体育編　体育編　第1部　第2章　第2節　保健　3　内容　(3)社会生活と健康には，「ア，イ，ウの内容について法律等を取り扱う際には，個々の名称よりも，こうした法律等が制定された背景や趣旨を中心に理解できるようにする」と示されている。　(3)　高等学校学習指導要領(平成21年告示)解説　保健体育編　体育編　第1部　第2章　第2節　保健　4　内容の取扱いには，(8)について「指導に当たっては，ディスカッション，ブレインストーミング，ロールプレイング(役割演技法)，心肺蘇生法などの実習や実験，課題学習などを取り入れること，地域や学校の実情に応じて養護教諭や栄養教諭，学校栄養職員など専門性を有する教職員等の参加・協力を推進することなど多様な指導方法の工夫を行うよう配慮することを示したものである」としている。

【4】(1)　①　コ　②　ケ　③　ア　④　イ　⑤　ソ
⑥　シ　⑦　ス　⑧　オ　(2)　ア　7　イ　10　ウ　6

〈解説〉高等学校学習指導要領(平成21年告示)解説　保健体育編　体育編　第1部第3章　第1節　指導計画の作成には「『体育』は，各年次継続して履修できるようにし，各年次の単位数はなるべく均分して配当するものとする。なお，内容の『A体つくり運動』に対する授業時数については，各年次で7～10単位時間程度を，内容の『H体育理論』に対する授業時数については，各年次で6単位時間以上を配当するとともに，内容の『B器械運動』から『Gダンス』までの領域に対する授業時数の配当については，その内容の習熟を図ることができるよう考慮するものとする」と示されている。なお，第2章　第1節の解説末尾に一覧表が示されているので確認しておきたい。

【5】(1)　生徒の技能・体力の程度やグランドの大きさに応じて，ハードル走の距離，ハードルの台数などを弾力的に扱う。　(2)　ドリブルから踏み切ってジャンプするには，ドリブルのつきだしで大きくとびあがり，空中でボールをキャッチして，1，2のリズムで踏み切る。

〈解説〉(1)　高等学校学習指導要領(平成21年告示)解説　保健体育編　体育編　第1部　第2章　第1節　体育　3　内容　C　陸上競技　1　技能に「指導に際しては，タイムを短縮したり，競走したりするハードル走の特性や魅力を深く味わえるようにするとともに，ハードル走特有の技能を高めることに取り組ませることが大切である。そのため，ハードル走の距離は50～110m程度，その間にハードルを5～10台程度置くことを目安とするが，指導のねらい，生徒の技能・体力の程度やグラウンドの大きさに応じて弾力的に扱うようにする」と示している。(2)　空中でボールをキャッチし2歩目で高くジャンプして，バックボードの四角い枠の角の部分に向けてボールをリリースする。ボールは投げるのではなく，順回転をかけて，ゴールに置いてくるつもりでリリースする。

【6】(1)　・体をマットに順々に接触させて回転するための動き方，回転力を高めるための動き方で基本的な技の一連の動きを滑らかに安定させて回ること。　・開始姿勢や終末姿勢，組合せの動きや支持の仕方などの条件を変えて回ること。　(2)　勝敗を競う楽しさや喜びを味わい，作戦に応じた技能で仲間と連携したゲームが展開できるようにすること。　(3)　・合図と同時に両足で力強く壁などを蹴ること。　・抵抗の少ない流線型の姿勢をとること。

〈解説〉(1)　高等学校学習指導要領(平成21年告示)解説　保健体育編　体育編　第1部　第2章　第1節　体育　3　内容　B　器械運動　1　技能には「・体をマットに順々に接触させて回転するための動き方，回転力を高めるための動き方で，基本的な技の一連の動きを滑らかに安定させて回ること。・開始姿勢や終末姿勢，組合せの動きや支持の仕方などの条件を変えて回ること。・学習した基本的な技を発展させて，一連の動きで回ること」と示されている。　(2)　高等学校学習指導要領(平成21年告示)解説　保健体育編　体育編　第1部　第2章　第1節　体育　3　内容　E　球技　2　態度には「入学年次では，勝敗を競う楽しさや喜びを味わい，作戦に応じた技能で仲間と連携したゲームが展開できるようにすることに自主的に取り組めるようにする。また，その次の年次以降では，勝敗を競う楽しさや喜びを一層深く味わい，作戦や状況に応じた技能や仲間と連携した動きを高め，ゲームが展開できるようにすることに主体的に取り組めるようにする」と示されている。　(3)　高等学校学習指導要領(平成21年告示)解説　保健体育編　体育編　第1部　第2章　第1節　体育　3　内容　D　水泳　1　技能には，入学年次のスタートの例示として「・合図と同時に両足で力強く壁などを蹴ること。・抵抗の少ない流線型の姿勢をとること。・各局面をつなげること」が示されている。

【7】(1)　超回復　(2)　・意識性　・個別性　・全面性　・反復性　・漸進性　(3)　(イ)　プラトー　(ウ)　スランプ
(4)　・身体的要因(けが，疲れ)　・心理的要因(自信の喪失)
・技術的要因(フォームの修正)　・練習環境の変化　・用具的要因(新しい用具)

〈解説〉本問はすべて高等学校の教科書からの出題である。教科書を精読して内容を確認しておきたい。　(1)「オーバーロード(過負荷)の原理」はトレーニングの基本原理であり，難度や強度の高い運動を行うと，疲労によって体の機能は一時的に低下するが，適度な休養を取ることによって前よりも高いレベルまで回復する。これを「超回復」という。(2)　練習やトレーニングの効果を上げる5原則とは，①練習やトレーニングの目的は何かを意識する「意識性」，②個人の能力や特性に応じた練習やトレーニングにする「個別性」，③心身の機能が調和を保ちながら全面的に高まるようにする「全面性」，④繰り返して行う「反復性」，⑤無理をしないで徐々に高めていく「漸新性」の5つである。　(3)　運動技能がある程度向上すると，次のステップに進むまでに一時的な停滞や低下の時期が訪れる。もてる力を発揮できているが，その力が伸び悩んで停滞している状態を「プラトー」，実力があるのにそれを発揮できずに低下した状態を「スランプ」という。 (4) スランプの原因としては，ケガや疲れ等の「身体的要因」，フォームの修正等の「技術的要因」，用具の使用方法等の「用具的要因」，自信の喪失等の「心理的要因」，練習環境の変化等の「環境的要因」が考えられる。

【8】(1) 身体活動の強さ(強度)を，安静時の何倍に相当するかであらわす単位。 (2) その発生が一時期は減少し，あまり問題とはみられない程度になっていたが，再び増加し注目されるようになった感染症。 (3) 筋肉が短縮しながら力を発揮する収縮。 (4) ジャックボールという的に向かってボールを6球ずつ投げ，(あるいは転がしたり，ほかのボールに当てたりして)いかに近づけるかを競う競技。

〈解説〉(1) メッツ(METs)は，身体活動の強さ(強度)を，安静時の何倍に相当するかであらわす単位で，座って安静にしている状態が1メッツ，普通歩行は3メッツに相当する。 (2) 「再興感染症」とは，結核やマラリアなどのように，その発生が一時期は減少して，あまり問題とは見られない程度になっていたものが，再び増加して注目されるようになった感染症のことをいう。 (3) 筋肉が活動して「筋力」を発揮することを「筋収縮」という。筋収縮には3つの種類があり，筋肉の長さを変えないで力を発揮する「アイソメトリック収縮(等尺性収縮)」，筋肉が短縮しながら力を発揮する「コンセントリック収縮(短縮性収縮)」，筋肉が伸ばされながら力を発揮する「エクセントリック収縮(伸張性収縮)」である。 (4) 「ボッチャ」とは，ジャックボール(目標球)と呼ばれる白いボールに，赤・青のそれぞれ6球ずつのボールを投げたり，転がしたり，他のボールに当てたりして，いかに近づけるかを競い合うターゲット型の障害者スポーツで，パラリンピックの正式種目となっている。

2019年度　実施問題

【中学校】

【1】中学校学習指導要領解説「保健体育編」について，次の(1)～(5)に答えよ。

(1) 次は，「保健分野　1　目標」の一部である。a～dにあてはまることばをそれぞれ記せ。

> 「(a)における健康・(b)に関する理解を通して」は，心身の機能の発達の仕方及び精神機能の発達や自己形成，欲求やストレスへの対処などの心の健康，自然環境を中心とした環境と心身の健康とのかかわり，健康に適した快適な環境の (c)と改善，傷害の発生要因とその防止及び応急手当並びに健康な生活行動の実践と(d)の予防について，(a)を中心として科学的に理解できるようにすることを示したものである。

(2) 次は，「A　体つくり運動　第1学年及び第2学年　3　知識，思考・判断」の一部である。下の①，②に答えよ。

> (3) 体つくり運動の意義と行い方，運動の計画の立て方などを理解し，A<u>課題に応じた運動の取り組み方を工夫できるようにする</u>。
>
> 「運動の計画の立て方」では，自己の健康や体力の状態に応じて，体の(a)，(b)な動き，力強い動き，動きを(c)する能力を，それぞれ効率よく高めることができる組み合わせ方や，これらの能力を(d)よく高めることができる組み合わせ方があることを理解できるようにする。

① a～dにあてはまることばをそれぞれ記せ。

② 下線部Aについて，簡潔に説明せよ。

(3) 次は，「体育分野　3　内容の取扱い　<各領域の取扱い>」の一部である。a～dにあてはまることばをそれぞれ記せ。また，a，bはそれぞれ何単位時間以上を配当することと示されているか，記せ。

> (1) 内容の各領域については，次のとおり取り扱うものとする。
>
> イ　第3学年においては，「(　a　)」及び「(　b　)」については，すべての生徒に履修させること。「B　器械運動」，「C　陸上競技」，「D　水泳」及び「(　c　)」についてはこれらの中から一以上を，「(　d　)」及び「F　武道」についてはこれらの中から一以上をそれぞれ選択して履修できるようにすること。

(4) 「体育分野　第1学年及び第2学年　1　技能」について，各領域の指導すべき内容をa～dにそれぞれ一つずつ記せ。

① 陸上競技

・長距離走　(　a　)

・ハードル走　(　b　)

② 水泳

・クロール　(　c　)

・平泳ぎ　(　d　)

(5) 次は，「保健分野　2　内容　(3)　傷害の防止」の一部である。あとの①～④に答えよ。

> (3) 傷害の防止について理解を深めることができるようにする。
>
> ア　交通事故や自然災害などによる傷害は，$_{A}$<u>人的要因や環境要因など</u>がかかわって発生すること。
>
> ウ　自然災害による傷害は，(　a　)だけでなく，$_{B}$<u>二次災害</u>によっても生じること。また，自然災害による傷害の多くは，災害に備えておくこと，安全に避難することによ

って防止できること。
エ　応急手当を適切に行うことによって，傷害の悪化を防止することができること。また，C応急手当には，(b)等があること。

① a，bにあてはまることばをそれぞれ記せ。
② 下線部Aに係わって，交通事故の発生要因と要因の例について，次のc〜eにあてはまることばをそれぞれ一つずつ記せ。

要因	要因の例
人的要因	(d)
環境要因	自然の悪条件
(c)	(e)

③ 下線部Bについて，地震に伴って起こる二次災害の例を3つ記せ。
④ 下線部Cについて，(b)の他に，実習を通してどのような手当を理解できるようにすると示されているか，二つ記せ。

(☆☆☆◎◎◎)

【2】次の(1)〜(3)に答えよ。
(1) サッカーで，強いボールを蹴りたいときや，ボールを遠くに飛ばしたいときに足の甲の中心で蹴る技術を何というか，記せ。
(2) 卓球で，台からやや離れてボールに下回転を加えて返球し，相手のミスを誘ったり，次の攻撃につなげたりするときに用いる技術を何というか，記せ。
(3) ソフトボールで，早く塁に到達し，守備者のタッチを避けるために用いる技術を何というか，記せ。

(☆◎◎◎◎◎)

【３】次の(1)～(3)に答えよ。

(1)　器械運動「マット運動」の伸膝後転の学習について，次の①，②に答えよ。

①　膝を伸ばしたまま回れない生徒に対して，どのようなアドバイスをしたらよいか，一つ記せ。

②　勢いよく回れない生徒に対して，どのようなアドバイスをしたらよいか，一つ記せ。

(2)　球技「ソフトテニス」の学習で，フラットサービスの練習時に，サービスが安定しない生徒に対して，どのようなアドバイスをしたらよいか，二つ記せ。

(3)　武道「柔道」の受け身の学習で，投げ技との関連を重視した段階的な練習を二つ記せ。

(☆☆☆◎◎◎◎)

【４】次の(1)～(5)について，それぞれ簡潔に説明せよ。

(1)　運動やスポーツの必要性と楽しさ

(2)　体つくり運動の評価規準で「運動の技能」を設定しない理由

(3)　熱中症の手当

(4)　オリンピック・レガシー

(5)　左座右起

(☆☆☆◎◎◎◎)

【高等学校】

【１】次の文章を読んで(1)，(2)に答えよ。

すべての人は，(　①　)にかぎらず，事故や病気で障がいをもつなど，(　②　)が必要になることもあります。そのような状況であっても，そのために社会的な(　③　)を被ることなく，(　④　)に社会参加し，いきいきと暮らすことができ，人生を楽しめるような社会でなければなりません。こんにちでは，ノーマライゼーションの考え方のもと，(　⑤　)やユニバーサルデザインなどに配慮したものをつくったり，施設を整備したりするなどの社会的な取り組みが進められています。

(1)　文章中の(　①　)～(　⑤　)にあてはまる最も適切なことばを次のア～コから選び，それぞれ記号で記せ。

ア　主体的　　イ　若者　　ウ　リラクゼーション
エ　受動的　　オ　介在　　カ　不利益
キ　介護　　ク　バリアフリー　　ケ　高齢者
コ　利益

(2)　文章中の下線部について，説明せよ。

(☆◎◎◎)

【2】次は，高等学校学習指導要領(平成21年3月)「第2章　第6節　保健体育　第2款　各科目」の一部である。(　①　)～(　⑩　)にあてはまることばをそれぞれ記せ。

> 第1　体育
>
> 1　目標
>
> 運動の(　①　)，(　②　)な実践を通して，(　③　)を深めるとともに(　④　)を高め，運動の楽しさや喜びを深く味わうことができるようにし，自己の状況に応じて体力の向上を図る能力を育て，(　⑤　)，(　⑥　)，(　⑦　)，(　⑧　)などに対する意欲を高め，健康・安全を(　⑨　)して，生涯にわたって豊かな(　⑩　)を継続する資質や能力を育てる。

(☆☆☆◎◎◎◎◎)

【3】次の(1)～(4)に答えよ。

(1)　剣道で相手が打とうとして手もとを上げた(下げた)とき，隙ができた面を打つことを何というか，記せ。

(2)　ソフトボールの1塁で走者と守備者の衝突を防ぐために考案されたベースのことを何というか，記せ。

(3) 陸上競技の高等学校男子公式大会で行われる混成競技名を何というか，記せ。

(4) 水泳競技個人メドレーの泳法順を記せ。

(☆☆☆◎◎◎◎)

【4】次は，高等学校学習指導要領(平成21年3月)「第1章　総則　第1款　教育課程編成の一般方針」の一部である。(　①　)～(　⑦　)にあてはまることばを下のア～ソから選び，それぞれ記号で記せ。

> 3　学校における体育・健康に関する指導は，生徒の(　①　)を考慮して，学校の教育活動全体を通じて適切に行うものとする。特に，学校における(　②　)の推進並びに(　③　)の向上に関する指導，安全に関する指導及び(　④　)の保持増進に関する指導については，保健体育科はもとより，家庭科，(　⑤　)などにおいてもそれぞれの特質に応じて適切に行うよう努めることとする。また，それらの指導を通して，家庭や(　⑥　)との連携を図りながら，日常生活において適切な体育・健康に関する活動の実践を促し，(　⑦　)を通じて健康・安全で活力ある生活を送るための基礎が培われるよう配慮しなければならない。

ア　学校生活　　イ　特別活動　　ウ　安全
エ　体力　　オ　発達の段階　　カ　教育委員会
キ　地域社会　　ク　安心　　ケ　食育
コ　身体活動量　　サ　理科　　シ　心身の健康
ス　創造力　　セ　給食　　ソ　生涯

(☆☆◎◎◎◎◎)

【5】次の(1)，(2)に答えよ。

(1) バスケットボールのセットシュートを指導する際のポイントを3つ記せ。

(2)　バレーボールでアタックする瞬間，目の前にブロックがある時に，考えられる攻撃方法を4つ記せ。

(☆☆☆☆◎◎)

【6】次は，高等学校学習指導要領解説「保健体育編・体育編」(平成21年12月)「第1部　保健体育　第2章　各科目　第1節　体育　3　内容　H　体育理論」の一部である。(1)～(3)に答えよ。

> (1)　スポーツの歴史，文化的特性や現代のスポーツの特徴について理解できるようにする。
>
> ア　スポーツは，人類の歴史とともに始まり，その理念が時代に応じて(　①　)してきていること。また，我が国から世界に普及し，発展しているスポーツがあること。
>
> イ　スポーツの技術や(　②　)，ルールは，用具の改良や(　③　)の発達に伴い変わり続けていること。
>
> ウ　現代のスポーツは，国際親善や(　④　)に大きな役割を果たしており，その代表的なものに(A)オリンピックムーブメントがあること。また，(B)ドーピングは，フェアプレイの精神に反するなど，能力の限界に挑戦するスポーツの(　⑤　)を失わせること。
>
> エ　現代のスポーツは，経済的な波及効果があり，(　⑥　)が経済の中で大きな影響を及ぼしていること。

(1)　(　①　)～(　⑥　)にあてはまることばをそれぞれ記せ。

(2)　下線部(A)について，説明せよ。

(3)　下線部(B)に関して，1999年に国際オリンピック委員会から独立して設立された組織の名称と設立の趣旨を記せ。

(☆☆☆☆◎◎◎◎◎)

【7】高等学校学習指導要領解説「保健体育編・体育編」(平成21年12月)第1部について，次の(1)～(3)に答えよ。

(1) 「第2章　第1節　3　内容　F　武道　1　技能　(1)　柔道」で示されている，入学年次に扱う投げ技の基本となる技を2つ記せ。

(2) 「第2章　第1節　3　内容　E　球技　1　技能　ア　ゴール型」で示されている，入学年次に扱う「安定したボールの操作」を4つ記せ。

(3) 「第3章　第1節　指導計画の作成　2　保健」で示されている，「保健」の標準単位数と履修学年について記せ。

(☆☆☆◎◎◎◎◎)

【8】次の(1)～(4)について，説明せよ。

(1) 平均寿命

(2) 運動における外在的フィードバック

(3) メタボリックシンドローム

(4) オープンスキル

(☆☆☆◎◎◎◎◎)

解答・解説

【中学校】

【1】a　個人生活　　b　安全　　c　維持　　d　疾病

(2) ①　a　柔らかさ　　b　巧み　　c　持続　　d　バランス

②　活動の仕方，組み合わせ方，安全上の留意点などの学習した内容を，学習場面に適用したり，応用したりすること。　(3)　a　A　体つくり運動，7単位時間以上　　b　H　体育理論，3単位時間以上　c　G　ダンス　　d　E　球技　　(4)　①　a　・腕に余計な力を入れないで，リラックスして走ること。　・自己に合ったピッチとストライドで，上下動の少ない動きで走ること。から1つ　　b　・インターバルを3～5歩でリズミカルに走ること。　・遠くから踏み切り，勢い

よくハードルを走り越すこと。　・抜き脚の膝を折りたたんで横に寝かせて前に運ぶなどの動作でハードルを越すこと。 から1つ　② c ・一定のリズムで強いキックを打つこと。　・水中で肘を60～90度程度に曲げて，S字を描くように水をかくこと。　・プルとキックの動作に合わせて，ローリングをしながら横向きで呼吸のタイミングを取ること。 から1つ　d ・カエル足で長く伸びたキックをすること。　・水中で手のひらが肩より前で，両手で逆ハート型を描くように水をかくこと。　・プルのかき終わりと同時に口を水面上に出し息を吸い，キックの蹴り終わりに合わせて伸び(グライド)をとり進むこと。から1つ　(5) ① a 災害発生時　b 心肺蘇生　② c 車両要因　d ・危険な行動　・不安定な心身の状態　e ・車両の欠陥や整備不良　・車両の特性　③ 津波，土砂崩れ，地割れ，火災　から3つ　④ 包帯法，止血法としての直接圧迫法

〈解説〉中学校学習指導要領解説「保健体育編」(平成20年7月)からの出題である。今後は，中学校学習指導要領解説「保健体育編」(平成29年7月)からの出題が多くなるので，その違いを理解しながら学習に取り組むこと。 (1) 目標は，学習の展開の基本的な方向として，小学校での実践的に理解できるようにするという考え方を生かすとともに，心身の健康の保持増進に関する基礎的・基本的な内容について科学的に思考し，理解できるようにすることを目指している。 (2) 体つくり運動は，体ほぐしの運動と体力を高める運動で構成され，自他の心と体に向き合って，体を動かす楽しさや心地よさを味わい，心と体をほぐしたり，体力を高めたりすることができる領域である。「3　知識，思考・判断」のうち，「知識」についての解説は，設問の「運動の計画の立て方」のほか，「体つくり運動の意義」「体つくり運動の行い方」が示されている。キーワードとなる語句をノートに書き出すなどして，理解を深めておきたい。 (3) イについては，第3学年では，「A 体つくり運動」及び「H　体育理論」については，すべての生徒に履修させることとし，その他の領域については，「B　器械運動」，「C　陸上競技」，「D　水泳」及び「G　ダンス」のまとまりの中から1領域以上，

「E　球技」及び「F　武道」のまとまりの中から1領域以上を選択し，履修することができる。　(4)　①　a　技能については，それぞれ学習指導要領解説に示された<例示>を確認しておくこと。長距離走では，自己のスピードを維持できるフォームでペースを守りながら，一定の距離を走り通し，タイムを短縮したり競走したりできるようにすることが求められている。また，走る距離は，1,000～3,000m程度を目安とするが，生徒の技能・体力の程度や気候等に応じて弾力的に扱うようにすること。　b　ハードル走では，ハードルを越えながらインターバルを一定のリズムで走り，タイムを短縮したり，競走したりできるようにする。「リズミカルな走り」とは，インターバルにおける素早いピッチの走りのことをいう。　②　c　水泳では，続けて長く泳ぐことや速く泳ぐことを学習のねらいとしており，クロールでは，手と足，呼吸のバランスをとり速く泳ぐことが求められている。
d　平泳ぎでは，手と足，呼吸のバランスをとり長く泳ぐことが求められている。指導に際しては，クロールの距離は，25～50m程度を目安とするが，生徒の技能・体力の程度などに応じて弾力的に扱うようにすること。なお，水泳では，それぞれの泳法に応じた，手の動き(プル)や足の動き(キック)と呼吸動作を合わせた一連の動き(コンビネーション)ができるようにすることが重要である。　(5)　①　中学校では，傷害の発生には様々な要因があり，それらに対する適切な対策によって傷害の多くは防止できること，また，応急手当は傷害の悪化を防止することができることを理解できるようにする。　②　交通事故については，中学生期には自転車乗車中の事故が多く発生することを，具体的な事例などを適宜取り上げ理解できるようにする。また，交通事故を防止するためには，自転車や自動車の特性を知り，交通法規を守り，車両，道路，気象条件などの周囲の状況に応じ，安全に行動することが必要であることを理解できるようにする。　③　自然災害による傷害は，例えば，地震が発生した場合に家屋の倒壊や家具の落下，転倒などによる危険が原因となって生じること，また，地震に伴って，津波，土砂崩れ，地割れ，火災などによる二次災害によっても生じることを理解できるようにする。　④　応急手当は，患部の保護や固定，止血を適切に行うことによって，傷害の悪化を防止できることを理解できるようにする。ここでは，包帯法，止血法としての直接圧迫法などを取り上げ，実習を通して理解できるようにする。なお，必要に応じてAED(自動体外式除細動器)にも触れるようにする。

【2】(1)　インステップキック　　(2)　カット　　(3)　スライディング

〈解説〉(1)　インステップキックは，ボールに力を伝えやすいため，数あるキックの中で最も遠くに飛ばすことができる。軸足をボールの真横に置いて蹴る。軸足がボールよりも前すぎても，後ろすぎても，一番力が入るところでボールを蹴ることはできない。　(2)　卓球のカットは，バックスピンなど強烈な回転をかけて返球し，相手のミスを誘う打法である。カットの場合は後回転のボールとなり，逆にドライブの場合は，前回転のボールとなる。　(3)　ソフトボールのスライディングは，相手のタッチをかいくぐったり，トップスピードのままベースに走り込みながら，一瞬で止まることもできる。まっすぐベースに走り込むためのストレートスライディング，相手の送球に応じて滑り込むフックスライディングがある。

【3】(1)　①　しゃがんだ姿勢から膝を伸ばして回転を始める。
②　マットの下に踏み切り板などを置いて傾斜をつくり，斜めの勢いを利用して練習する。　　(2)　・トスをまっすぐ上げるために肩を支点にして肘を伸ばし，ボールを押し上げるようにする。　・打点を指示する。　　(3)　・崩しを使って受け身を取る練習をする。　・体さばきを使って受け身を取る練習をする。

〈解説〉指導場面における，具体的なアドバイスについての出題である。このような問題においては，まず生徒のつまずきが，その動き(技)のどこにあるのか把握することが大切である。その上で，そのつまずきを解決するために，適切な言葉掛けや場の設定といった手立てを考えたい。ただし，答えは1つではなく，個々の生徒のつまずきには臨機応変に対応し，生徒が学習意欲をなくさないようにすることが大切である。なお，器械運動については『学校体育実技指導資料第10集「器械運動指導の手引」』，柔道については『学校体育実技指導資料第2集「柔道指導の手引(三訂版)」』で，安全指導の配慮や具体的な指導方法について確認しておくこと。

【4】(1)　運動やスポーツは，体を動かしたり，健康を維持したりする必要性や，競技に応じた力を試したり，自然と親しんだり，仲間と交流したり，感情を表現したりするなどの多様な楽しさから生み出されていること。　(2)　「体ほぐしの運動」は，技能の習得・向上を直接のねらいとするものではない。また，「体力を高める運動」は，運動の計画を立てることが主な目的となっているから。　(3)　涼しい場所へ移動させる，体を冷やす，安静にする，十分な水分と塩分の補給をする。　(4)　オリンピックが開催されることにより，開催都市や開催国に受け継がれる，スポーツ施設や交通機関などの有形の遺産や，心に受け継がれる無形の遺産のこと。　(5)　正座をするときは，左足から。立つときは，右足から行うこと。

〈解説〉(1)　運動やスポーツは，人々の生活と深くかかわりながら，いろいろな欲求や必要性を満たしつつ発展し，その時々の社会の変化とともに，そのとらえ方も変容してきたことを認識しておきたい。また，日本のスポーツ振興法などにおけるスポーツの理念を踏まえながら，スポーツが競技だけでなく，体つくり運動，ダンスや野外活動などの身体運動などを含めて，広い意味で用いられていることについても，よく理解しておきたい。　(2)　「体つくり運動」の体力を高める運動は，体の柔らかさ，巧みな動き，力強い動き，動きを持続する能力を高めることが主なねらいである。そして，それぞれが特定の技能を示すものではないことから，技能ではなく運動として示されている。(3)　熱中症の手当としては，まずはクーラーが効いた場所に移動させることが必要となる。近くにそのような場所がない場合は，風通しのよい日かげに移動し，安静にする。次に，体を冷やして熱を放出させる。衣服をゆるめ，保冷剤などで両側の首筋やわき，足の付け根などを冷やす。そして，水分補給については，水分と塩分を同時に補給できる，スポーツドリンクなどを飲ませるとよい。　(4)　2002年，国際オリンピック委員会は，オリンピック憲章に，「オリンピックの開催都市と開催国に遺産を残すことを推進する」と書き加えた。それが意図するところは，オリンピック開催に伴って整備したインフラ(有形遺産)の活用，オリンピックを体感することで得られる豊かな人間性(無形遺産)の醸成である。なお，平成29年7月の中学校学習指導要領解説「保健体育編」では，オリンピック・パラリンピックの意義や価値等の理解について言及されており，今後も同様の出題が予想される。　(5)　座るときは左足を一歩引き，そのままの姿勢で左膝を床につけ，片膝立になる。次に右膝をつけ，つま先を立てたまま中座になり，つま先をはずして身体を沈めて座る。立つときは腰を上げ，つま先立から右足を一歩出して片膝立ちになり，静かに立ち上がり左足を引き付ける。これを「左座右起」の作法という。武道は格闘的な運動であるが，相手を尊重し敬意を表すとともに，自らも謙虚で冷静な心が求められるため，正しい所作，態度に関する指導が重視される。

【高等学校】

【1】(1)　①　ケ　　②　キ　　③　カ　　④　ア　　⑤　ク

(2)　すべての人が，年齢や障害の有無にかかわらず，平等に通常の日常生活や社会活動を営むことを可能にするために社会を改善していく理念のこと

〈解説〉(1)　ユニバーサルデザインには，「すべての人にやさしいデザイン」という意味がある。基本コンセプトは，「できるだけ多くの人が利用できるデザインにすること」で，誰もが利用しやすい環境を目指しており，バリアフリーの発展型概念ともいえる。　(2)　ノーマライゼーションは，1950年代，知的障害者の施設改善運動から生まれた理念で，デンマークの行政官ミケルセンが提唱したとされる。この理念は，その後さらに発展し，「障害者を排除するのではなく，障害をも

っていても健常者とともに当たり前に生活できるような社会こそが，通常な社会である」という考え方として受け入れられ，今日に至っている。

【2】① 合理的 ② 計画的 ③ 知識 ④ 技能 ⑤ 公正 ⑥ 協力 ⑦ 責任 ⑧ 参画 ⑨ 確保 ⑩ スポーツライフ

〈解説〉この目標は，義務教育を基礎とした高等学校段階において，生徒が運動の合理的かつ計画的な実践を通して，運動の楽しさや喜びを深く味わうことが体育の重要なねらいであることを示している。そして，その上で，体力の向上及び健康の保持増進を図るとともに，社会的態度や愛好的態度をもつことによって，生涯にわたって豊かなスポーツライフの実現を図ることを目指している。なお，学習指導要領については，平成21年告示のものだけでなく，平成30年告示のものにもよく目を通しておくことが必要となる。その際，高等学校学習指導要領比較対照表などを活用し，大きく変わった項目やキーワードとなりそうな語句をノートに書き出すなどして，理解を深めてほしい。

【3】(1) 出ばな面 (2) ダブルベース (3) 八種競技
(4) バタフライ→背泳ぎ→平泳ぎ→自由形

〈解説〉(1) 出ばな面は，出ばな小手と同じ出ばな技で，こちらから攻撃を仕掛ける仕掛け技」ではなく，応じ技に分類される。相手が打ってくる瞬間に合わせて攻撃できるよう，いつでも反応して飛び込める体勢を整えておくことが重要となる。 (2) ソフトボールは塁間が短いため，一塁でのクロスプレーが多く，守備者と打者走者の接触が起こりやすい。接触プレーによる事故防止を目的として，1994年の第8回世界女子ソフトボール選手権大会から，ダブルベースが使用されている。ダブルベースは，白色ベースをフェア地域に，オレンジベースをファウル地域に固定する。 (3) 八種競技は，2日間で合計8種目の陸上競技を行い，その記録を得点に換算して合計得点で競う。1日目は，100m・走り幅跳び・砲丸投・400m，2日目は，110mハードル・やり投・走り高跳び・1500mを行う。　(4)　個人メドレーに対し，メドレーリレーは，背泳ぎ→平泳ぎ→バタフライ→自由形の順に泳ぐ。個人メドレーとメドレーリレーの順番が違うのは，スタート時に背泳ぎは飛び込み台が使えないことによる。

【4】①　オ　②　ケ　③　エ　④　シ　⑤　イ　⑥　キ　⑦　ソ

〈解説〉学校における体育・健康に関する指導は，生徒の発達の段階に考慮して適切に行うことが求められている。その指導については，家庭や地域社会との連携を図りながら進めることが重要となる。また，生涯を通じて，健康・安全で活力ある生活を送るための基礎が培われることにも配慮する必要がある。

【5】(1)　・足を肩幅に広げ，つま先をリングに向ける　・額の上にボールをセットする　・体全体でボールを投げ上げるように放つ　(2)　ブロックの空いたコースに打つ　・ブロックアウトでコートの外にはじく　・フェイントやプッシュでブロックを避ける　・ブロックを利用してリバウンドをとる

〈解説〉(1)　バスケットボールのセットシュートとは，立った状態で，ボールを頭の上や顔のあたりから構えて打つシュートのこと。セットシュートを身につけると，どの位置からでも得点を決めることができる。なお，バスケットボールのシュートには，このほかレイアップシュート，ダンクシュート，フックシュート，ステップ系シュートがある。それぞれの特徴，使い方を理解しておくこと。　(2)　バレーボールのアタックについては，トスが上がったボールを思いきり打つだけでは，どうしてもブロックされやすくなる。ブロックにかかりにくくするためには，コースの打ち分けができるよう，練習を重ねる必要がある。ブロックの空いたコースに打ったり，逆に，ブロックを利用してリバウンドをとることができるようになれば，得点力が大きくアッ

プする。

【6】(1) ① 変容 ② 戦術 ③ メディア ④ 世界平和 ⑤ 文化的価値 ⑥ スポーツ産業 (2) オリンピック競技会(スポーツ)を通じて，人々の友好を深め，世界の平和に貢献しようとする運動 (3) 名称…WADA 世界アンチドーピング機構(世界ドーピング防止機構) 設立の趣旨…世界各国におけるドーピングの根絶と公正なドーピング防止活動の促進を目的とし，国際的なドーピング検査基準の統一やドーピング違反に対する制裁手続きの統一を行うため

〈解説〉(1) 中学校では，運動やスポーツの必要性と楽しさ，現代生活におけるスポーツの文化的意義，国際的なスポーツ大会などが果たす役割，人々を結び付けるスポーツの文化的な働きなどについて学習している。このため，本内容は，スポーツの歴史や我が国から世界に発展したスポーツがあること，国際親善や世界平和に貢献する運動にオリンピックムーブメントなどがあること，スポーツの文化的価値を失わせる行為としてドーピングがあること，現代社会ではスポーツが経済の中で大きな位置を占めていることなどを中心に構成されている。(2) オリンピックムーブメントには，4年に一度行われるオリンピック競技大会も含まれる。なお，オリンピック憲章には，「オリンピック・ムーブメントに属する何人も，どの団体もオリンピック憲章の条文に拘束され，かつIOC(国際オリンピック委員会)の決定に従わなければならない」と規定されている。 (3) WADA(世界アンチドーピング機構)は，1999年に採択された「ローザンヌ宣言」に基づき設立された。それまで，ドーピング検査はIOCの主導で取り締まっていたが，これ以降，WADAが行うようになった。我が国でも，2001年に日本アンチ・ドーピング機構(JADA)が発足している。

【7】(1) ・膝車 ・支え釣り込み足 ・大外刈り ・小内刈り ・体落とし ・大腰 ・大内刈り ・釣り込み腰 ・背負い

投げ　・払い腰　から2つ　(2)　・守備者が守りにくいタイミングでシュートを打つこと　・ゴールの枠内にシュートをコントロールすること　・味方が操作しやすいパスを送ること　・守備者とボールの間に自分の体を入れてボールをキープすること　(3)　標準単位数…2単位　履修学年…原則として入学年次及び次の年次の2か年

〈解説〉(1)　柔道の入学年次では，「相手の動きの変化に応じた基本動作から，基本となる技，得意技や連絡技を用いて，相手を崩して投げたり，抑えたりするなどの攻防を展開すること」を学習のねらいとしている。投げ技の基本となる技のその次の年次以降では，内股，跳ね腰，送り足払い，浮き技，巴投げがある。　(2)「ゴール型」の球技とは，ドリブルやパスなどのボール操作で相手コートに侵入し，シュートやトライなどをして，一定時間内に相手チームより多くの得点を競い合うゲームである。運動種目については，バスケットボール，ハンドボール，サッカー，ラグビーを取り上げ，ゴール型に共通する動きを身に付けることが大切となる。入学年次の「安定したボール操作」では，ゴールの枠内に安定してシュートを打ったり，味方が操作しやすいパスを送ったり，相手から奪われず，次のプレイがしやすいようにボールをキープしたりすることが求められている。　(3)「保健」の年間指導計画については，課程の種別にかかわらず，原則として入学年次及びその次の年次の2か年にわたり履修させるよう作成しなければならない。なお，「入学年次及びその次の年次の2か年にわたり履修する」こととしたのは，高等学校においても，できるだけ長い期間継続して学習し，生涯にわたって健康で安全な生活を送るための基礎となるよう配慮したものである。

【8】(1)　0歳児の平均余命のこと　(2)　運動した結果の情報を他人や映像など，自分以外から得られること　(3)　内臓脂肪症候群のこと。脂肪が内臓にたまると，皮下にたまるよりも生活習慣病を起こしやすいとされている　(4)　球技や武道などのように，絶えず変化する状況の中で用いられる技術

〈解説〉(1) 平均寿命とは，「実際に亡くなったときの年齢の平均」ではなく，生まれてから死ぬまでの時間(0歳児の平均余命)のことをいう。2017年の日本人の平均寿命は，女性が87.26歳，男性が81.09歳で，ともに過去最高を更新した。国・地域別では，女性は世界第2位，男性は第3位となっている。 (2) 運動学習は，パフォーマンスの変化を永続的に追求することでもある。学習を進めるためには，外在的フィードバック(他人や映像による気づき)を与えることも効果的となる。なお，自分の感覚など，自身から得られるフォードバックを内在的フィードバックという。 (3) メタボリックシンドローム(内臓脂肪型肥満)は，腹囲が男性「85cm以上」，女性は「90cm以上」あることに加え，高脂血症，高血圧症，糖尿病のうち，2項目以上の症状が出ている状態をいう。 (4) オープンスキルとは，変化する状況で使える技能・技術のことをいう。この要素が多く求められる競技には，サッカー・テニス・バレーボール・バスケットボール・野球などの球技，フェンシング・ボクシング・レスリング・柔道など対戦型の競技がある。これに対し，クローズドスキルは，個人的な競技など，自分のペースで行うことができる技能・技術である。この要素が多い競技としては，体操・水泳・陸上・ゴルフ・アーチェリー・弓道などがある。

2018年度　実施問題

【中学校】

【1】中学校学習指導要領解説「保健体育編」について，次の(1)～(6)に答えよ。

(1) 「体育分野　1　目標　第3学年」の一部である。下の①，②に答えよ。

> (3) 運動における(a)や協同の経験を通して，A公正に取り組む，互いに協力する，自己の責任を果たす，参画するなどの意欲を育てるとともに，健康・安全を確保して，生涯にわたって運動に親しむ態度を育てる。
>
> この目標は，生涯にわたる豊かな(b)の基礎をはぐくむ視点から，第3学年の段階では，(a)や協同の経験を通してはぐくむ情意面から見た運動に対する(c)な態度として，「生涯にわたって運動に親しむ態度」を育成することを目指したものである。

① a～cにあてはまることばをそれぞれ記せ。

② 下線部Aについて，簡潔に説明せよ。

(2) 「B　器械運動　第1学年及び第2学年　1　技能」の一部である。あとの①～③に答えよ。

> (1) 次の運動について，技ができる楽しさや喜びを味わい，その技がよりよくできるようにする。
>
> ア　マット運動では，A回転系や(a)の基本的な技を滑らかに行うこと，B条件を変えた技，発展技を行うこと，それらを組み合わせること。
>
> イ　鉄棒運動では，(b)や懸垂系の基本的な技を滑らかに行うこと，条件を変えた技，発展技を行うこと，それ

ウ　平均台運動では，(　c　)やバランス系の基本的な技を滑らかに行うこと，条件を変えた技，発展技を行うこと，それらを組み合わせること。
エ　跳び箱運動では，(　d　)や回転系の基本的な技を滑らかに行うこと，条件を変えた技，発展技を行うこと。

① a～dにあてはまることばをそれぞれ記せ。
② 下線部Aは，2つの技群に分類することができる。それぞれの技群の名称と例示されている主な発展技を，一つずつ記せ。
③ 下線部Bについて，示されている内容を3つ記せ。

(3)「保健分野　2　内容　(2)健康と環境」の一部である。下の①～④に答えよ。

健康と環境	ア　身体の環境に対する適応能力・A至適範囲
	イ　B飲料水やC空気の衛生的管理
	ウ　生活に伴うD廃棄物の衛生的管理

① 下線部Aについて，簡潔に説明せよ。
② 下線部Bについて，体内における水の役割を2つ記せ。
③ 下線部Cについて，どのようなことを理解できるようにすると示されているか。2つの気体について，それぞれ簡潔に記せ。
④ 下線部Dに係わり，「3R」(スリーアール)について簡潔に説明せよ。

(4)「保健分野　2　内容(3)傷害の防止」の一部である。a～eにあてはまることばをそれぞれ記せ。

交通事故については，中学生期には(　a　)の事故が多く発生することを，具体的な事例などを適宜取り上げ理解できるようにする。また，交通事故を防止するためには，自転車や自動車の(　b　)を知り，交通法規を守り，車両，道路，(　c　)などの周囲の状況に応じ，安全に行動することが必要であることを理解できるようにする。
　なお，指導に当たっては，地域の実情に応じて，(　d　)をはじめ身の回りの生活の危険が原因となって起こる傷害を適宜取り上げ，危険予測・(　e　)の能力を身に付けることが必要であることについて理解できるよう配慮するものとする。

(5) 「H　体育理論　第1学年及び2学年　1　運動やスポーツの多様性」の一部である。下の①，②に答えよ。

　運動やスポーツには，その領域や種目に応じた特有の[A]技術や(　a　)，(　b　)，(　c　)の仕方があり，特に運動やスポーツの課題を解決するための合理的な体の動かし方などを技術といい，競技などの対戦相手との競争において，(　b　)は技術を選択する際の方針であり，(　a　)は試合を行う際の方針であることを理解できるようにする。

① a～cにあてはまることばをそれぞれ記せ。
② 下線部Aを学ぶためには，どのようなことが必要であると示されているか，記せ。

(6) 「E　球技　第1学年及び第2学年　1　技能　(3)ベースボール型」に示されている例示を①～⑥から3つ選び，記号で記せ。

①・ねらった方向にボールを打ち返すこと。
②・タイミングを合わせてボールを打ち返すこと。
③・捕球場所へ最短距離で移動して，相手の打ったボールを捕ること。
④・投げる腕を後方に引きながら足を踏み出して大きな動作でボールをねらった方向に投げること。
⑤・味方からの送球を受けるために，走者の進む先の塁に動くこと。
⑥・ポジションの役割に応じてベースカバーやバックアップの基本的な動きをすること。

(☆☆☆◎◎◎)

【2】次の(1)～(3)に答えよ。

(1) ソフトテニスで，相手の前衛の頭上を大きく越えて，コートの奥に高い軌道で返球する技術を何というか，記せ。

(2) ハンドボールで，側方の近くにいる味方へ，バックスイングをせず，瞬間的に手首を返すようにするパスを何というか，記せ。

(3) 走り幅跳びで，踏み切り足を前に引き付け，腕を前方に振りながら上体を前に倒す空間動作を何というか，記せ。

(☆☆☆◎◎◎)

【3】次の(1)～(3)に答えよ。

(1) バレーボールの「アンダーハンドパス」について，指導のポイントを2つ記せ。

(2) 短距離走の「コーナーの走り方」について，指導のポイントを2つ記せ。

(3) 柔道で安全な授業を行うための具体的な留意点を2つ記せ。

(☆☆☆◎◎◎)

【4】次の(1)～(5)の下線部について，それぞれ簡潔に説明せよ。

(1) 体つくり運動における「体ほぐしの運動」

(2) 「人々を結び付けるスポーツの文化的な働き」

(3) 生活行動・生活習慣と健康における「運動と健康」

(4) 現代的なリズムのダンスにおける「シンコペーション」

(5) 水泳における「個人メドレー」

(☆☆☆◎◎◎)

【5】全国体力・運動能力・運動習慣等調査(平成28年12月，スポーツ庁)では，「保健体育の授業が楽しい」と感じている生徒ほど，体力合計点が高いということが示されている。

体力向上に成果を上げている学校では，どのような授業の工夫・改善によって生徒の意識や意欲を高めていると考えられるか，4つ記せ。

(☆☆☆◎◎)

【高等学校】

【1】次の(1)，(2)に答えよ。

(1) 「労働と健康」について，次の(　①　)～(　⑦　)にあてはまる最も適当なことばを下のア～コから選び，それぞれ記号で記せ。

働き方の変化にともない，健康問題も(　①　)し，変化しています。こんにち，働く人の大きな健康問題となってきたのが(　②　)です。たとえば，過酷な肉体労働から解放された代わりに，(　③　)が増え身体活動量が減った結果，(　④　)が促進されて高血圧症や脂質異常症などの(　②　)を進行させるといった問題が見られるようになりました。

また，職場の人間関係や，急速な技術革新，仕事上の責任の重さや効率性の重視がもたらす過重な労働などが原因で，(　⑤　)や疲労を強く感じながら働いている人が少なくありません。その結果，職場に(　⑥　)できずに会社に行けなくなったり，アルコール依存症になったり，うつ病をはじめとする精神性の病気にかかったりする人が増えています。また，(　⑦　)や自殺にいたる人もいて，大きな社会問題になっています。

ア　精神的ストレス　　イ　多様化　　ウ　生活習慣病
エ　過労死　　オ　デスクワーク　　カ　グローバル化
キ　肥満　　ク　希薄化　　ケ　適応
コ　熱中症

(2) (1)の文章中の下線部(　⑦　)について説明せよ。

(☆☆☆◎◎◎)

【2】次の表は，高等学校学習指導要領解説「保健体育編・体育編」(平成21年12月)の「体育の領域及び領域の内容」の一部である。(　①　)

～(⑩)にあてはまることばをそれぞれ記せ。

領　域	領域の内容
A体つくり運動	ア　体ほぐしの運動　　イ　体力を高める運動
B（①）	ア　マット運動　　イ　鉄棒運動　　ウ　平均台運動　　エ（②）運動
C陸上競技	ア　競走　　イ（③）　　ウ　投てき
D水泳	ア　クロール　　イ　平泳ぎ　　ウ　背泳ぎ　　エ　バタフライ オ（④）の泳法で長く泳ぐ又は（⑤）
E球技	ア　ゴール型　　イ　ネット型　　ウ（⑥）型
F（⑦）	ア　柔道　　イ　剣道
Gダンス	ア　創作ダンス　　イ　フォークダンス　　ウ（⑧）
H（⑨）	(1)（⑩），文化的特性や現代のスポーツの特徴 (2)　運動やスポーツの効果的な学習の仕方 (3)　豊かなスポーツライフの設計の仕方

(☆☆◎◎◎)

【3】次の(1)～(4)に答えよ。

(1) テニスで，ネットへ前進するための切り替えのショットを何というか，記せ。

(2) サッカーで，後方からボールを持っている味方プレーヤーの背後を通過し，前方のスペースに走り込む動きを何というか，記せ。

(3) 柔道の進退動作で，一方の足が他方の足をこさないようにする歩き方を何というか，記せ。

(4) 卓球のサービスで，ボールを手のひらから何cm以上ほぼ垂直に投げ上げなければならないか，記せ。

(☆☆☆◎◎◎)

【4】次の表は，「評価規準の作成，評価方法等の工夫改善のための参考資料(高等学校　保健体育)」(平成24年3月　国立教育政策研究所)に記載されている「評価規準に盛り込むべき事項」の一部である。(①)～(⑩)にあてはまることばをア～ソから選び，それぞれ記号で記せ。

【「F武道」の評価規準に盛り込むべき事項】
【その次の年次以降】

関心・意欲・態度	思考・判断	運動の技能	知識・理解
・武道の楽しさや喜びを深く味わうことができるよう，相手を尊重し，(①)などの伝統的な行動の仕方を大切にしようとすること，(②)を(③)に引受け自己の責任を果たそうとすることなどや，健康・安全を確保して，学習に(④)に取り組もうとしている。	・生涯にわたる(⑤)スポーツライフの実現を目指して，自己や(⑥)の課題に応じた武道を(⑦)するための取り組み方を工夫している。	・武道の特性に応じて，相手の(⑧)動きに応じて(⑨)攻防を展開するための得意技を身に付けている。	・伝統的な考え方，技の名称や見取り稽古，体力の高め方，(⑩)の方法，試合の仕方などを理解している。

ア　成果　　イ　素早く　　ウ　運動観察　　エ　役割
オ　自主的　　カ　主体的　　キ　指摘　　ク　競技会
ケ　継続　　コ　仲間　　サ　積極的　　シ　多様な
ス　礼法　　セ　課題解決　　ソ　豊かな

(☆☆☆◎◎◎)

【5】次の(1)，(2)に答えよ。

(1)　水泳の「平泳ぎ」で，正しいキックの技能を身に付けさせるための練習方法と，それを指導する際のポイントを，それぞれ3つ記せ。

(2)　サッカーで，インステップキックを指導する際のポイントを2つ記せ。

(☆☆☆◎◎◎)

【6】次の(1)～(3)に答えよ。

(1)　高等学校学習指導要領解説「保健体育編・体育編」(平成21年12月)の「C　陸上競技　ウ　投てき」で示されている安全対策について記せ。

(2)　高等学校学習指導要領解説「保健体育編・体育編」(平成21年12

月)の「D　水泳」で示されているスタートの取扱いについて，指導上の留意点を中学校での指導内容を踏まえて簡潔に記せ。

(3)　新体力テスト実施要項(スポーツ庁　12歳～19歳対象)で示されている，新体力テスト実施上の一般的注意について，3つ記せ。

(☆☆☆◎◎◎)

【7】高等学校学習指導要領(平成21年3月)「第6節　保健体育　第2款　各科目　第1体育」では，体つくり運動の内容が次のように示されている。下の(1)，(2)に答えよ。

(1)　次の運動を通して，体を動かす楽しさや(　①　)を味わい，健康の保持増進や体力の向上を図り，目的に適した運動の計画や自己の体力や生活に応じた運動の計画を立て，(　②　)に役立てることができるようにする。 ア　体ほぐしの運動では，(　③　)は互いに影響し変化することに気付き，(a)体の状態に応じて体の調子を整え，仲間と積極的に交流するための手軽な運動や(　④　)な運動を行うこと。 イ　体力を高める運動では，自己のねらいに応じて，健康の保持増進や調和のとれた体力の向上を図るための(　⑤　)な(b)運動の計画を立て取り組むこと。

(1)　(　①　)～(　⑤　)にあてはまることばをそれぞれ記せ。

(2)　下線部(a)，(b)のそれぞれについて，高等学校学習指導要領解説「保健体育編・体育編」(平成21年12月)の「A　体つくり運動」では，次のように記載されている。次の文中の(　⑥　)～(　⑩　)にあてはまることばをそれぞれ記せ。

下線部(a)

「体の状態に応じて体の調子を整え」とは，運動を通して，人の体や心の状態には(　⑥　)があることを把握し，体の状態に合わせて力を抜く，筋肉を伸ばす，リズミカルに動くなどして，体の調子を整えるだけでなく，心の状態を軽やかにし，(　⑦　)の軽減に役立つようにすることである。

下線部(b)

また，入学年次の「運動の計画を立て取り組む」とは，(　⑧　)，(　⑨　)，(　⑩　)，動きを持続する能力などを高めるための運動などから，具体的な運動例を用いて，自己の体力や実生活に応じて，日常的に継続して行う運動の計画を立てることである。

(☆☆☆◎◎◎)

【8】次の(1)～(4)について説明せよ。

(1)　適応機制における同一化　　(2)　オーバーロードの原理

(3)　容器包装リサイクル法　　(4)　プラトー

(☆☆☆◎◎◎)

解答・解説

【中学校】

【1】(1)　①　a　競争　　b　スポーツライフ　　c　愛好的　　②　運動独自のルールや仲間を賞賛するなどのマナーを大切にしようとする意志をもって取り組む。　(2)　①　a　巧技系　　b　支持系　c　体操系　　d　切り返し系　　②　接転技群…倒立前転など　ほん転技群…前方倒立回転跳びなど　　③　・同じ技でも，開始姿勢や終末姿勢を変えて行う。　・その技の前や後に動きを組み合わせて行う。　・手の着き方を変えて行う。　(3)　①　快適で能率のよい生活ができる環境の範囲　　②　・栄養物質や酸素の運搬　　・老廃物の排出　　③　二酸化炭素は，人体の呼吸作用や物質の燃焼により増加すること，そのため，室内の空気が汚れてきているという指標と

なること，定期的な換気は室内の二酸化炭素の濃度を衛生的に管理できること。　・一酸化炭素は，主に物質の不完全燃焼によって発生し，吸入すると一酸化炭素中毒を容易に起こし，人体に有毒であること。④　3Rとは，Reduce(ごみの発生抑制)，Reuse(再使用)，Recycle(再生利用)のことで，このような取組が，自然環境の汚染を防ぎ，廃棄物の衛生的管理につながる。　(4)　a　自転車乗車中　b　特性　c　気象条件　d　犯罪被害　e　危険回避　(5)　①　a　作戦　b　戦術　c　表現　②　・よい動き方を見付ける。　・合理的な練習や目標や計画を立てる。　・実行した技術がうまくできたかを確認する。　(6)　②，④，⑥

〈解説〉(1)　中学校の体育分野の目標は，学校段階の接続及び発達段階のまとまりに応じた指導内容の体系化の観点から，第1学年及び第2学年と第3学年に分けて示されている。第1学年及び第2学年の体育分野の目標も，正しく理解しておくこと。　(2)　器械運動はマット運動(回転系・巧技系)，鉄棒運動(支持系・懸垂系)，平均台運動(体操系・バランス系)，跳び箱運動(切り返し系・回転系)の各種目について，それぞれの基本的な技と発展技の主な技の例示が表で示されているので，必ず学習しておくようにする。その際，第1～2学年と第3学年では基本技，発展技に若干違いが見られるので，混同に注意すること。(3)　②　水の役割として，解答のほかに体温調節があげられる。なお，人間の身体の約50％以上は水であり，水分の減少は生命に関わること等もおさえておこう。　③　なお，学校環境衛生基準における教室等の衛生基準では，二酸化炭素は1500ppm以下が望ましい，一酸化炭素濃度は10ppm以下とされている。　④　近年では3RにRefuse(マイバッグを持参し買い物袋をもらわない等)とRepair(壊れたものを修理して使う等)を入れた5Rを推奨することもある。　(4)　中高生は自転車事故の割合が他の年代と比較すると高く，その原因として信号無視などの法令違反が多いといわれている。高校生になると自動二輪の免許が取得できることから，中学校・高等学校における交通安全教育は重要とされている。　(6)　なお，①，③，⑤は第3学年の例示であり，安定したバット操作として①，ボール操作として③，連携した守備として⑤が示されている。

【2】(1)　ロビング　　(2)　リストパス　　(3)　かがみ跳び

〈解説〉(2)　ハンドボールには，ボールの扱いやすさから多彩なパスがある。具体例として，オーバーハンドパス，ラテラルパス，バウンドパス，スピンパス，ポストパス，バックパスがあげられる。　(3)　かがみ跳びは，フロート・スタイルとも言われる。初心者がスピードを生かして跳躍できるやさしい跳び方で，踏み切り後リード脚に踏み切り脚を揃えていきながら着地するフォームである。・反り跳び…ハング・スタイルとも言われ，踏み切り後，両腕を上げて上体を大きく反らし，その反動を利用しながら両腕を振り下ろして着地に入るフォーム。効果的な着地が導きやすいフォームである。

【3】(1)　・ボールは手首のやや上で，直角にとらえさせる。　・膝のばねを使って，送り出させる。　(2)　・体を内側に傾けさせる。・ややピッチを重視させる。　(3)　・多くの生徒が初心者であることを踏まえた段階的な指導をする。　・「頭を打たない，打たせない」ための「受け身」の練習をしっかりとする。

〈解説〉(1)　アンダーハンドパスは，主にサーブレシーブや相手からのスパイクをレシーブするときに使われる。つまり，相手からきたボールを味方に適切な速さ，高さ，場所であげることを目的としていることから，ボールのコントロールが求められる。そのため，2本の腕を一枚の板のように平らにすること，膝と腰のバネを使ってボールを送るといったことがポイントになる。　(2)　コーナーでは遠心力がかかるので，外側に振り飛ばされないように体をやや内側に傾けて(内傾して)，コーナーの外側の足をより強く蹴ったり，外側の肩を少し前に出す感じで，内側の腕よりも外側の腕をやや大きく，強く，そしてコーナーの内側へと向けて振ったりするとよい。　(3)　柔道の事故原因の一つに受け身の未熟さ，具体的には受け身の失敗等による頭部の負傷があげられる。したがって，受け身の練習を充実させることが重要である。実際の指導については，「柔道の授業の安全な実施に向けて」(文部科学省)，「柔道指導の手引(三訂版)」(文部科学省)などを参照するとよい。

【4】(1)　心と体の関係に気付き，体の調子を整え，仲間と交流するための手軽な運動や律動的な運動を行うこと。　(2)　スポーツには民族や国，人種や性，障害の有無，年齢や地域，風土といった違いを超えて人々を結び付ける文化的な働きがある。　(3)　・運動には，体の各器官の機能を刺激し，その発達を促すとともに，気分転換が図られるなど，精神的にもよい効果がある。　・健康を保持増進するためには日常生活において適切な運動を続けることが必要である。

(4)　拍子の強弱を逆転させたり変化させたりする。　(5)　バタフライ→背泳ぎ→平泳ぎ→自由形の順で泳ぐ。自由形はバタフライ，背泳ぎ，平泳ぎ以外の方法で泳ぐ。

〈解説〉各用語については学習指導要領解説などを学習し，定義を憶えておくこと。なお，(2)は第3学年の体育理論，(3)は第3学年の保健分野で学習する。また，(5)の個人メドレーの泳法順序とメドレーリレーの泳法順序を混同しないようにしておこう。

【5】・学習カードを効果的に活用する。　・長期的な取組の継続を図り，その成果を可視化する。　・授業への意欲付け，仲間との関わり，達成感を大切にする。　・生徒の自主的な活動を大切にする。

〈解説〉本問については「平成28年度　全国体力・運動能力，運動習慣等調査報告書」(スポーツ庁)の事例報告のまとめを参照するとよい。解答の具体的効果は下記の通りであるので，確認しておくこと。

○学習カードを効果的に活用する…できた喜びを味わえる環境をつくる。

○長期的な取組の継続を図り，その成果を可視化する…運動習慣を確立する。

○学校と連携し，指導方法の構築に向けたスキルアップ体制を構築する…運動に触れる機会を増やす。授業への意欲付け，達成感，仲間との関わりを柱としている。

○生徒の自主的な活動を大切にする…自主自律を重んずる。

【高等学校】

【1】(1)　①　イ　②　ウ　③　オ　④　キ　⑤　ア　⑥　ケ　⑦　エ　(2)　過重な労働や休養不足などによって，脳卒中や心臓病を起こし，死に至ること。

〈解説〉生活習慣病については，一般診療医療費の中で約3割を占める，死因の半数以上を占めるといわれており，生活習慣病の予防が重要とされている。生活習慣病とは悪性新生物(がん)のほか，糖尿病，高血圧性疾患などがあげられ，これらは運動不足，過剰な摂食以外にもさまざまな要素が原因となる。一方，文章後半はいわゆる「現代病」に関する内容である。現在は特に労働者に心理的負担が大きいとされ，そのため体調を崩したり，精神性疾患などに罹ったりするケースが多いとされている。また，過労死は解答だけでなく，過労が原因の精神性疾患による自殺も含まれるのが一般的であることもおさえておくとよい。

【2】①　器械運動　②　跳び箱　③　跳躍　④　複数　⑤　リレー　⑥　ベースボール　⑦　武道　⑧　現代的なリズムのダンス　⑨　体育理論　⑩　スポーツの歴史

〈解説〉学習指導要領の概要ともいえる問題であるが，学習する際は「領域の内容」の詳細まできちんとおさえておくこと。例えば，器械運動であればそれぞれの領域の基本技と発展技，球技であればそれぞれの領域における具体的な球技名とそのルールなどが考えられる。

【3】(1)　アプローチショット　(2)　オーバーラップ　(3)　継ぎ足　(4)　16cm以上

〈解説〉各種スポーツ競技の基本技術と競技用語，競技の進め方とルールはスポーツのルールブック等で正しく理解しておきたい。 (3) 柔道の進退動作の基本の歩き方として「継ぎ足」「歩み足」がある。その際「すり足」を用いることで姿勢を安定させる。

【4】① ス ② エ ③ サ ④ カ ⑤ ソ ⑥ コ ⑦ ケ ⑧ シ ⑨ イ ⑩ セ

〈解説〉武道では競技そのものを学習するだけでなく，「武道」に対する日本の伝統的な考えを理解する場でもある。このことについて，学習指導要領解説では「技を高め勝敗を競う楽しさや喜びを深く味わい，武道の学習に主体的に取り組み，相手を尊重し，伝統的な行動の仕方を大切にすること，役割を積極的に引き受け自己の責任を果たすことなどに意欲をもち，健康や安全を確保するとともに，武道の伝統的な考え方，技の名称や見取り稽古の仕方，課題解決の方法などを理解し，自己や仲間の課題に応じた運動を継続するための取り組み方を工夫できるようにすることが大切」としている。こういった特徴を他の領域と比較しながら見ていく必要があるだろう。

【5】(1) (練習方法：指導のポイントの順) ・壁かけキック：かかとを腰の上まで引く ・壁につかまってキック：つま先が外に向くように足首を曲げる ・ボードキック：水を後ろへ蹴りながら両足を閉じる，など (2) ・ボールへ向かってやや斜めからアプローチする ・足首を伸ばして固定し，足の甲に乗せる感覚で蹴る。

〈解説〉(1) 水泳では手と足の動きの連動を重視するが，練習では手の動きと足の動きを分けて行うことができる。平泳ぎは他の泳法と足の動きが大きく異なるので，自然にできるようになるまで練習するのが望ましい。練習は主に水中で行われるが，陸上で行うことができるものもある。例えば，解答にある壁かけキックの「かかとを腰の上まで引く」という動きは，一度陸上で足の動きを確かめた上で，水中で行うといったことが考えられる。 (2) インステップキックはシュート等でよく使われるが，インパクト時の足首の瞬間的な固定が重要である。指導する際，場合によっては生徒のキックを撮影し，映像を見ながら修正点を指摘することも考えられる。また，典型的な躓きと指導方法も頻出なので，まとめて確認するとよいだろう。

【6】(1)　・けがや事故の防止について事前に十分な指導を行う。
・個人の技能・体力の程度に応じた十分な練習空間を確保する。
・投げる際に仲間に声を掛けるようにさせる。　(2)　中学校では，安全への配慮から，すべての泳法について水中からのスタートを行う。そのため，飛び込みによるスタートやリレーの際の引継ぎは，高等学校において初めて経験することになるので，生徒の技能の程度や水泳の実施時間によっては，水中からのスタートを継続するなど，一層段階的な指導となる。　(3)　・生徒の健康状態を十分に把握し，事故防止に万全の注意を払う。　・テストは定められた方法のとおりに正確に行う。　・テスト前後には，適切な準備運動及び整理運動を行う。

〈解説〉(1)　投てき競技は高等学校で始めて行うのが一般的であるので，生徒にとって想定外の危険がある可能性があることを踏まえて，指導する必要がある。特に，練習空間の確保は十分行う必要があるだろう。もちろん初めて経験する競技であるため，生徒間で技術の差などが広がる可能性もある。そういった点を踏まえ，指導法を検討する必要があるだろう。　(2)　小中学校では事故防止の観点から，スタートは「水中からのスタート」であり，飛び込みによるスタートやリレーの際の引き継ぎは，高等学校において初めて経験することとなる。一方，水泳のスタートによる事故も確認されていることから，事故が起きないよう安全にスタートすることを指導することが求められる。

(3)　新体力テスト実施上の一般的注意としては，①テスト実施に当たっては，被測定者の健康状態を十分把握し，事故防止に万全の注意を払う，②テストは定められた方法のとおり正確に行う，③テスト前後には，適切な準備運動及び整理運動を行う，④テスト場の整備，器材の点検を行う，⑤テストの順序は定められてはいないが，持久走，

20mシャトルラン(往復持久走)は最後に実施する，⑥計器(握力計，ストップウォッチなど)は正確なものを使用し，その使用を誤らないようにする，ことが示されている。新体力テストについては実施に関する出題もあるため，実施要項を学習しておく必要がある。

【7】(1) ① 心地よさ ② 実生活 ③ 心と体 ④ 律動的 ⑤ 継続的 (2) ⑥ 個人差 ⑦ ストレス ⑧ 体の柔らかさ ⑨ 巧みな動き ⑩ 力強い動き

〈解説〉体つくり運動は，体ほぐしの運動と体力を高める運動で構成され，自分や仲間の心と体に向き合って，体を動かす楽しさや心地よさを味わい，心と体をほぐしたり，体力を高めたりすることができる領域である。また，全学年必須の領域であるため，出題可能性も高い。そのため，内容についてはキーワードをおさえておくと同時に，文言の意味について詳細を把握する必要がある。公式解答をみると，文言を一字一句暗記することまでは求めてないので，まずは学習指導要領解説の文章を熟読することから始めるとよい。

【8】(1) 自分にない名声や権威に自分を近づけることによって，自分を高めようとすること。 (2) 練習やトレーニングによって技能や体力を向上させるために，それまで行っていた運動より難度や強度を高めて運動を行うこと。 (3) 消費者が種類ごとにリサイクルするものを別々に出し，それを市町村がそれぞれ収集し，事業者が再商品化する効果的なリサイクルシステムの確立をめざすための法律。
(4) 技能がある程度向上すると，次のステップに進むまでに一時的に技能の向上が停滞する状態のこと。

〈解説〉(1) 欲求不満や葛藤の状態をやわらげ，無意識のうちに心の安定を保とうとする働きを適応機制と呼び，例えば自分の不得意な面をほかの面で補おうとする(補償)，おさえられた性的欲求などを学問・スポーツ・芸術などに向ける(昇華)などがある。 (2) 一般的にトレーニングには，3つの原理と5つの原則があるといわれている。オーバーロードの原理は3原理の一つで過負荷の原理ともいう。つまり，筋力を向上させるには，現在の筋力より重い負荷をかけることが求められることを意味する。　(3)　容器包装リサイクル法は，家庭から出るごみの約6割が容器包装であることを踏まえ，消費者が分別した容器包装ごみを市町村がそれぞれ回収し，事業者が再商品化するといったリサイクルシステムの確立をめざすことを目的としたものである。このようなリサイクルに関する法律について，対象品目などを整理しておくとよい。　(4)　技能がある程度向上すると，次のステップに進むまでに一時的な停滞や低下の時期が訪れる。この時の停滞がプラトー，低下がスランプと区別するとよい。

2017年度　実施問題

【中学校】

【1】中学校学習指導要領解説「保健体育編」について，次の(1)～(6)に答えよ。

(1) 「1　教科の目標」の一部である。下の①，②に答えよ。

> 「健康の保持増進のための実践力の育成」とは，健康・安全について(　a　)的に理解することを通して，心身の健康の保持増進に関する内容を単に知識として，また，記憶としてとどめることではなく，生徒が現在及び将来の生活において健康・安全の課題に直面した場合に，(　a　)的な思考と正しい判断の下に(　b　)決定や(　c　)選択を行い，適切に実践していくための[A]<u>思考力・判断力などの資質や能力の基礎を育成する</u>ことを示したものである。

① a～cにあてはまることばをそれぞれ記せ。

② 下線部Aについて「保健分野　3　内容の取扱い」では，「知識の習得を重視した上で，知識を活用する学習活動を積極的に行うことにより，思考力・判断力等を育成していく」と示されている。具体的な指導方法を三つ記せ。

(2) 「H　体育理論」の一部である。a～fにあてはまることばをそれぞれ記せ。

> 運動やスポーツを行う際に求められる(　a　)性は，ルールやマナーに関する(　b　)を形成することや適切な(　c　)を築くことであるととらえ，運動やスポーツを行うことを通してそれらの(　a　)性が発達していく効果が期待されることを理解できるようにする。

> (　d　)競技大会や国際的なスポーツ大会などは，世界中の人々にスポーツのもつ(　e　)な意義や倫理的な価値を伝えたり，人々の相互理解を深めたりすることで，(　f　)や世界平和に大きな役割を果たしていることを理解できるようにする。

(3) 「保健分野　2　内容　(1)心身の機能の発達と心の健康」の一部である。下の①～③に答えよ。

> (1)　心身の機能の発達と心の健康について理解できるようにする。
>
> ア　身体には，多くの器官が発育し，それに伴い，$_{A}$<u>様々な機能が発達</u>する時期があること。また，発育・発達の時期やその程度には，(　a　)があること。
>
> イ　(　b　)には，内分泌の働きによって生殖にかかわる機能が成熟すること。また，成熟に伴う変化に対応した適切な行動が必要となること。
>
> ウ　知的機能，情意機能，社会性などの(　c　)は，生活経験などの影響を受けて発達すること。また，(　b　)においては，自己の認識が深まり，$_{B}$<u>自己形成</u>がなされること。
>
> エ　精神と身体は，相互に影響を与え，かかわっていること。欲求や(　d　)は，心身に影響を与えることがあること。また，心の健康を保つには，欲求や(　d　)に適切に対処する必要があること。

①　a～dにあてはまることばをそれぞれ記せ。

②　下線部Aについて，どのような機能が発達することを理解できるようにするか，二つ記せ。

③　下線部Bについて，簡潔に説明せよ。

(4) 「F　武道　第1学年及び第2学年　1　技能」に示されている「基本となる技」について，次の①～③に答えよ。

①　柔道の投げ技，「支え技系」と「まわし技系」をそれぞれ二つ

記せ。

② 剣道のしかけ技,「二段の技」を二つ記せ。

③ 相撲の「前さばき」を二つ記せ。

(5) 「E 球技 第3学年 3 知識,思考・判断」に示されている例示を①～⑥からすべて選び,記号で記せ。

①・学習した安全上の留意点を他の練習場面や試合場面に当てはめること。

②・仲間に対して,技術的な課題や有効な練習方法の選択について指摘すること。

③・ボール操作やボールを持たないときの動きなどの技術を身に付けるための運動の行い方のポイントを見付けること。

④・球技を継続して楽しむための自己に適したかかわり方を見付けること。

⑤・仲間と協力する場面で,分担した役割に応じた協力の仕方を見付けること。

⑥・提供された作戦や戦術から自己のチームや相手チームの特徴を踏まえた作戦や戦術を選ぶこと。

(6) 「G ダンス 第3学年 1 技能」の一部である。あとの①,②に答えよ。

(1) 次の運動について,感じを込めて踊ったり,みんなで自由に踊ったりする楽しさや喜びを味わい,イメージを(a)表現や踊りを通した交流や発表ができるようにする。

ア 創作ダンスでは,表したいテーマにふさわしいイメージをとらえ,A<u>個や群で</u>,緩急強弱のある動きや空間の使い方で変化をつけて(b)に表現したり,簡単な作品にまとめたりして踊ること。

イ フォークダンスでは,踊り方の特徴をとらえ,音楽に合わせて特徴的なステップや動きと組み方で踊ること。

ウ　(　c　)のダンスでは，リズムの特徴をとらえ，変化とまとまりを付けて，リズムに乗って全身で踊ること。

① a～cにあてはまることばをそれぞれ記せ。

② 下線部Aの動きについて，簡潔に説明せよ。

(☆☆☆◎◎◎)

【2】次の(1)～(3)に答えよ。

(1) 相撲固有の礼法で，正々堂々と武器を持たずに戦うことを示す基本動作を何というか，記せ。

(2) サッカーで，防御者の背後のスペースをワンタッチパスを使って攻める戦術を何というか，記せ。

(3) バドミントンで，ネット際からネットの上部すれすれを越えて，相手コートに落とすように飛ばす打ち方を何というか，記せ。

(☆☆☆◎◎◎)

【3】医薬品について，次の(1)，(2)に答えよ。

(1) 医薬品の形状には，それぞれの性質や目的に応じて，さまざまなものがある。どのようなものがあるか，記せ。

(2) 医薬品にはどのような作用があるか，説明せよ。

(☆☆☆◎◎◎)

【4】評価規準に照らして，「努力を要する」状況と判断した生徒に対する具体的な手立てについて，次の(1)～(3)に答えよ。

(1) 体つくり運動において，「注意を向けるべき事に集中できない，説明のポイントがつかみにくい又は，一度に多くの説明を聞いても覚えておくことが難しい」などから，説明の意味が理解できず，その後の円滑な行動ができない生徒への手立てを記せ。

(2) ハンドボールにおいて，「味方のパスがうまくもらえない」生徒への手立てを記せ。

(3)　柔道において，「取」が左足後ろさばきで「受」を右前すみに崩し，「受」は立位の状態から横受け身をとる練習で，「取」と「受」への手立てをそれぞれ記せ。

(☆☆☆◎◎◎)

【5】次の(1)～(5)の下線部について，それぞれ簡潔に説明せよ。

(1)　中学校学習指導要領解説「保健体育編」「H　体育理論」に示されている「ア　運動やスポーツが心身に及ぼす効果」

(2)　生活習慣病における「一次予防」

(3)　健康な生活と疾病の予防における「感染症の予防」

(4)　バスケットボールにおける「8秒ルール」

(5)　剣道における「有効打突とならない例」

(☆☆☆◎◎◎)

【6】組体操等の体育的行事の計画及び実施で事故を防止するための留意点を記せ。

(☆☆☆◎◎◎)

【高等学校】

【1】次の(1)，(2)に答えよ。

(1)　心肺蘇生法の意義と原理について，次の(　ア　)～(　ケ　)に適する語句等をそれぞれ記せ。

けがや病気で，心肺停止などの状態におちいったときに，(　ア　)や(　イ　)をおこなうことを心肺蘇生といいます。これによって，人工的に(　ウ　)循環と(　エ　)の働きを確保します。

(　ア　)とは，胸部の圧迫を繰り返して心臓内から(　ウ　)を送り出す方法のことです。(　ア　)によって送り出される(　ウ　)量は，通常の3分の1程度しか確保できませんが，それだけの量でも(　オ　)の障害を防ぐことができます。

(　イ　)では，救助者の息を傷病者に吹き込みます。人の吐く息のなかには16～18%の酸素(空気中の酸素は約21%)が含まれており，緊急時の(　カ　)の維持にも十分有効です。

ただし，(　ア　)は(　ウ　)の循環を保つだけです。そのため，(　キ　)を使って(　ク　)の状態にある心臓に(　ケ　)を与え，心臓の正常な働きを取り戻します。

(2)　下線部(ク)の状態について説明せよ。

(☆☆☆◎◎◎)

【2】次の(1)～(4)に答えよ。

(1)　陸上競技の短距離走・リレーで，地面をとらえる瞬間の支持脚の動きに合わせてタイミングよく反対脚が振り出される動作を何というか，記せ。

(2)　バスケットボールの身体接触による反則で，相手の進行を強引に妨げることを何というか記せ。

(3)　バレーボールでは，主審の笛が鳴ってから何秒以内にサービスをおこなわなければならないか，記せ。

(4)　ソフトボールで，腕を回転させて，速くて力強いボールを投げる投法を何というか，記せ。

(☆☆☆◎◎◎)

【3】高等学校学習指導要領解説「保健体育編・体育編」(平成21年12月)について，次の(1)，(2)に答えよ。

(1)　保健体育科の3つの具体的な目標を記せ。

(2)　次は「第2節　保健　2　目標」の一部である。次の(　ア　)～(　オ　)にあてはまることばをそれぞれ記せ。

小学校においては，身近な生活における健康・安全に関する基礎的な内容を(　ア　)に理解すること，及び中学校においては，個人生活における健康・安全に関する内容を(　イ　)に理解することを踏まえ，自我の確立とともに個人にかかわる事柄のみでなく(　ウ　)な事象に対する興味・関心が広がり，自ら考え判断する能力なども身に付きつつあるという発達の段階を考慮し，個人生活や(　エ　)における健康・安全に関する事柄に興味・関心をもち，(　イ　)に思考・判断し，(　オ　)にとらえることができるようにすることを目指したものである。

(☆☆☆◎◎◎)

【4】スポーツ文化は，「思想や考え方」，「規則(ルール)や技術」，「施設や用具」，「制度や組織」によって成り立っている。人々のスポーツ文化へのかかわり方を簡潔に説明せよ。

(☆☆☆◎◎◎)

【5】次の表は，「山梨県地域がん登録　2012年　がん罹患集計(暫定値)」において，平成24年に新たにがんと診断された罹患数と割合であり，全国とほぼ同様の傾向を示している。なお，男女の2～4位については，順位は異なるが共通のがん(部位)である。表中の□にあてはまる男女共通のがん(部位)を3つ記せ。

男性 総数 3,262 件

順位	部位	件数
1位	前立腺がん	560 件(17.2%)
2位	□がん	536 件(16.4%)
3位	□がん	528 件(16.2%)
4位	□がん	436 件(13.4%)
5位	肝がん	252 件(7.7%)

女性 総数 2,255 件

順位	部位	件数
1位	乳がん	473 件(21.0%)
2位	□がん	393 件(17.4%)
3位	□がん	223 件(9.9%)
4位	□がん	176 件(7.8%)
5位	子宮がん	146 件(6.5%)

(☆☆☆◎◎◎)

【6】次の(1)～(3)に答えよ。

(1)　跳び箱運動の切り返し系(跳び箱上に支持して回転方向を切り返して跳び越す技)の指導における共通の技術ポイントを2つ記せ。

(2)　高等学校学習指導要領解説「保健体育編・体育編」(平成21年12

月)の「D水泳　内容の取扱い　4」で示す，荒天時における指導計画について記せ。

(3)　柔道の前回り受け身の指導ポイントを記せ。

(☆☆☆◎◎◎)

【7】次の(1)，(2)に答えよ。

(1)　高等学校学習指導要領解説「保健体育編・体育編」(平成21年12月)の「第3節　部活動の意義と留意点等(第1章総則第5款の5(13))」について，次の(　ア　)～(　オ　)にあてはまることばをそれぞれ記せ。

> (13)　生徒の(　ア　)，(　イ　)な参加により行われる部活動については，スポーツや文化及び科学等に親しませ，(　ウ　)の向上や責任感，(　エ　)の涵養等に資するものであり，学校教育の一環として，(　オ　)との関連が図られるよう留意すること。その際，地域や学校の実態に応じ，地域の人々の協力，社会教育施設や社会教育関係団体等の各種団体との連携などの運営の工夫を行うようにすること。

(2)　平成25年5月に文部科学省が作成した，運動部活動での指導を行うに際して考慮すべき基本的な事項，留意点をまとめた発行物の名称を答えよ。

(☆☆☆◎◎◎)

【8】次の(1)～(4)について説明せよ。

(1)　バリアフリー

(2)　脳由来神経栄養因子

(3)　ヘルスプロモーション(WHOがオタワ憲章(1986年)のなかで提唱した定義)

(4)　PTSD

(☆☆☆◎◎◎)

解答・解説

【中学校】

【1】(1) ① a 科学 b 意志 c 行動 ② ディスカッション，ブレインストーミング，実習，実験，課題学習，ロールプレイング，から三つ (2) a 社会 b 合意 c 人間関係 d オリンピック e 教育的 f 国際親善 (3) a 個人差 b 思春期 c 精神機能 d ストレス ② ・呼吸器の発達により，肺活量が増大し，呼吸数が減少する。 ・循環器の発達により，拍出量が増大し，心拍数が減少する。 ③ ・思春期になると自己を客観的に見つめたり，他人の立場や考え方を理解できるようになったりする。 ・物の考え方や興味，関心を広げ，次第に自己を認識し自分なりの価値観をもてるようにする。から一つ (4) ① 支え技系…膝車，支え釣り込み足 まわし技系…体落とし，大腰 ② 小手ー面，面ー胴 ③ おっつけ，絞り込み，巻き返し，から二つ (5) ②，④，⑥ (6) ① a 深めた b 即興的 c 現代的なリズム ② ・主役と脇役の動き ・ユニゾン(一斉に同じ動きで動く) ・ばらばらの動き ・集団の動きを少しずつずらした動き ・密集や分散

〈解説〉(1) ① この教科の目標を達成するためには，運動に興味をもち活発に運動をする者とそうでない者に二極化していたり，生活習慣の乱れやストレス及び不安感が高まったりしている現状があるといった指摘を踏まえ，引き続き，心と体をより一体としてとらえ，健全な発達を促すことが求められることから，体育と保健を一層関連させて指導することが重要であるとされている。 ② 学習指導要領解説では他に，必要に応じてコンピュータ等を活用すること，地域や学校の実情に応じて養護教諭や栄養教諭，学校栄養職員など専門性を有する教職員等の参加・協力を推進すること等があげられている。

(3) ② 思春期においては，身長や体重と同じように，肺などの呼吸

器官や心臓などの血液循環の働きをする循環器官，性の働きにかかわる生殖器官の発育が急速に進む。 (4) ① 膝車や支え釣り込み足は，釣り手と足を使って，足手を180度回転させるようにしながら一気に投げる技である。体落しは，相手を右前隅に崩し，自分の体の脇から斜めに相手を落とす技である。大腰は，自分の腰に相手を乗せ，一気に投げる技である。 ② 小手－面は最初の小手打ちに相手が対応して隙ができたときに面を打つこと，面－胴は最初の面打ちに相手が対応して隙ができたときに胴を打つことである。 ③ 前さばきとは，相手の得意の攻めを許さず，先手をとって有利になるために，立ち合いに両者が互いに相手の手をはね返して争うことをいう。腰を低くし，肘を横腹につけたまま，手先だけを相手の下からはね上げるように使う。 (5) ①，③，⑤は第1学年及び第2学年の思考・判断の例示である。 (6)「個や群で」の動きとは，即興的に表現したり作品にまとめたりする際の，グループにおける個人や集団の動きを示している。

【2】(1) 塵浄水(ちりちょうず)　(2) 壁パス(ワンツーリターン)　(3) ヘアピン(ネットショット)

〈解説〉(1) 塵浄水とはそんきょ，手を2回すり合わせてから拍手(かしわで)1回，次いで大きく左右に広げ手のひらを上向きから下向きに返す動作であり，相撲の作法である。 (2) パスを出すと同時に前方へ走り，またパスをもらうことでディフェンスを抜きさることができる。 (3) 踏み込みとラケットを出すタイミングを合わせ，シャトルの勢いを殺し，相手のネット際に落とす打ち方である。

【3】(1) 内服薬(カプセル剤，錠剤)，外用剤(軟こう，貼付剤)，注射剤(注射，点滴)　(2) 期待される作用である主作用と，主作用以外の好ましくない作用である副作用がある。

〈解説〉(1) 特に内服薬は，薬の効果が体内の血中濃度で決まるため，効き目が一定に保たれるよう，服薬量と回数が決まっている。
(2) 副作用について，解答では「主作用以外の好ましくない作用」となっているが，主作用以外の作用を総称して副作用と考えてよいだろう。副作用はほとんどの薬にみられ，場合によっては健康被害につながる危険もある。

【4】(1)　・注目させてから指示は短くはっきりと説明する。　・黒板に説明のポイントや活動の流れを示す。　・大切なことを声に出して確認する。　(2)　左右に素早く動いたり，フェイントを使ったりして，ボールを持った味方と自分の間の，防御者がいない，フリーでもらえる位置に動けるように，図で示したり，声をかけたりする。

(3)　取…・相手との間合いを十分に取りながら体さばきを行っているか確認させる。　・「受」を右前すみに大きく崩すように促す。

・両手で「受」の引き手を引き上げ保持することで，「受」が頭を打たずに受け身を取りやすい状態にさせる。

受…・低い姿勢から段階的に練習させる。　・畳をたたくタイミングを確認させる。

〈解説〉(1)　問題から学習障害，または注意欠陥・多動性障害などを踏まえた指導法が考えられる。　(2)　アウトナンバーゲームを行うことで，数的有利な状況をつくりパスをもらいやすくすることも考えられる。　(3)　柔道では特に受け身の未熟などによる頭部のけがが心配されるので，段階的な指導が特に重要である。生徒が頭部に衝撃を受けた際は，セカンド・インパクト・シンドロームも考えられるので，医師に診てもらう等の対処が必要である。

【5】(1)　・身体の発達やその機能，体力や運動の技能を維持，向上させるという効果。　・食生活の改善と関連させることで肥満予防の効果。　・達成感を得たり，自己の能力に対する自信をもったりすることができる効果。　・物事に積極的に取り組む意欲の向上が期待できる効果。　・ストレスを解消したりリラックスしたりすることができる効果　・自分の感情のコントロールができるようになる効果。　(2)　健康増進，発病予防のこと(運動，栄養，休養，喫煙や

過度の飲酒をしないなど)　(3)　病原体(感染源)についての対策，感染経路についての対策，身体の抵抗力についての対策。　(4)　バックコートでボールをライブでコントロールしたチームが，8秒以内にボールをフロントコートに進めないとき，バイオレーションとなる。

(5)　相手を剣先が制している場合，相打ちの場合，残心のない打突。

〈解説〉(1)「ア　運動やスポーツが心身に及ぼす効果」は第2学年で取り扱う内容である。なお，体力の取扱いについて，学習指導要領解説では「体力には，「健康に生活するための体力」と「運動をするための体力」があることを取り上げる程度とする」とある。　(2)　生活習慣病の予防は一次～三次まであり，一次は病気発生の防止，二次は早期発見・早期治療，三次は病気の再発防止としている。例えば，健康診断による早期発見は二次に該当する。　(3)　感染症の予防については具体例も含めて整理しておくこと。例えば，感染経路対策については，マスクをする，手洗いをこまめにする等，感染者対策としては，予防接種をする，栄養・睡眠を十分とるといったことがあげられる。

(4)　バスケットボールでは3秒ルール，5秒ルール等，時間に関するルールがいくつかある。混同に注意して覚えること。　(5)　有効打突とは充実した気勢，適正な姿勢を持って，竹刀の打突部(弦の反対側の物打ちを中心とした刃部)で打突部位を刃筋正しく打突し，残心あるものを指す。

【6】・実施するねらいを明確にし，全教職員で共通理解を図る。　・生徒の習熟の状況を正確に把握し，活動内容や指導計画を適切に見直す。万が一，事故が発生した場合には，活動内容を見直したり更なる安全対策を講じたりするなどの措置を行う。　・大きな事故につながる可能性のある技等については，確実に安全な状態で実施できるかどうかを確認し，できないと判断される場合には実施を見合わせる。

〈解説〉スポーツ庁が平成28年3月25日付で出した事務連絡「組体操等による事故の防止について」に関する問題。同資料によると，組体操による事故は年間8000件を上回り，7割以上が小学生である。また，小学校高学年は成長段階にあり，体格差が大きいこともあることから技の選択は慎重に行うこと，できないと判断したときは実施を見合わせる等が示されている。なお，技別の医療費の支給件数を見ると，高い順にタワー，倒立，ピラミッドとなっている。

【高等学校】

【1】(1)　ア　胸骨圧迫　　イ　人工呼吸　　ウ　血液　　エ　呼吸　オ　脳　　カ　生命　　キ　AED(自動体外式除細動器)　　ク　心室細動　　ケ　電気ショック　　(2)　心臓全体が細かくふるえて，規則正しく血液を送り出せない状態。

〈解説〉一次救命処置(BLS)については，「救急蘇生法の指針2015(市民用)」を参照したい。ここでは「救命の連鎖」が示され，市民が行う心肺蘇生の手順が説明されている。「救命の連鎖」とは，急変した傷病者を救命し，社会復帰させるために必要となる一連の行いを指し，①心停止の予防，②心停止の早期認識と通報，③一次救命処置(心肺蘇生とAED)，④救急救命士や医師による二次救命処置と心拍再開後の集中治療で構成されており，①～④がすばやくつながれば，その分救命効果が高まる。

【2】(1)　シザース，挟みつけ(動作)　　(2)　ブロッキング　　(3)　8秒以内　　(4)　ウインドミル(投法)

〈解説〉(1)　足の切り替え動作は，タイミングが遅くなると接地が前になり，腰が落ち，悪いフォームに繋がってしまう。　(2)　ブロッキングは，パーソナルファウルの一つである。　(3)　この違反を，ディレイインサービスという。　(4)　肩を軸にして，腕を一回転させる投げ方である。

【3】(1)　生涯にわたって豊かなスポーツライフを継続する資質や能力の育成，健康の保持増進のための実践力の育成，体力の向上

(2)　ア　実践的　　イ　科学的　　ウ　社会的　　エ　社会生活

オ　総合的

〈解説〉(1)　本資料では，この3つの目標が相互に密接に関連していることを示すとともに，心と体をより一体としてとらえ，心身の調和的発達を図ることが，保健体育科の重要なねらい，としている。　(2)　保健体育科では，小学校から高等学校までの12年間を見据えた上で学習する内容等が示されているが，保健に関してはその傾向が体育科よりも強いことがうかがえる。保健教育の参考資料である『「生きる力」を育む高等学校保健教育の手引き』をみると，小学校から高等学校まで学習課題として「生涯を通じて自らの健康を適切に管理し改善していく資質や能力の育成」があげられており，児童生徒の成長段階に応じて，学校種ごとに問題のようなねらいを示している。

【4】人々は「する」「みる」「支える」「調べる」ことで，スポーツ文化にかかわっている。

〈解説〉スポーツとのかかわり方は「する」に限定されるものではなく，その人のスポーツに対する価値観によって異なってくる。また，「する」「みる」「支える(育てる)」「調べる」のそれぞれのカテゴリーの中にも多様な活動がある。例えば，スポーツボランティアは「支える」，サッカーのサポーターは「みる」の典型例である。

【5】胃(がん)，肺(がん)，大腸(がん)

〈解説〉国立がん研究センターの，2016年のがん統計予測によると，罹患数(新たにがんと診断されるがんの数)の順位は，男性が前立腺，胃，肺，大腸，女性は乳房，大腸，肺，胃の順となっている。日本での喫煙率は約30％であること，近年では生活習慣病が問題になっていることを踏まえると，理解しやすいだろう。

【6】(1)　・上体を前方に振り込みながら着手させる。　・突き放しによって直立体勢に戻して着地させる。　(2)　・視聴覚教材で泳法を確かめたり，課題を検討したりする学習を取り入れる。　・「保

健」の応急手当と関連させた学習などを取り入れる。　(3)　両手を畳に着かせ，右(左)肘を前方に軽く曲げて右(左)斜め前へ体重をかけさせ，腰をあげるようにしながら右(左)前方へ身体を回転させ，左(右)背中側面が着く瞬間に左(右)手と両脚で畳をたたきながら受け身をとらせる。この時，腕と両脚は横受け身と同じ形になるよう指導する。

〈解説〉(1)　解答は学習指導要領解説の入学年次で例示されている内容である。他に「着手位置，姿勢などの条件を変えて跳び越すこと」「学習した基本的な技を発展させて，一連の動きで跳び越すこと」が示されている。その次の年次以降も別解となるので，同様に確認しておくこと。　(2)　水泳では，態度の内容に「水泳の事故防止に関する心得など健康・安全を確保することができるようにする」と示されている。そのため，荒天によって実技指導ができない場合，保健と関連付けて授業等を行うことは有効である。　(3)　はじめは片膝立ちの姿勢から行い，慣れてきたら立位の姿勢で，次に動きの中でといったように段階を踏んだ指導も重要である。

【7】(1)　ア　自主的　　イ　自発的　　ウ　学習意欲　　エ　連帯感　オ　教育課程　　(2)　運動部活動での指導のガイドライン

〈解説〉(1)　前回の学習指導要領では部活動に関する記述が削除されていたが，平成20年1月の中央教育審議会答申において部活動に関する重要性が示されたことを受け，再度示されるようになった。本問ではウを文脈で判断すると，「体力や技能」と解答しがちなのできちんと学習しておきたい。　(2)　大阪市立桜宮高校での事件や教育再生実行会議の第一次提言を受け，平成25年5月27日に「運動部活動での指導のガイドライン」を含めた調査研究報告書がとりまとめられた。ガイドラインでは，今後，運動部活動において適切かつ効果的な指導が展開され，各活動が充実したものとなるよう，指導において望まれる基本的な考え方，留意点が示されている。

【8】(1)　高齢者や障がいがある人の日常生活の妨げとなるバリア(障壁)をなくしていこうとする考え方であり，たとえば，段差をなくしたり階段に手すりをつけたりすることや，ドアを自動にしたり駅にエレベーターやエスカレーターを設置したりすること。　(2)　神経細胞(ニューロン)内に存在して，神経細胞の発生や成長，維持，修復に大切な働きをするたんぱく質であり，記憶や学習に重要な役割を果たすと考えられている。近年，運動が脳由来神経栄養因子(BDNF)を増加させることが確かめられており，記憶や学習への運動の効果の物質的基礎として注目されている。　(3)　WHOが提唱した概念で，人々が自らの健康をコントロールし，改善できるようにするプロセスである。(4)　大地震や大事故など実際に死傷するようなできごとを体験したり，目撃したりしたとき，それが心の傷となり，ストレスの症状が出る場合をいう。症状としては，眠りが浅くなる，怒りっぽくなる，警戒心が強くなる，集中力が欠けるなどの不安定な状態が続くこと。

〈解説〉(1)　意味が近い言葉として，ユニバーサルデザインやノーマライゼーションがあげられる。言葉の定義をきちんと把握し，使い分けができるようにしておこう。　(2)　近年，この脳由来神経栄養因子(BDNF)の発現量がうつ病やアルツハイマー病患者の脳で減少していることが確認されている。　(3)　高等学校の保健ではヘルスプロモーションの考え方を生かし，生涯を通じて自らの健康を適切に管理し改善していく思考力・判断力などの資質や能力を育成するとしている。(4)　PTSD(Post-Traumatic Stress Disorder)は外傷の体験を受け，その後再体験等の症状が1か月以上続いた場合に診断される。

2016年度　実施問題

【中学校】

【1】中学校学習指導要領解説「保健体育編」について，次の(1)～(4)に答えよ。

(1)「体育分野　A　体つくり運動　第3学年　1　運動」の一部である。下の①，②に答えよ。

(1)　次の運動を通して，体を動かす楽しさや(　a　)を味わい，健康の保持増進や体力の向上を図り，目的に適した運動の計画を立て取り組むことができるようにする。

ア　体ほぐしの運動では，(　b　)は互いに影響し変化することに気付き，体の状態に応じて体の調子を整え，仲間と積極的に交流するための手軽な運動や(　c　)な運動を行うこと。

イ　体力を高める運動では，ねらいに応じて，A健康の保持増進や調和のとれた体力の向上を図るための運動の計画を立て取り組むこと。

①　a～cにあてはまることばをそれぞれ記せ。

②　下線部Aの指導に際して，次の点に着目させ，計画を立てさせることが大切である。[　　]にあてはまることばを記せ。

・だれのためか，何のためか

・どのような運動を用いるか

・いつ，どこで運動するか

・どの程度の[　　]，時間，回数で行うか

(2)「体育分野　E　球技　2　態度」である。a～fにあてはまることばをそれぞれ記せ。

第1学年及び第2学年	第3学年
球技に（　a　）に取り組むとともに，フェアなプレイを守ろうとすること，分担した役割を果たそうとすること，作戦などについての話合いに（　b　）しようとすることなどや，健康・安全に（　c　）ことができるようにする。	球技に（　d　）に取り組むとともに，フェアなプレイを大切にしようとすること，自己の責任を果たそうとすること，作戦などについての話合いに（　e　）しようとすることなどや，健康・安全を（　f　）することができるようにする。

(3)「保健分野　2　内容」の一部である。下の①，②に答えよ。

(4)　健康な生活と疾病の予防について理解を深めることができるようにする。

ア　健康は，主体と環境の(　a　)の下に成り立っていること。また，疾病は，主体の要因と<u>B環境の要因</u>がかかわり合って発生すること。

イ　健康の保持増進には，年齢，生活環境等に応じた(　b　)，運動，休養及び睡眠の調和のとれた生活を続ける必要があること。また，食事の量や(　c　)，運動不足，休養や睡眠の不足などの生活習慣の乱れは，(　d　)などの要因となること。

①　a～dにあてはまることばをそれぞれ記せ。

②　下線部Bについて，どのような要因があるか，三つ記せ。

(4)「第3章　指導計画の作成と内容の取扱い」の一部である。[　ア　]にあてはまることばを記せ。

保健体育科における[　ア　]教育の指導においては，学習活動や学習態度への配慮，教師の態度や行動による感化とともに，保健体育科の目標と[　ア　]教育との関連を明確に意識しながら，適切な指導を行う必要がある。

(☆☆☆☆◎◎◎◎◎)

【2】「学校体育実技指導資料第4集　水泳指導の手引き(三訂版)」(平成26年3月，文部科学省)の内容について，次の(1)，(2)に答えよ。

(1)　平泳ぎのキックの練習法「壁キック(顔をつけて行う。)」で，足首がうまくかえらない生徒への指導法を記せ。

(2)　バディシステムの目的を二つ記せ。

(☆☆☆◎◎◎◎)

【3】次の(1)～(3)に答えよ。

(1)　卓球で，手首のスナップをきかせ，斜め上にこすり上げるようにして打つサービスを何というか，記せ。

(2)　バレーボールで，トスされたボールを，最も早いタイミングでスパイクを打つ攻撃法を何というか，記せ。

(3)　ソフトボールで，走者は投手が投げた瞬間にスタートし，打者はヒッティングする戦術を何というか，記せ。

(☆☆☆◎◎◎)

【4】「学校体育実技指導資料第10集　器械運動指導の手引き」(平成27年3月，文部科学省)の内容について，次の(1)～(3)に答えよ。

(1)　次の文のア，イにあてはまる技の名称をそれぞれ記せ。

　倒立回転グループの中で，学校体育で最も多く行われるのは(　ア　)です。この技は，上体を倒しながら脚を振り上げ，回転力を高めます。ただし，横を向いたまま回ろうとすると，人間の体は横にはあまり曲がらないので，体を倒し切れず，腰が曲がった(　ア　)になってしまいます。同じ倒立回転でも，(　イ　)では，頭を背屈し，体を反ることによって回転力を高めることになります。

(2)　マット運動の段階的な指導における，学習の場の工夫例を二つ記せ。

(3)　平均台運動で，生徒が安全に技能を高めるために，どのような段階を踏んで練習を行えばよいか，二つ記せ。

(☆☆☆☆◎◎◎◎)

【5】次の(1)～(4)の下線部について，それぞれ簡潔に説明せよ。

(1)　中学校学習指導要領解説「保健体育編」「H体育理論」に示されている「運動やスポーツへの多様なかかわり方」

(2)　応急手当の基本における「RICE」

(3)　心肺蘇生法における「胸骨圧迫の方法」

(4)　生殖にかかわる機能の成熟における「性腺刺激ホルモン」

(☆☆☆◎◎◎◎◎)

【6】「運動部活動での指導のガイドライン」(平成25年5月，文部科学省)「4．運動部活動での指導の充実のために必要と考えられる7つの事項」の内容について，次の(1)，(2)に答えよ。

(1)「運動部活動での効果的，計画的な指導に向けて」に示されている項目を一つ記せ。

(2)　指導者は，効果的な指導に向けて，自分自身のこれまでの実践，経験にたよるだけでなく指導の内容や方法に関して，どのようなことを積極的に習得し，指導において活用することが重要か，記せ。

(☆☆☆☆☆◎◎◎)

【7】「学校体育実技指導資料第9集　表現運動系及びダンス指導の手引き」(平成25年5月，文部科学省)の内容について，次の(1)，(2)に答えよ。

(1)　フォークダンスの評価にあたっては，次の視点を参考に，動きを見取ることが考えられる。[　　]にあてはまることばを記せ。

・踊りの[　　]をとらえているか。　　・踊りを正確に身に付けているか。

・踊りで交流できているか。

(2)「ア　教師による観察」について，①～③にあてはまる評価の観点をそれぞれ記せ。

・その時間に評価する観点をしぼって評価したり，複数回の評価機会を設定したりする。

・単元の最初では，特に「運動への(　①　)」の「努力を要する状況(C)」の児童生徒のチェックに重点を置き，その上でその児童生徒を中心に支援する。

・単元の中盤では，活動の仕方に慣れて「楽しく踊るための動きや活動の仕方の工夫」が顕著に見られるようになると思われることから，「運動についての(　②　)」について評価する。さらに，それらの工夫例を学級全体に紹介するなどして，「努力を要する状況(C)」の児童生徒の支援に役立てる。

・「運動の(　③　)」については，動きや活動の工夫にともない単元の後半に顕著に見えてくると思われることから，単元の後半を中心に評価する。

・毎時間のまとめの活動として，グループごとにメドレー形式で踊るような発表(見せ合い)の機会を設定し，その場で踊る児童生徒を中心に評価する。

(☆☆☆◎◎◎◎)

【8】現代生活におけるスポーツの文化的意義について，次の(1)，(2)に答えよ。

(1)　a～cにあてはまることばを下からそれぞれ一つ選び，記号で記せ。

日本では，国が(　a　)に基づいて(　b　)を定めています。D自治体では，これらに基づいて(　c　)を策定し，スポーツを通じて全ての人々が幸福で豊かな生活を営むことができるよう，スポーツの推進に取り組んでいます。

ア．スポーツ基本計画　　イ．スポーツ振興計画
ウ．スポーツ推進計画　　エ．スポーツ振興法
オ．スポーツ振興基本計画　　カ．スポーツ基本法

(2)　下線部Dについて，次の①，②に答えよ。

①　山梨県が平成26年2月に，スポーツ振興を図るための主要事業や施策を示したプログラムを何というか，記せ。

②　①のプログラムの基本理念を記せ。

(☆☆☆☆◎◎◎)

【高等学校】

【1】次の(1)，(2)の問いに答えよ。

(1)　次の文中の(　ア　)～(　オ　)に適する語句を，下の語群から選び，番号で記せ。

青少年期は，薬物を乱用するきっかけが起こりやすい時期であるとともに，薬物乱用の影響が最も深刻な形で現れる時期でもある。青少年は身体的，(　ア　)，そして社会的に発育・発達の過程にあり，薬物に対する(　イ　)が高いので，薬物乱用の影響は多岐にわたる。依存性薬物の乱用は，使用者個人の身体と精神の健全な発育・発達を阻害するだけでなく，(　ウ　)の形成を阻害し，社会への適応能力や責任感の発達を妨げるので，怠学，暴力，性の逸脱行動など，家庭，学校，地域社会にも深刻な影響を与える。また，注射による薬物乱用では，各種の感染症が問題となる。特に，(　エ　)注射は，エイズの原因ウイルスであるHIV及びB型，C型肝炎ウイルスの最も危険な(　オ　)の一つである。

〈語群〉

①　体力的　②　感染経路　③　人格　④　耐性
⑤　動脈　⑥　静脈　⑦　精神的　⑧　感受性
⑨　感染源　⑩　性格

(2)　薬物乱用などの青少年期の危険行動は，様々な社会的要因と個人的要因の相互作用によって形成されることが明らかになっている。それぞれの要因を，3つずつ記せ。

(☆☆☆◎◎◎◎)

【2】次の(1)～(5)の問いに答えよ。

(1)　水泳で，両脚を同時に上下に動かして水をけり出すキック法を何というか，記せ。

(2)　ハンドボールで，ディフェンスに隠れてうつシュートを何というか，記せ。

(3)　サッカーで，直接フリーキックおよびペナルティーキックとなる反則で，相手をつまずかせる，またはつまずかせようとする反則を何というか，記せ。

(4) 現代的なリズムのダンスで，身体部位をバラバラに動かす技術を何というか，記せ。

(5) ソフトテニスで，ラケットを地面に置いて上から握る基本的な握り方を何というか，記せ。

(☆☆☆◎◎◎◎)

【3】高等学校学習指導要領解説「保健体育編・体育編」(平成21年12月)の「H　体育理論」の内容の取扱いについて，次の(1)，(2)の問いに答えよ。

(1) 入学年次，その次の年次，それ以降の年次で，それぞれ取扱う内容を記せ。

(2) 各年次6単位時間以上配当した理由について記せ。

(☆☆☆☆◎◎◎◎◎)

【4】「子どもの体力向上のための取組ハンドブック」(平成24年3月　文部科学省)「第1章　子どもの体力向上のために」「2　子どもの体力向上に関わる文部科学省の施策」において示されている，文部科学省の施策7つのうちから5つを記せ。

(☆☆☆☆☆◎◎◎◎)

【5】高等学校学習指導要領解説「保健体育編・体育編」(平成21年12月)の「C　陸上競技」では，次のように技能の内容が示されている。次の(1)～(3)の問いに答えよ。

次の運動について，記録の向上や競争の楽しさや喜びを味わい，各種目特有の技能を高めることができるようにする。

ア　競走

短距離走・リレーでは，(　①　)の高いスピードを維持して速く走ること，長距離走では，ペースの(　②　)に対応するなどして走ること，A　ハードル走では，スピードを維持した走りからハードルを低くリズミカルに越すこと。

イ　跳躍

走り幅跳びでは，スピードに乗った助走と力強い踏み切りから，(　③　)までの動きを滑らかにして跳ぶこと，走り高跳びでは，スピードのあるリズミカルな助走から力強く踏み切り，滑らかな(　④　)で跳ぶこと，三段跳びでは，短い助走からリズミカルに連続して跳ぶこと。

ウ　投てき

砲丸投げでは，B　立ち投げなどから砲丸を(　⑤　)投げること，やり投げでは，短い助走からやりを前方にまっすぐ投げること。

(1)　(　①　)～(　⑤　)に適する語句を記せ。

(2)　下線部Aについて，ハードルを高く跳んでしまう生徒への指導方法を記せ。

(3)　下線部Bは，どのような投げ方か説明せよ。

(☆☆☆☆◎◎◎◎)

【6】「柔道の授業の安全な実施に向けて」(平成24年3月　文部科学省)の「2　柔道の授業における安全管理のための6つのポイント」「(5)安全な柔道指導を行う上での具体的な留意点」「実際の授業の中で」において示されている5つの留意点を記せ。

(☆☆☆☆☆◎◎◎◎◎)

【7】バレーボールについて，(1)，(2)の問いに答えよ。

(1)　ブロックでタッチネットをしてしまう生徒への指導方法を記せ。

(2)　ブロックの技能向上に向けた効果的な練習を2つあげ，それぞれについてその目的を記せ。

(☆☆☆☆◎◎◎)

【8】次の(1)～(5)について，説明せよ。

(1)　グリーン購入

(2)　ジェネリック医薬品

(3)　セカンド・オピニオン

(4)　環境アセスメント

(5)　健康(WHOの定義による)

(☆☆☆☆◎◎◎◎◎)

解答・解説

【中学校】

【1】(1)　①　a　心地よさ　b　心と体　c　律動的　②　運動強度　(2)　a　積極的　b　参加　c　気を配る　d　自主的　e　貢献　f　確保　(3)　①　a　相互作用　b　食事　c　質の偏り　d　生活習慣病　②　・温度，湿度や有害化学物質などの物理的・化学的環境　・ウィルスや細菌などの生物学的環境　・人間関係や保健・医療機関などの社会的環境　(4)　道徳

〈解説〉(1)(2)　体育分野の指導内容は，発達の段階のまとまりを踏まえ，目標と同様に，第1学年及び第2学年と第3学年に分けて示されているので，対比させてその違いを正しく理解しておくようにする。

(3)　保健分野の内容の「(1)心身の機能の発達と心の健康」を第1学年で，「(2)健康と環境」及び「(3)傷害の防止」を第2学年で，「(4)健康な生活と疾病の予防」を第3学年で指導することが示されている。中学校学習指導要領解説保健体育編(平成20年9月　文部科学省)を丹念に読んで学習しておく必要がある。　②　主体の要因には，年齢，性，免疫，遺伝などの素因と，生後に獲得された食事，運動，休養及び睡眠を含む生活上の様々な習慣や行動などがある。　(4)　保健体育科の指導においてはその特質に応じて，道徳について適切に指導する必要が

あることを示している。

【2】(1)　補助者が足首を保持して，足首の感覚を確認させる。

(2)　・安全や互いに進歩の様子を確かめ合う。　・欠点を矯正する手助けとなる。

〈解説〉　(1)　クロール，平泳ぎ，背泳ぎ，バタフライの各泳法の脚の動作(キック)，腕の動作(プル)，呼吸法，キックとプルのタイミングの指導法について必ず学習しておきたい。壁キックは，プールサイドの壁につかまって行う。足首がうまくかえらない者には，補助者が足首を持って，足の裏で水を押しかえす足の感覚をつかませる。

(2)　バディシステムは，二人一組をつくり，互いに相手の安全を確かめさせる方法で，事故防止のみならず，学習効果を高めるための手段としても効果的である。

【3】(1)　ドライブサービス　　(2)　クイック攻撃または速攻

(3)　ヒットエンドランまたはランエンドヒット

〈解説〉(1)　ドライブサービスは，ボールをしっかり引きつけて体を沈めるような姿勢から上に向かってボールをこすり上げながらスイングする。　(2)　クイック攻撃は速攻のこと。相手のブロッカーにジャンプのゆとりを与えないように，低いトスを上げて行うスパイク攻撃のこと。　(3)　ヒットエンドランは，投手の投球と同時に走者が次塁へスタートを始め，それに合わせて打者がその投球をすかさず打ち，一気に走者を2つ先の塁へ進めようと試みる攻撃方法。通常1塁に走者がいるときに用いる戦法。

【4】(1)　ア　側方倒立回転　　イ　前方倒立回転　　(2)　・マットを二つ折りにして段差をつける。　・マットの下に踏み切り板を入れて浅い角度の傾斜をつくる。　(3)　・平地で10cmの幅の中で実施する。・下にマットを敷き安全を確保した上で実施する。　・補助をつけて実施する。　などから2つ

〈解説〉(1)　マット運動の技は，大きく回転系と巧技系に分けられ，学校体育では回転系では接転技群とほん転技群，巧技系では平均立ち技群が取り上げられる。ほん転技は手や足の支えで回転する技で，接転技と同じように回転方向によって次のように分けられる。

●ほん転技群

・倒立回転　…　側方倒立回転　→　側方倒立回転跳び$\frac{1}{4}$ひねり(ロンダート)

・倒立回転跳び　…　倒立ブリッジ　→　前方倒立回転　→　前方倒立回転跳び

・はねおき　…　首はねおき　→　頭はねおき

側方倒立回転や前方倒立回転に，手のジャンプを入れた技が，ロンダートや前方倒立回転跳びで，手と足以外に首や頭部で支持するのが「はねおき」技である。　(2)　マット運動の段階的な指導における学習の場の工夫として，段差や傾斜(坂)などをつくると効果的である。(3)　平均台運動で，歩く・跳ぶ・向きを変える・バランスをとる等といった平地では容易に実施できる動きであっても，幅が10cmで高さのある平均台の上で行うことは容易ではない。生徒が安全に技能を高めるために，「平地で10cmの幅の中で実施する」「下にマットを敷き安全を確保した上で実施する」「仲間の補助をつけて実施する」等という段階を踏んで行うようにするとよい。

【5】(1)　直接「行うこと」，メディアや観戦をして「見ること」，ボランティアとして「支えること」，歴史・記録などを「調べること」など。　(2)　安静にする(Rest)，冷やす(Ice)，圧迫する(Compression)，高く上げる(Elevation)　(3)　胸のまん中を，1分間に100回のテンポで絶え間なく圧迫する。　(4)　思春期になると脳の下垂体から分泌される。このホルモンの働きによって生殖器の発育とともに生殖機能が発達し，男子では射精，女子では月経が見られ，妊娠が可能となる。

〈解説〉(1)　運動やスポーツには，直接「行うこと」，テレビなどのメディアや競技場での観戦を通して，これらを「見ること」，また，地域のスポーツクラブで指導したり，ボランティアとして大会の運営や障がい者の支援を行ったりするなどの「支えること」など，多様なかかわり方がある。また，運動やスポーツの歴史・記録などを書物やインターネットなどを通して調べるかかわり方がある。　(2)　捻挫や打撲・肉離れなどが起きたときは，適切な手当で関節や筋肉の悪化を防ぐことが必要で，その対応が「RICE」である。Rest(安静)，Icing又はIce(冷却)，Compression(圧迫)，Elevation(挙上)の頭文字をとって，RICEと呼ばれる。　(3)　ふだん通りの呼吸が確認できなかった場合は，直ちに胸骨圧迫を開始する。強く(成人は少なくとも5cm以上)，速く(少なくとも100回/分)，絶え間なく(中断を最小に)圧迫する。

(4)　思春期になると，脳の視床下部から出るホルモンの作用により，下垂体から性腺刺激ホルモンが分泌され，その働きにより生殖器(精巣・卵巣)の機能が発達する。その結果，生殖器から男性ホルモンや女性ホルモンが分泌されるようになり，男女のからだつきや機能の違いがはっきりとしてくる。

【6】(1)　・顧問の教員だけに運営，指導を任せるのではなく，学校組織全体で運動部活動の目標，指導の在り方を考えましょう。　・各学校，運動部活動ごとに適切な指導体制を整えましょう。　・活動における指導の目標や内容を明確にした計画を策定しましょう。

(2)　大学や研究機関等での科学的な研究により理論付けられたもの，研究の結果や数値等で科学的根拠が得られたもの，新たに開発されたものなど，スポーツ医・科学の研究の成果を積極的に習得し，指導において活用すること。

〈解説〉文部科学省においては，大阪市立桜宮高校での体罰事案を受けて運動部活動における体罰が問題になっていること，また，教育再生実行会議の第一次提言において，運動部活動指導のガイドラインを作成することが提言されていることを受け，平成25年5月に「運動部活動での指導のガイドライン」を含めて調査研究報告書がとりまとめられた。本ガイドラインでは，今後，各学校の運動部活動において適切かつ効果的な指導が展開され，各活動が充実したものとなるよう，指導において望まれる基本的な考え方，留意点を示している。インターネットで検索できるので，目を通しておくようにする。

【7】(1)　特徴　(2)　①　関心・意欲・態度　②　思考・判断　③　技能

〈解説〉(1)　フォークダンスでは，伝承された日本の民踊や外国のフォークダンスによって，踊りの特徴や難易度が異なるものの，指導内容は定形の踊りでくくられているため，表現系ダンス・リズム系ダンスの内容よりもさらに評価の観点はしぼりやすい。以下の3つの視点である。

◆踊りの特徴をとらえているか…踊りの由来などを調べて特徴をとらえ，感じを込めて踊っているか。

◆踊りを正確に身に付けているか…踊りの特徴をとらえ，ステップや動き，組み方を身に付けて，正確に1曲を通して踊っているか。

◆踊りで交流できているか…共に踊る仲間と対応しながら，スムーズに楽しく踊っているか。

(2)　授業における実際の評価は，「教師の観察」が最も大きなウェイトを占める。しかし，1時間の授業で30～40人の生徒の評価全てを教師の観察だけで行うことは難しく，客観性が乏しくなりがちである。そこで，教師による観察では評価方法を複数考えておく必要がある。

【8】(1)　a　カ　b　ア　c　ウ　(2)　①　やまなしスポーツ推進プログラム　②　健康で豊かな生活を営むことができる「やまなしスポーツ」の創出

〈解説〉(1)　スポーツ基本法は，昭和36年に制定されたスポーツ振興法を50年ぶりに全面改正し，スポーツに関し，基本理念を定め，並びに国及び地方公共団体の責務並びにスポーツ団体の努力等を明らかにするとともに，スポーツに関する施策の基本となる事項を定め，2001(平成23)年に制定された。日本のスポーツに関する施策の最新の法律であり，出題頻度が高いので，必ず学習しておくようにする。　(2)　教員採用試験を受験する自治体のスポーツ振興策については，必ずホームページで調べておくことが大切である。

【高等学校】

【1】(1)　ア　⑦　　イ　⑧　　ウ　③　　エ　⑥　　オ　②

(2)　社会的要因…　・周囲の人々の行動や態度　・マスメディアの影響　・社会的環境　　個人的要因…　・自分には価値や能力がないと感じる(低いセルフエステイーム)　・意思決定　・ストレスへの対処　・目標設定　・コミュニケーションスキル　などの能力が低い　などから3つ

〈解説〉(1)　薬物乱用とは，違法な薬物を使用したり，医薬品を治療などの本来の目的からはずれて使用したりすることである。高等学校の保健においては，「(1)　現代社会と健康」の「イ　健康の保持増進と疾病の予防　(ウ)」で取り扱う内容である。コカイン，MDMAなどの麻薬，覚せい剤，大麻など，薬物の乱用は，心身の健康，社会の安全などに対して様々な影響を及ぼすので，決して行ってはならないことを理解できるようにする。また，薬物乱用を防止するには，正しい知識の普及，健全な価値観や規範意識の育成などの個人への働きかけ，及び法的な規則や行政的な対応など社会環境への対策が必要であることを理解できるようにする。　(2)　薬物乱用の開始には，さまざまな要因がかかわっている。個人的な要因としては，「害が小さい」「違法ではない」「すぐやめられる」など薬物乱用の害や依存の強さに対する誤解や正しい知識の欠如，自他を大切にする気持ちや社会の規範を守る意識の低下などがある。社会的な要因としては，周囲の人々からの誘い，薬物らしくない呼び名や形での巧妙な誘い，薬物を手に入れやすい環境などが考えられる。

【2】(1)　ドルフィンキック　(2)　ブラインドシュート　(3)　トリッピング　(4)　アイソレーション　(5)　ウエスタングリップ

〈解説〉高等学校の体育で取り扱う運動種目について，各種スポーツの基本技術と競技用語，ゲームの進め方とルール等を出題されるので，正しく答えられるように学習しておきたい。

【3】(1)　入学年次…スポーツの歴史，文化的特性や現代のスポーツの特徴　その次の年次…運動やスポーツの効果的な学習の仕方
それ以降の年次…豊かなスポーツライフの設計の仕方
(2)　事例などを用いたディスカッションや課題学習などを各学校の実態に応じて取り入れることができるように配慮した。

〈解説〉(1)　体育理論の内容は，高等学校期における運動やスポーツの合理的，計画的な実践や生涯にわたる豊かなスポーツライフを送る上で必要となるスポーツに関する科学的知識等を中心に，3つの単元で構成されている。正しく答えられるようにしておきたい。　(2)　体育理論は，各年次において，すべての生徒に履修させるとともに，授業時数を各年次で6単位時間以上を配当することとし，指導内容の確実な定着が図られるようにしている。各年次6単位時間以上配当した理由は，「内容の取扱い」に示されている。

【4】・スポーツ振興基本計画　・中央教育審議会の子どもの体力に関する答申　・スポーツ振興基本計画の見直し　・学習指導要領の改訂　・スポーツ立国戦略の策定　・スポーツ基本法の制定　・スポーツ基本計画の策定　の中から5つ

〈解説〉文部科学省では，全国的な子どもの体力の状況について詳細な把握・分析を行うことを目的として，平成20(2008)年度より全国の小学校5年生及び中学校2年生を対象とした「全国体力・運動能力，運動等調査」を実施してきた。学校や教育委員会における体力向上のための取組を支援するため，これまでの3年間の調査結果を「子どもの体力向上のための取組ハンドブック」(平成24年3月)として作成した。子ど

もたちの体力は，昭和60(1985)年頃と比較すると依然低い水準となっているが，新体力テスト開始後の13年間で低下傾向に歯止めがかかり，横ばいまたは向上傾向が見られるようになったという。第1章では，取組ハンドブックの作成のねらいと，その背景にある子どもの体力向上のための諸施策について解説されている。インターネットでも検索できるので，読んで学習しておく必要がある。

【5】(1)　①　中間走　②　変化　③　着地　④　空間動作　⑤　突き出して　(2)　・遠くから踏み切らせる。　・振り上げ脚をまっすぐ振り上げさせる。　・ハードルの上で上体を前傾させる。　(3)　助走をつけずに，その場で上体を大きく後方にひねり，そのひねり戻しの勢いで砲丸を突き出す投げ方。

〈解説〉体育では運動に関する領域を，(1)　技能(「体つくり運動」は運動)，(2)　態度　(3)　知識，思考・判断に整理・統合して指導内容が示されている。各領域のそれぞれの内容について，「高等学校学習指導要領解説保健体育編」(平成21年12月)をよく読み込んで正しく理解しておくことが大切である。

【6】・生徒の体調等に注意する。　・多くの生徒が「初心者」であることを踏まえた段階的な指導をする。　・「頭を打たない・打たせない」ための「受け身」の練習をしっかりとさせる。　・固め技では抑え技のみであり，絞め技や関節技は指導しない。　・しっかりと受け身を身に付けさせたうえで，生徒の状況にあった投げ技の指導をする。

〈解説〉平成24年度から中学校第1学年及び第2学年において武道が必須となったことを受けて，文部科学省では，授業を実施する上での安全管理を徹底する観点から，武道の授業の安全かつ円滑な実施に向けての通知を出した。特に，柔道の指導における安全管理をわかりやすく整理した資料として，「柔道の授業の安全な実施に向けて」(平成24年3月)が出された。同資料では，出題された「実際の授業の中で」において示されている5つの留意点の他に，「授業に入る前に」(1)練習環境の事前の安全確認，(2)事故が発生した場合への事前の備え，(3)外部指導者の協力と指導者間での意思疎通・指導方針，(4)指導計画の立て方が示されている。同資料では「実際の授業の中で」の(5)の次には，(6)万が一の場合の対処も示されている。出題頻度が高いので，必ず同資料をインターネット等で入手して学習しておくことが大切である。

【7】(1)　・膝を深く曲げ，真上にジャンプさせる。　・お尻を突き出すように着地させる。　(2)　効果的な練習…○真っ直ぐジャンプして保持したボールを落とす。　●連続してブロックジャンプする。□返球ボールにタイミングを合わせる。　■ネット上でのボールの押し合い。　などから2つ。　目的…○ブロックのフォームづくり　●ブロックジャンプと着地の体得　□ブロックのタイミングの体得　■ブロックのフォームの確認　などから2つ。

〈解説〉本問のように，各運動領域に例示されている基本的な技や各種スポーツの基本技術について，その技術指導のポイントや指導上の留意点，生徒のつまずきを解決する手立てやアドバイス・指導の工夫などを具体的に記述させる出題も多くなっている。指導者の立場になって説明できるようにし，実践的に指導できる力を身に付けておくことが大切である。

【8】(1)　できるだけ環境への負荷が少ない製品やサービスを優先し，物を購入すること。　(2)　先発医薬品と同一の有効成分を同一量含み，同一経路から投与する製剤で，効能，効果，用法・用量が原則的に同一であり，先発医薬品と同等の臨床効果・作用が得られる医薬品をいう。　(3)　現在かかっている医師以外の医師に診断や意見を仰ぐこと。(4)　環境に影響を与える可能性のある計画・事業などについて，計画案を決定する前に，代替案も含めてその影響を予測・評価し，最良の案を選択しようとすること。　(5)　健康とは身体的，精神的，社会的に完璧に良好な状態をいい，単に病気ではないとか虚弱ではないということではない。

〈解説〉保健体育科の教員採用試験によく出題される用語ばかりである。対策としては，高等学校で使用している保健体育科用教科書で学習することが望ましい。教科書中の表記で太字・ゴシック字で書かれている語句・用語や巻末の用語解説を学習し，簡潔に説明できるようにしておくとよい。

2015年度　実施問題

【中学校】

【1】「ダンス指導のためのリーフレット」(平成23年3月，文部科学省)の現代的なリズムのダンスについて，次の(1)，(2)に答えよ。

(1)　①～⑥にあてはまることばを下のア～ソからそれぞれ一つ選び，記号で記せ。

第3学年では，リズムの特徴をとらえ，変化と(　①　)を付けて，リズムに乗って(　②　)を中心に全身で自由に(　③　)踊ることができることをねらいとしています。学習に(　④　)に取り組み，仲間との(　⑤　)やお互いのよさを認め合うことなどに意欲をもち，健康や安全を確保するとともにダンスの名称や用語，(　⑥　)の仕方などを理解し，自己の課題に応じた運動の取り組み方を工夫できるようにすることが大切です。

ア．違い　　イ．考えて　　ウ．四肢
エ．まとまり　　オ．積極的　　カ．弾んで
キ．自主的　　ク．頭部　　ケ．交流
コ．体幹部　　サ．関連　　シ．協力
ス．消極的　　セ．表現　　ソ．手拍子

(2)　生徒の動きが単調になるときは，どうすればよいか説明せよ。

(☆☆☆◎◎◎)

【2】「学校における体育活動中の事故防止について(報告書)」(平成24年7月，体育活動中の事故防止に関する調査研究協力者会議)の内容について，次の(1)～(3)に答えよ。

(1)　ア～エにあてはまることばや数字を下からそれぞれ一つ選び，記せ。

中学校の体育活動中における事故は，様々な場面や状況において発生している。教育活動別にみた事故の状況としては，(　ア　)が58％，保健体育科の授業29％，特別活動10％等である。また，死

亡・重度の障害事故は，保健体育科の授業等で(　イ　)と水泳が多く，それぞれ突然死等，(　ウ　)が主な原因として挙げられる。男女別では，男子が女子の約(　エ　)倍となっている。

バレーボール	運動部活動	8
柔道	5	サッカー
脊髄損傷	総合的な学習の時間	3
陸上競技	頭部外傷	

(2) 体育活動中における事故防止について，次の①，②に答えよ。

① 突然死を防ぐためには，どのような対策が必要か，基本的な注意事項を記せ。

② 高温時の授業や部活動の練習において，熱中症を防ぐためにはどのような対策が必要か，記せ。

(3) 柔道で「大外刈り」を行うとき，初心者への安全に配慮した指導について，どのようなことが必要か，記せ。

(☆☆☆◎◎◎)

【3】中学校学習指導要領解説「保健体育編」について，次の(1)～(4)に答えよ。

(1) 次は，「体育分野　目標　第3学年」の一部である。ア～エにあてはまることばを記せ。

(1) 運動の(　ア　)な実践を通して，運動の楽しさや(　イ　)を味わうとともに，知識や技能を高め，生涯にわたって運動を豊かに実践することができるようにする。

(2) 運動を適切に行うことによって，自己の状況に応じて体力の向上を図る能力を育て，心身の(　ウ　)発達を図る。

(3) 運動における競争や協同の経験を通して，公正に取り組む，互いに協力する，自己の責任を果たす，(　エ　)するなどの意欲を育てるとともに，健康・安全を確保して，生涯にわたって運動に親しむ態度を育てる。

(2) 次は，「C陸上競技　第1学年及び第2学年　1技能」の一部である。

下の①，②に答えよ。

ア　短距離走・リレーでは，A滑らかな動きで速く走ること，長距離走では，ペースを守り一定の距離を走ること，ハードル走では，リズミカルな走りからB滑らかにハードルを越すこと。

① 下線部Aは，どのような動きか，記せ。

② 下線部Bは，どういうことか，記せ。

(3) 次は，「D水泳　第1学年及び第2学年　1技能」の一部である。①～④にあてはまることばを記せ。

> 泳法は，伏し浮きの姿勢で泳ぐクロール，[　①　]，バタフライ及び仰向けの姿勢で泳ぐ背泳ぎの4種目を取り上げている。これらの泳法を身に付けるためには，泳法に応じた，手の動き[(　②　)]や足の動き(キック)と呼吸動作を合わせた一連の動き[(　③　)]ができるようにする。
>
> また，水泳では，続けて長く泳ぐことや[　④　]泳ぐことに学習のねらいがあるので，相互の関連を図りながら学習を進めていくことができるようにする。

(4) 「H体育理論」について，次の①～③に答えよ。

① 授業時数は，各学年で何単位時間以上を配当することとしているか，記せ。

② 第3学年において，取り上げる内容は何か，記せ。

③ 次は，「内容の取扱い」の一部である。a，bにあてはまることばを記せ。

> 4 「運動やスポーツが心身に及ぼす効果」を取り上げる際には，以下の点を踏まえて他の領域との関連を図ること。
>
> ・体力に関連した内容については，「A(　a　)」では，(　a　)の意義や体力の高め方を扱うとともに，その他の運動に関する領域では，各領域に関連して高まる(　b　)やその高め方を扱うこととしていること。

(☆☆☆◎◎◎)

【4】次の(1)～(4)に答えよ。

(1)　ソフトボールで，腕を風車のように1回転させて投球する方法を何というか，記せ。

(2)　バスケットボールで，ボールを持ちながら，片方の足を軸にして，もう一方の足を四方に踏み出して動くことを何というか，記せ。

(3)　ハンドボールで，ゴールエリア上の空間にボールを出し，別のコートプレイヤーが空中でそれをキャッチしてそのままシュートにつなげるプレイを何というか，記せ。

(4)　ソフトテニスで，相手から打たれたボールをノーバウンドで返球することを何というか，記せ。

(☆☆☆◎◎◎)

【5】中学校学習指導要領解説「保健体育編」の「保健分野」について，次の(1)，(2)に答えよ。

(1)　次は，「1　目標」の一部である。a，bにあてはまることばを記せ。

(　a　)における健康・安全に関する理解を通して，生涯を通じて自らの健康を適切に管理し，改善していく資質や能力を育てる。

「生涯を通じて自らの健康を適切に管理し，改善していく資質や能力を育てる」は，健康・安全について(　b　)に理解できるようにすることを通して，現在及び将来の生活において健康・安全の課題に直面した場合に的確な思考・判断を行うことができるよう，自らの健康を適切に管理し改善していく思考力・判断力などの資質や能力を育成することを目指している。

(2)　「3　内容の取扱い」に「知識を活用する学習活動を取り入れるなどの指導方法の工夫を行うものとする。」とあるが，どのようなことを取り入れることと示されているか，2つ記せ。

(☆☆☆◎◎◎)

【6】次の(1)～(4)の語句について，それぞれ簡潔に説明せよ。

(1) 適応能力

(2) 総合型地域スポーツクラブ

(3) 情意機能

(4) 内輪差

(☆☆☆◎◎◎)

【7】次は，「評価規準の作成，評価方法等の工夫改善のための参考資料(中学校　保健体育)」(平成23年11月，国立教育政策研究所　教育課程研究センター)の「傷害の防止(応急手当)」の「3　指導と評価の計画」の一部である。下線部の「評価規準」について，下の(1)～(4)に答えよ。

【指導と評価の計画】

時間	ねらい・学習活動	評価規準
1	(ねらい) 傷害の防止について，応急手当は，傷害の悪化を防止できることについて理解することができるようにする。 1 応急手当の意義や手順について，課題の解決に向けて話し合う。 2 応急手当の基本を確認し，包帯法と直接圧迫法の実習を2人組で行い，話し合ったことをワークシートにまとめる。	○応急手当を適切に行うことによって傷害の悪化を防止できることについて言ったり，書き出したりしている。
2	(ねらい) 傷害の防止について，課題の解決に向けての話合いや意見交換などの学習活動に意欲的に取り組むことができるようにする。 1 倒れている人を発見した場合を想定した応急手当の手順について，課題の解決に向けてグループで話し合う。 2 心肺蘇生の実習をグループで行い，話し合ったことをワークシートにまとめ，発表する。	○傷害の防止について，課題の解決に向けての話合いや意見交換などの学習活動に意欲的に取り組もうとしている。
3	(ねらい) 傷害の防止について，学習したことを自分たちの生活や事例などと比較したり，関係を見付けたりするなどして，筋道を立ててそれらを説明することができるようにする。 1 今までの学習内容を確認する。 2 傷害のケースを示したカード (場面カード) を引き，傷害の発生した場面やけがの状況に適した応急手当の方法と手順を考え，グループで話し合う。 3 グループで協力しながら応急手当の方法や留意点を発表する。	○<u>傷害の防止について，学習したことを自分たちの生活や事例などと比較したり，関係を見付けたりするなどして，筋道を立ててそれらを説明している。</u>

(1) 下線部は，次のア～ウのどの観点別評価項目にあてはまるか，一

つ選び，記号で記せ。

ア．健康・安全への関心・意欲・態度

イ．健康・安全についての思考・判断

ウ．健康・安全についての知識・理解

(2)　生徒の学びの実現状況をどのように見取るか，記せ。

(3)　「十分満足できる」状況にあると判断するポイントは何か，記せ。

(4)　「努力を要する」状況と判断した生徒への手立てを記せ。

(☆☆☆◎◎◎)

【高等学校】

【1】次の(1)，(2)の問いに答えよ。

(1)　次の文中の(　ア　)～(　オ　)に適する語句を，下の語群から選び，番号で記せ。

喫煙すると，短期的な影響として(　ア　)の働きが低下したり，皮膚・胃の粘膜の血流量が変化して(　イ　)の負担が増加したり，運動能力が低下したりする。また，長期にわたる喫煙は，各種の臓器や組織の障害を起こす。特に，がん，(　ウ　)，(　エ　)は，喫煙が主な原因の一つであることが知られており，喫煙関連三大疾患群と呼ばれている。

さらに，発育・発達の途上にある未成年者が喫煙すると，(　オ　)による依存症になりやすく，喫煙開始年齢が低いほど，喫煙関連三大疾患群の発病の危険が高くなる。

〈語群〉

①　虚血性心疾患　　②　胃・十二指腸潰瘍

③　ニコチン　　④　呼吸器系

⑤　歯周病　　⑥　タール

⑦　肝臓　　⑧　脳

⑨　慢性閉塞性肺疾患　　⑩　心臓

(2)　日本における喫煙への対策として，平成14年に制定された法律によって，公共の場での禁煙や分煙が義務付けられるようになった。

この法律名を記せ。

(☆☆☆◎◎◎)

【2】次の(1)～(5)の問い答えよ。

(1) ラグビーで，タックルを受けて倒されたプレイヤーがボールを手放さないことを何というか記せ。

(2) 卓球で，ゲーム開始後10分経過してもゲームが終了しない場合に適用されるルールを何というか記せ。

(3) ソフトボールで，延長8回より無死・走者二塁から攻撃をはじめるルールを何というか記せ。

(4) 柔道の投げ技の攻防に最も適した基本的な姿勢を何というか記せ。

(5) バスケットボールで，ボールをキャッチする際に片足ずつ，1・2のリズムで止まる方法を何というか記せ。

(☆☆☆◎◎◎)

【3】次の(1)～(3)の問いに答えよ。

(1) 水泳の平泳ぎの脚の動作において，膝を前方へ引き寄せすぎる生徒へ技術的にどのような指導をするか記せ。

(2) 体育における集団行動の取扱いについて記せ。

(3) バドミントンのオーバーヘッドストロークで，シャトルを遠くへ飛ばすことができない生徒の技術的な課題とその解決のための効果的な練習方法を記せ。

(☆☆☆◎◎◎)

【4】トレーニングの5原則をあげ，それぞれについて説明せよ。

(☆☆☆◎◎◎)

【5】高等学校学習指導要領解説「保健体育編・体育編」(平成21年12月)の「B器械運動」では次のように技能の内容が示されている。あとの

(1)～(3)の問いに答えよ。

次の運動について，技がよりよくできる楽しさや喜びを味わい，(①)を高めて，演技することができるようにする。

ア マット運動では，回転系や(②)の基本的な技を滑らかに安定して行うこと，条件を変えた技，発展技を滑らかに行うこと，それらを構成し演技すること。

イ 鉄棒運動では，(③)や懸垂系の基本的な技を滑らかに安定して行うこと，条件を変えた技，発展技を滑らかに行うこと，それらを構成し演技すること。

ウ 平均台運動では，体操系や(④)の基本的な技を滑らかに安定して行うこと，条件を変えた技，発展技を滑らかに行うこと，それらを構成し演技すること。

エ 跳び箱運動では，(⑤)や回転系の基本的な技を滑らかに安定して行うこと，条件を変えた技，発展技を滑らかに行うこと。

(1) ①～⑤に適する語句を記せ。

(2) 技能の内容に示されている「条件を変えた技」を行うことについて，具体的に記せ。

(3) マット運動の回転系は，さらに2つの技群に分けられる。2つの技群名を記せ。

(☆☆☆◎◎◎)

【6】「スポーツ基本計画」(平成24年3月，文部科学省)第2章で示されている，今後10年間を見通したスポーツ推進の基本方針を5つ記せ。

(☆☆☆◎◎◎)

【7】「運動部活動での指導のガイドライン(平成25年5月，文部科学省)の中で，運動部活動の学校教育における位置付け，意義，役割等について，次のように示されている。(ア)～(エ)に適する語句を記せ。

① 運動部活動は，(ア)として行われるものです。

② 運動部活動は，スポーツの技能等の向上のみならず，生徒の(イ)

の育成，豊かな学校生活の実現に意義を有するものとなることが望まれます。

③　生徒の自主的，(　ウ　)な活動の場の充実に向けて，運動部活動，(　エ　)等が地域の特色を生かして取り組むこと，また，必要に応じて連携することが望まれます。

(☆☆☆◎◎◎)

【8】次の語句を説明せよ。

(1)　セルフメディケーション

(2)　ブレインストーミング

(3)　フェイルセーフ

(4)　ノーマライゼーション

(5)　加速損傷

(☆☆☆◎◎◎)

解答・解説

【中学校】

【1】(1)　①　エ　②　コ　③　カ　④　キ　⑤　ア　⑥　セ　(2)　・誰にでもできるいろいろな動き(手拍子，足拍子，走る，ねじるなど)を組み合わせる。　・素早く動いたり止まったりしてみることに取り組ませる。

〈解説〉平成20年3月に改訂した中学校学習指導要領の保健体育において，第1学年で従前「武道」又は「ダンス」の領域はいずれかを選択とし，それ以外の領域を必修としていたことを改め，第1学年及び第2学年ですべての領域を履修させるとともに，選択の開始時期を第3学年とした。この改訂を踏まえ，平成24年度から必修となる「ダンス」が円滑に実施されるよう，文部科学省は本問の中学校保健体育科教員向けに

「ダンス指導のためのリーフレット」を作成している。　(1)　中学校の保健体育で扱う他のダンス(創作ダンス，フォークダンス)についても確認しておくこと。　(2)「ダンス指導のためのリーフレット」によると，「動きの連続を組み合わせたり，リズムの取り方を変えたりすることで，生徒の動きの変化を導く」ことや「誰にでもできるいろいろな動き(手拍子，足拍子，片足とび，両足とび，蹴る，歩く，走る，ねじるなど)を組み合わせる」こと，「すばやく動いたり止まったりしてみる」ことが示されている。

【2】(1)　ア　運動部活動　　イ　陸上競技　　ウ　脊髄損傷　　エ　3

(2)　①　・健康診断と事後措置を確実に行う。　・健康観察，健康相談を十分に行う。　・健康教育を充実し，体調が悪い時には，無理をしない，させない。　・運動時には，準備運動や整理運動を十分に行う。　②　・活動前に適度な水分補給を行わせ，練習中や練習の後にも適切に水分及び塩分の補給を行わせる。　・練習開始から時間を決めて水分及び塩分の補給時間を設ける。　・必要に応じて生徒がいつでも水分や塩分を補給できる環境を整えておく。　(3)　・頭部外傷の事故に十分注意する。　・生徒の体力や技術などを十分検討し，後ろ受け身を十分習得させ，安全に配慮した段階的な指導を行う。

・取が上体を浴びせるようにして同体で倒れ込んだり，取が受の両足を刈り上げたりして，受が真後ろに倒され後頭部を強打することのないように注意する。

〈解説〉　教育活動を行う上で安全を確保することは，最重要事項である。教育現場における事故は，その原因を捉えた場合，様々な状況の下で発生しているが，児童生徒が体を動かす活動である体育活動は，事故件数からも安全対策の徹底が必要であるとされている。「学校における体育活動中の事故防止について(報告書)」の中では，安全指導に関しては，体育の授業における領域や運動部活動における競技において，領域や競技種目の特性などから事故の状況が異なることから，それぞれで整理され，特に柔道については個別に取り上げられている。「スポーツ基本法」の中でも，安全な環境の下でスポーツを行う必要があると定められていることからも，学校の体育活動中における安全対策の充実に繋げていくことが重要であるとされている。

【3】(1) ア 合理的 イ 喜び ウ 調和的 エ 参画
(2) ① 腕振りと脚の動きを調和させた全身の動き ② インターバルで得たスピードで踏み切って，余分なブレーキをかけずそのままのスピードでハードルを走り越えること (3) ① 平泳ぎ ② プル ③ コンビネーション ④ 速く (4) ① 3単位時間以上 ② 文化としてのスポーツの意義 ③ a 体つくり運動 b 体力要素

〈解説〉(1) 目標については暗記するのではなく，なぜこの語句が使われているのか，どのような意図があるのかまで十分に理解しておくこと。中学校第3学年における体育分野の目標については，義務教育の終了段階であることや高等学校への接続を重視し，学習指導の方向が示されている。目標の(1)については，第1学年及び第2学年では「喜びを味わうことができるようにする」とした目標を受けて，第3学年では「味わう」という表現になっており，第3学年では個々の能力に応じて運動の楽しさや喜びを味わうことが大切であることが示されている。目標の(2)に関する一文については，第3学年において，個人差を踏まえたうえで体力の向上を図る能力を育てることの大切さが示されている。また「心身の調和的発達を図る」とは心身の発達の著しいこの時期に，心と体を一体として，バランスよく育てることの大切さを示したものである。目標の(3)に関する一文については，第3学年では，生涯にわたる豊かなスポーツライフの基礎をはぐくむという視点から，競争や協働の経験を通してはぐくまれる情意的な運動に対する愛好的な態度として「生涯にわたって運動に親しむ態度」を育成することを目指している。「参画する」とは，グループの話し合いの中で，自らの意志を伝えたり，仲間の意見を聞き入れたりすることを通して，仲間の感情に配慮して合意形成を図ろうとするなどの意志をもつこと

が大切であることを示している。　第1・2学年の目標において，知識や技能を身につけることに焦点が当てられているが，第3学年の目標では，身に付けた知識や技能によって生涯にわたる運動を継続する力を身につけることが目標とされている。　(2)　中学校学習指導要領解説「保健体育編」の「C陸上競技　第1学年及び第2学年　1技能」において，①の短距離走・リレーにおける「腕振りと脚の動きを調和させた全身の動き」は，「クラウチングスタートから徐々に上体を起こしていき加速すること」や，「自己にあったピッチやスライドで走ること」，リレーにおける「前走者の渡す前の合図と次走者のスタートのタイミングを合わせてバトンの受け渡しをすること」などの動きが例示されている。また，②のハードル走は「インターバルを3～5歩でリズミカルに走ること」や「遠くから踏み切り，勢いよくハードルを走り越すこと」，「抜き脚の膝を折りたたんで横に寝かせて前に運ぶなどの動作でハードルを越すこと」などのような「一定のリズム」で「滑らか」にハードルを越す動きを習得することを目指している。

(3)　水泳は「浮く，進む，呼吸をする」などの技能の組み合わせによって成立している運動である。クロール，平泳ぎ，バタフライ，背泳ぎそれぞれの泳法を身に付け，続けて長く泳いだり，速く泳いだり，競い合ったりする楽しさや喜びを味わうことを目指している。

(4)　体育理論は運動に関する科学的知識を中心に，中学校第1学年で「運動やスポーツの多様性」，第2学年で「運動やスポーツが心身の発達に与える効果と安全」，第3学年で「文化としてのスポーツの意義」が取り扱われる構成となっている。なお，運動に関する領域とその関連で指導することが効果的な内容については，各運動の「知識，思考・判断」で扱うこととされている。

【4】(1)　ウインドミルモーション　(2)　ピボット　(3)　スカイプレイ　(4)　ボレー

〈解説〉球技は，「ゴール型」「ネット型」「ベースボール型」から構成されており，個人やチームの能力に応じて作戦を立て，勝敗を競うことに楽しさや喜びを味わうことのできる運動である。中学校では，基本的な技能や仲間と連携した動きを発展させて，作戦に応じた技能で仲間と連携したゲーム展開ができることが求められる。また，技能の名称や行い方などを理解し，課題に応じて取り組むことが大切である。(1) ソフトボールの投球方法は，「ウインドミルモーション(投法)」の他に，肩を軸にして腕を振り子のように振って投げる「スリングショット投法」や腕を後方にゆっくり振り上げ，その反動を利用してゆっくりと腕を前方に振り出しながら投げる「スタンダード投法」などがある。 (2) ピボットには，ディフェンスと距離があるときに有効な「フロントターン」や，反対にディフェンスと密着している時に有効な「バックターン」がある。 (3) スカイプレイでは浮かせるようにして上空に上げられたボールに対してタイミングを合わせてジャンプすることが重要になる。2名が連続してスカイプレイを行うことをダブルスカイ，3名になるとトリプルスカイといわれる。 (4) ボレーはすばやくラケットを準備し，体の前でボールをブロックするつもりで打つようにする。正しいラケットの面作りが重要であり，タイミングが遅れないように，コンパクトに打つこと，素早く構えの姿勢に戻ることが必要である。ソフトテニスでのボレー時はウエスタングリップを用いる。

【5】(1) a 個人生活 b 科学的 (2) 事例などを用いたディスカッション，ブレインストーミング，心肺蘇生法などの実習，実験，課題学習 などから2つ

〈解説〉(1) 保健分野では，私たちの生活における健康・安全に関する理解を深め，生涯を通じて実生活で健康を管理し，改善していく資質や能力を育むことが大切である。学習の展開として，小学校での実践的に理解できるようにする考え方を基盤としている。抽象的な思考なども可能になるという発達の段階を踏まえて，心身の健康の保持増進のために，基礎的・基本的な内容を科学的に理解し深めることを目指している。中学校学習指導要領解説「保健体育編」の「保健分野」の

目標の解説では，心身の機能や精神機能の発達や自己形成，心の健康，自然環境や環境と心身との関わり，傷害の発生要因や疾病の予防，健康な生活実践などについて「個人生活」を中心として科学的に理解できるようにすることを示している。また，単に理解するだけでなく，自らの健康を管理し，さらに課題点をみつけて改善していくことも求められている。　(2)「知識を活用する」とは知識の習得を重視したうえで，知識を活用する学習活動を積極的に行うことにより，思考力・判断力等を育成していくことを示している。

【6】(1)　環境の変化に対応しようとする体の諸器官の働きのこと。(2)　誰もが，自分の興味や目的に応じて，いつでも，どこでも，いつまでもスポーツに親しむことができるようにと考え出された，いろいろなスポーツ種目で構成されたスポーツクラブのこと。　(3)　感情や意志などの心の働き。感情とは，うれしい，悲しい，腹立たしいなどの気持ちのこと。意志とは，自分の行動を決め，目標を目指して努力を続ける心の働きのこと。　(4)　自動車が曲がるときに，後輪は前輪の内側を通る。このときの，内側の前輪と後輪が通る場所の差のこと。

〈解説〉(1)　適応能力については，中学校学習指導要領解説「保健体育編」の「保健分野」の「2内容　(2) 健康と環境　ア 身体の環境に対する適応能力・至適範囲」において適応能力について指導する内容が示されている。　(2)　総合型地域スポーツクラブとは，地域住民が主体となって運営するスポーツクラブの形態である。子どもやお年寄り，初心者やトップアスリートなど誰もが利用することができ，それぞれのニーズに合わせた活動ができることが特徴である。種目も複数用意されている。　(3)　情意機能には「感情」と「意志」がある。感情は，さまざまな経験をして，知的機能の発達とともに複雑で豊かなものとなっていく。さらに，感情の表し方も，その場に応じた適切なものになっていく。「意志」は，さまざまなことに進んで取り組み，達成感や充実感，感動体験などを積み重ねることによって発達していく。

(4) 内輪差については，中学校学習指導要領「保健体育」の「保健分野」の「2内容 (3)傷害の防止について理解を深めることができるようにする」の内容として取り扱われる。交通事故の要因としては，人的要因，環境要因，車両要因が複雑に関わって起こる。内輪差は「車の特性」のひとつであり，事故への内輪差の影響は車両要因にあたる。

【7】(1) イ (2) けがの状況に適した応急手当ての方法と手順などを考える場面で，【グループ学習の観察】学習したことをそれぞれの場面に当てはめて他の生徒に説明したり，【ワークシートの記述内容】ワークシートに書き出したりしている内容から，判断していく。

(3) 学習したことを傷害の事例に当てはめるときの改善点や根拠を挙げるなどして，筋道を立ててそれらを説明している。 (4) このような状況では，場面カードの事例と今までの学習が結び付けられないことなどが原因として考えられるため，今までの実習やワークシートにまとめた内容を確認し，場面カードの事例とが結びつくよう，個別に説明する。

〈解説〉「評価規準の作成，評価方法等の工夫改善のための参考資料」については，各学校が学習評価を進めるにあたって参考にすることを目的として作成された資料である。また，傷害の防止についての理解を深める学習では，傷害の様々な発生要因と，それに対する適切な対策によって傷害の多くは防止できること，応急手当は傷害の悪化を防止できることを思考・判断し，学習内容を理解する必要がある。

(1) 「傷害の防止」の「健康・安全についての思考・判断」の評価基準に盛り込むべき内容として「知識を活用した学習活動」,「科学的に考え，判断すること」が示されている。「学習活動に即した評価基準」も合わせて確認しておきたい。 (2) 生徒の学びの実現状況を見取るための具体的な学習活動の例としては，傷害のケースを示した場面カードを用いて傷害の発生した場面やけがの状況に応じた応急手当ての方法・手順を考え，グループで話し合うといったようなグループ活動から生徒の学習状況を観察したり，ワークシートへの記述内容などを観察したりすることが示されている。　(3)「十分に満足できる」状況であると判断するポイントとして，「学習した内容」を活用して思考・判断ができているかが重要となる。科学的根拠をもとに，筋道を立てて説明できているかもポイントとなる。ここでは，3時間目の「(ねらい)」を中心にまとめるとよい。　(4)「努力を要する」状況と判断される生徒は，学習した内容を活用して思考・判断することができていないことが考えられる。全体での指導のみでは十分に学びを実現させることができていないため，個別に対応していく必要がある。

【高等学校】

【1】(1)　ア　⑧　　イ　⑩　　ウ　①　　エ　⑨　　オ　③

(2)　健康増進法

〈解説〉(1)　たばこの煙の中には多くの有害物質が含まれており，ニコチンの他に，がん促進作用がある「タール」や動脈硬化をもたらす「一酸化炭素」，慢性気管支炎や肺気腫をもたらす「シアン化物」などがある。なお，ウとエは順不同でよい。　(2)「健康増進法」とは，国民の栄養の改善や健康の増進を図ることを目的に平成14(2002)年に制定された。WHOが提唱するヘルスプロモーションの理念に基づき平成12(2000)年にスタートした国民健康づくり運動「健康日本21」の根拠法の性格も持つ。平成15(2003)年に一部改正され，同法第25条において公共施設などにおける「受動喫煙の防止」を定めている。

【2】(1)　ノットリリースザボール　　(2)　促進ルール　　(3)　タイブレーカー　　(4)　自然体　　(5)　ストライドストップ

〈解説〉(1)　ラグビーにおけるタックルとは，相手側プレイヤーがボールを持っている時，その攻撃を阻止し，ボールを獲得する手段である。ボールを持ったプレイヤーが，相手側プレイヤーに捕えられ，そのまま地面に倒れるか，片膝でも地面に着くとタックルとなる。タックルされたプレイヤーはただちにボールを手放さなければならない。

(2)　促進ルールが適用された場合，サービスを1本ずつ交代し，レシーバーが13回正しいリターンをできれば，レシーバー側の得点になる。なお，9対9以降に10分達した場合，そのゲームには適用しない。また，双方の競技者又は組から要請があれば，いつでも適用することができる。　(3)　ソフトボールの正式試合は7回と定められているため，勝敗を早く決定するために設けられたルールである。　(4)　自然体は相手の動きに対応しやすい基本的な姿勢であり，体のどの部分にも余分な力を入れずに自然に立った姿勢のことを指す。「自然体」には，「自然本体」，「右自然体」，「左自然体」がある。また，試合や乱取りなどのときに，相手の体や技に対して，それを防ぐために必要な姿勢である「自護体」(「右自護体」，「左自護体」)も存在する。　(5)　ストライドストップは，走りながらのパスキャッチとストップのひとつである。ストライドストップの際は1歩目の足が軸足となり，ボールをキャッチした後2歩でストップする。この他に，空中でパスをキャッチし，両足で同時に着地しストップする「ジャンプストップ」がある。

【3】(1)　膝を前方に引き寄せすぎる者には，プールサイドに伏せさせ，踵を尻に引き寄せさせることを覚えさせる。強く蹴ろうという気持ちが原因となるので，ゆっくりと正確な動作を繰り返し練習する。

(2)　運動の学習に直接必要なものを取り扱うようにし，「体つくり運動」から「ダンス」までの各運動に関する領域の学習との関連を図って適切に行うこと。　(3)　・打点が前すぎる→シャトルやタオルをつるし，打点を確かめながら素振りを行う。　・テークバックで肘が下がってしまう→ラケットを持つ手側の肩から脇の高さに，テープを張るなどで印をつける。肘がそのラインから下に大きく下がらないように確認しながら素振りを行う。

〈解説〉(1)　各泳法の指導の要点についても「水泳指導の手引(三訂版)」(平成26年3月，文部科学省) などを参照しおさえておく。　(2)　高等学校学習指導要領(平成21年3月)の「保健体育」の「第2款　各科目　第1　体育　3　内容の取扱い　(5)」によると，「集団行動」では「集合，整頓，列の増減，方向転換などの行動様式を身に付け，能率的で安全な集団としての行動ができる」ようにすることが目指されている。すべての領域において適切に扱い，学習規律を確立させることが求められる。

【4】意識性の原則→トレーニングをするうえで，どんな目的で行っているかということを意識して行うこと。　全面性の原則→ある要素だけを目的とするのではなく，全面的な観点から，トレーニングの目的を立て，取り組むこと。　個別性の原則→一人ひとりの能力は異なるので，個人差を考えてトレーニングを行うこと。
漸進性の原則→いつも同じ負荷だと効果が得られにくいため，トレーニングの負荷は徐々に増やしていくこと。　反復性の原則→トレーニング効果は，一度のトレーニングをしただけでは大きく得られるものではなく，反復継続していく必要があること。
〈解説〉トレーニングの5原則は，オゾーリンによって1965年にトレーニングに共通される原則として提唱されたものである。トレーニングの5原則に加え，トレーニングの3条件である「運動強度・運動時間・運動頻度」についても適切に決めてトレーニングを行っていくことが大切である。

【5】(1)　①　自己に適した技　②　巧技系　③　支持系
④　バランス系　⑤　切り返し系　(2)　同じ技でも，開始姿勢や終末姿勢を変えて行う，その技の前や後に動きを組み合わせて行う，手のつき方や握りを変えて行うなどのこと。　(3)　接転(技群)，ほん転(技群)
〈解説〉(2)　器械運動において条件を変えた技を行うことによって，連続技へのつながりも意識することができる。また，発展技に挑戦する際に，条件を変えた技を行うことにより動き方に変化を生じさせ，発展技への準備状態を作り出したうえで，発展技を行わせるなどの工夫も必要となる。　(3)　鉄棒運動，平均台運動，跳び箱運動についても，高等学校学習指導要領解説「保健体育編・体育編」(平成21年12月，文

部科学省)の第2章　第1節　3　内容　B　器械運動の1　技能に記載されている「系」と「技群」を押さえておく。さらに，それぞれの「系」や「技群」の基本的な技や発展技についても理解しておくとよい。

【6】・子どものスポーツ機会の充実　　・ライフステージに応じたスポーツ活動の推進　・住民が主体的に参画する地域のスポーツ環境の整備　・国際競技力の向上に向けた人材の養成やスポーツ環境の整備　・オリンピック・パラリンピック等の国際競技大会の招致・開催等を通じた国際貢献・交流の推進　・スポーツ界の透明性，公平・公正性の向上　・スポーツ界の好循環の創出　より5つ

〈解説〉昭和36(1961)年に制定されたスポーツ振興法が，平成23(2011)年6月に50年ぶりに全面改正され，スポーツ基本法が制定された(同年8月施行)。同法第9条に基づき，平成24(2012)年3月に策定された「スポーツ基本計画」では，「年齢や性別，障害等を問わず，広く人々が，関心，適性等に応じてスポーツに参画することができる環境を整備すること」を基本的な政策課題とし，スポーツ立国の実現を目指すこととしている。

【7】ア　学校教育の一環　　イ　生きる力　　ウ　自発的　　エ　総合型地域スポーツクラブ

〈解説〉大阪市立高校での体罰事案を受けて運動部活動における体罰が問題となっている。また，教育再生実行会議の第一次提言において，運動部活動指導のガイドラインを作成することが提言されていることを受け，「運動部活動の在り方に関する調査研究協力者会議」を設置し，平成25年5月に「運動部活動での指導のガイドライン」を含めて調査研究報告書がとりまとめられた。本ガイドラインでは，部活動は「各学校の教育課程での取組とあいまって，学校教育が目指す生きる力の育成，豊かな学校生活を実現させる役割を果たしていると考えられる」として，運動部活動において生徒がスポーツに親しむことを通し，生涯にわたる健全な心と身体を培い，豊かな人間性育むことが期待され

ている。運動部活動という単体の活動になることなく，学校教育の一環として，学校教育との関連を考慮しながら活動することを心がけなければならない。

【8】(1)　個人の健康に対する維持管理方法の一つとして自分自身の健康に責任を持ち，軽度な身体の不調は自分で手当てするという考え方。
(2)　ブレインストーミングは，設定した同一テーマについて，様々なアイデアや意見を短時間で出し合う活動である。また，グループで活発な意見交換を行うことにより，話合いの中で思考力や判断力を培うことができる。さらに学習に対しての興味・関心の維持に繋がり効果的な学習活動である。　(3)　不注意や小さなミスが事故につながらないよう，二重あるいは何重にも安全対策を施すこと(二重安全装置)。
(4)　デンマークで「精神遅滞者に普通に近い生活を確保する」という意味で使われはじめ，その後世界中に広まった社会福祉の理念である。高齢者も若者も，障害をもつ人もそうでない人も，地域社会の中でともに暮らし，ともに生きていることが普通(ノーマル)であり，そうした社会を実現していくために，できるだけ社会を改善していくこと。
(5)　頭部や顔面打撲によって頭部が激しく揺さぶられることにより，頭蓋骨と脳とに大きなずれが生じることが原因となり，頭蓋骨と脳をつなぐ静脈が伸展破断し，出血することにより，血腫が発生する。
〈解説〉(1)「セルフメディケーション」については，医者にかからない，自己責任による手当・治療のことを指す。社会全体で個人の健康をサポートする制度が整ってきている中で，そのような制度に頼り切るのではなく，自らの健康に責任を持ち健康を維持していく必要があるという考え方が含まれている。ただし，あくまでも軽度な症状の場合での考え方であることをおさえておく。　(2)「ブレインストーミング」は，よりよいアイデアを生み出すための方法の1つである。出された意見についての検討は後回しにし，まずは質よりも量にこだわり，できるだけ多くの意見を出すことが大切である。たくさんのアイデアが出るため，きちんと記録を取りながら進めていく必要がある。

(3) 「フェイルセーフ」については，例として，労働災害を防ぐための取り組みがある。建設工事中における高所からの落下を防ぐために，広く安定した作業床だけでなく，命綱や安全ネットの設置，ヘルメットの着用など何重にも安全対策を施しておくことが必要になる。

(5) 「加速損傷」については，頭部への直接の打撲がなくとも，頭部を激しく揺さぶられることにより生じるためこの名称がつけられている。脳しんとうやセカンドインパクトシンドロームとともに，特に柔道の授業において注意すべき傷害であり，学校体育や部活動の中での安全対策を確認しておく必要がある。

2014年度　実施問題

【中学校】

【1】中学校学習指導要領解説「保健体育編」について，次の(1)～(6)に答えよ。

(1)　集団行動について，4つの行動の仕方と取扱い方について記せ。

(2)　次は，「A体つくり運動　第1学年及び第2学年」の一部である。①～⑤にあてはまることばを記せ。

「動きを持続する能力を高めるための運動」とは，一つの運動又は複数の運動を組み合わせて(　①　)の時間に連続して行ったり，あるいは(　①　)の回数を(　②　)して行ったりすることによって，動きを持続する能力を高めることを(　③　)として行われる運動である。指導に際しては，(　④　)や疲労感などを手がかりにして，無理のない運動の(　⑤　)と時間を選んで行うようにすることが大切である。

(3)「B器械運動　第1学年及び第2学年」において，マット運動における「組み合わせる」について説明せよ。

(4)「E球技　第1学年及び第2学年」において，ベースボール型における「定位置での守備」について示されている2つの動きを記せ。

(5)「C陸上競技　第3学年」において，長距離走では，走る距離についてどのように扱うように示されているか，記せ。

(6)「D水泳　第3学年」において，「水泳の事故防止に関する心得」として示されているものを3つ記せ。

(☆☆☆☆☆◎◎◎◎)

【2】次の(1)～(4)に答えよ。

(1)　バレーボールのパスに関する反則を3つ記せ。

(2)　ストリームラインについて，目的と姿勢について説明せよ。

(3)　サッカーの試合中にペナルティキックとなる場合について説明せよ。

(4) 高所トレーニングについて説明せよ。

(☆☆☆☆◎◎◎◎)

【3】次の(1)～(4)は，武道とダンスについての説明である。①～⑭にあてはまることばを下のア～ツから一つずつ選び，記号で記せ。

(1) 柔道の投げ技からの「受け身」では，「受」の受け身が(　①　)するまで，「取」の引き手を(　②　)こと，「取」は同体で(　③　)ようにバランスを保つこと。

(2) 剣道の「中段の構え」では，自然体より右足を少し前に出し，竹刀の弦を(　④　)にして，左拳は(　⑤　)上に置き，右拳は(　⑥　)よりわずかに離して握る。剣先は，およそ自分の(　⑦　)の高さになるようにする。

(3) 相撲には，相手の力や(　⑧　)を感じながら，自分の(　⑨　)を保ちつつ，相手の(　⑨　)を崩していくことや，(　⑩　)によって攻防が展開され勝敗が決まっていくという特性がある。

(4) 創作ダンスの導入では，人それぞれの(　⑪　)表現があって良いということを，指導の中で伝えるようにしたい。準備運動で，(　⑫　)を取り入れるなど，ダンスに向かう(　⑬　)づくりをすることも有効である。二人組や複数で仲間と(　⑭　)活動を取り入れる工夫も考えられる。

ア．かかわりあう	イ．完了	ウ．雰囲気
エ．離さない	オ．目	カ．音楽
キ．倒れない	ク．鍔	ケ．真上
コ．激しい	サ．心のゆとり	シ．正中線
ス．体重	セ．のど	ソ．バランス
タ．重心の移動	チ．真下	ツ．違った

(☆☆☆◎◎◎◎)

【4】次は，中学校学習指導要領「保健体育編」の「H　体育理論」の一部である。a～hにあてはまることばを記せ。

運動やスポーツには，その領域や種目に応じた特有の(　a　)や作戦，(　b　)，表現の仕方があり，特に運動やスポーツの課題を解決するための(　c　)な体の動かし方などを(　a　)といい，競技などの対戦相手との競争において，(　b　)は(　a　)を選択する際の方針であり，作戦は(　d　)を行う際の方針であることを理解できるようにする。

安全に運動やスポーツを行うためには，特性や目的に適した運動やスポーツを選択し，(　e　)の段階に応じた強度，時間，頻度に配慮した運動の計画を立案すること，体調，施設や用具の安全を(　f　)に確認すること，準備運動や整理運動を適切に実施すること，運動やスポーツの実施中や実施後には，適切な休憩や(　g　)を行うこと，共に活動する(　h　)の安全にも配慮することなどが重要であることを理解できるようにする。

(☆☆☆☆◎◎◎◎◎)

【5】次の(1)，(2)に答えよ。

(1)　次の文の[　　]にあてはまることばを記せ。

心は，知的機能，情意機能，社会性等の総体としてとらえられ，生活経験や学習などの影響を受けながら，大脳の発達とともに発達していく。

その中で社会性とは，[　　]な態度や行動のことをいう。

(2)　スポーツと社会性の関係について，「スポーツマンシップ」ということばを用いて説明せよ。

(☆☆☆☆◎◎◎)

【6】「子どもの体力向上のための取組ハンドブック」(平成24年3月，文部科学省)の内容について，次の(1)，(2)に答えよ。

(1)　次の①～⑦にあてはまることばをあとのア～タから一つずつ選び，記号で記せ。

学校体育は，すべての児童生徒が等しく経験する教育の機会であり，その中では一定の(　①　)の確保が可能であるとともに，発達の段階に応じた望ましい運動実践の理解と具体的な実践方法を身に付けることができる。新しい学習指導要領では，児童生徒の12年間の発達の段階に関して，およそ(　②　)ごとの発達のまとまりを考慮した指導の重要性を指摘している。したがって，子どもの体力を向上させるためには，体育・保健体育の授業における(　①　)の確保と，児童生徒の発達の段階に見合った運動実践ができるような(　③　)を行い，学校体育の一層の充実を図ることが重要であると考えられる。

また，体育・保健体育の授業を進めるに当たって，(　④　)の活用や(　⑤　)の実施などの専門性等を生かした指導を実施することが重要であり，子どもの動きをビデオに撮影し，児童生徒が自分の動きを(　⑥　)して，(　⑦　)を克服していくような工夫も必要である。

ア．観察　　イ．比較　　ウ．外部人材
エ．活動時間　　オ．教材研究　　カ．3年
キ．4年　　ク．6年　　ケ．研修会
コ．つまずき　　サ．情報交換　　シ．運動量
ス．失敗　　セ．ティーム・ティーチング　　ソ．保護者
タ．場所

(2)　次の①～④は，保健体育の授業の改善を図る観点である。(　　)にあてはまることばを記せ。

①　児童生徒が楽しさを(　　)できる授業

②　体の動かし方や(　　)がわかる授業

③　運動の(　　)につなげることができる授業

④　運動が苦手な子どもや嫌いな子どもが運動の(　　)を見い出すことができる授業

(☆☆☆☆◎◎◎◎)

【7】次の(1)～(3)について，それぞれ簡潔に説明せよ。

(1)　ドーピング

(2)　免疫

(3)　コミュニケーションスキル

(☆☆☆☆◎◎◎◎)

【高等学校】

【1】次の文中の(　①　)～(　⑦　)に適する語句を記せ。

陸上競技，水泳などのように安定した環境のなかで用いられる技術を(　①　)といい，球技や武道などのように絶えず変化する状況のなかで用いられる技術を(　②　)いう。

運動やスポーツの技能の上達過程には，(　③　)，意図的な調節の段階，(　④　)の3つの段階が見られる。さらに，技能がある程度向上すると，次のステップに進むまでに一時的な停滞や低下の時期が訪れる。この停滞を(　⑤　)，低下を(　⑥　)という。

また，運動をおこなったとき，運動した結果の情報が直接的，間接的に運動した人に戻されることを(　⑦　)という。

(☆☆☆◎◎◎◎◎)

【2】次の文中の(　ア　)～(　カ　)に適する語句を，あとの語群から選び，番号で記せ。

アルコールの身体に対する影響は，心拍数を高め，血管が(　ア　)する。脳に対する作用は，アルコール摂取量に比例した血中濃度によって大きく変化する。(　イ　)が最初に影響を受けやすく，アルコールの低い血中濃度で理性の力が薄れてリラックスした気分になり，血中濃度が高くなると(　ウ　)，脳幹，延髄へと作用が波及する。

アルコール関連疾患のうちもっとも頻度が高いのは肝臓疾患である。肝臓の細胞のなかに，脂肪が沈着して肝臓細胞の働きが悪くなる(　エ　)，アルコールによって肝細胞が次々に壊れていく(　オ　)，肝臓の線維が増えて肝臓が硬くなり，いっそう肝臓の機能が低下する(　カ　)などがある。

〈語群〉

①	アルコール依存症	②	脂肪肝
③	収縮	④	アルコール性肝硬変
⑤	大脳	⑥	肝臓がん
⑦	拡張	⑧	アルコール性肝炎
⑨	小脳	⑩	脊髄

(☆☆◎◎◎◎)

【3】次の(1)～(3)の問いに答えよ。

(1) バレーボールのオーバーハンドパスの技術のポイントと技術向上に向けた効果的な練習方法を記せ。

(2) 水泳において，リレーを取り上げる場合の指導に際しての配慮を，事故防止の観点から記せ。

(3) 柔道の「体落とし」を取の立場から技を説明し，指導する際の安全に対する配慮を記せ。

(☆☆☆☆◎◎◎)

【4】体育において観点別学習状況の評価を実施するにあたり，各領域ごとに作成する評価規準の評価の観点について記せ。

(☆☆☆☆◎◎◎◎)

【5】高等学校学習指導要領解説「保健体育編・体育編」(平成21年12月)の「Gダンス」では次のように技能の内容が示されている。次の(1)，(2)の問いに答えよ。

(1) 次の運動について，感じを込めて踊ったり，仲間と自由に踊ったりする楽しさや喜びを味わい，それぞれ特有の表現や踊りを高めて(　①　)や発表ができるようにする。

ア　(　②　)では，表したいテーマにふさわしいイメージをとらえ，個や群で，対極の動きや空間の使い方で変化を付けて(　③　)に表現したり，イメージを強調した作品にまとめたりして踊ること。

イ　フォークダンスでは，踊り方の特徴を強調して，音楽に合わせて多様なステップや動きと組み方で仲間と(　④　)して踊ること。

ウ　(　⑤　)では，リズムの特徴を強調して全身で自由に踊ったり，変化とまとまりを付けて仲間と(　④　)したりして踊ること。

(1)　(　①　)〜(　⑤　)に適する語句を記せ。

(2)　文中の下線部，変化とまとまりを付けての具体例を3つ記せ。

(☆☆☆☆◎◎◎◎)

【6】陸上競技の高跳びにおいて，背面跳びの助走で行う曲線助走の利点を記せ。

(☆☆☆☆◎◎◎)

【7】学習評価の「妥当性」,「信頼性」を高めるために，どのようなことに配慮すべきかを記せ。

(☆☆☆☆☆◎◎◎)

【8】次の語句を説明せよ。

(1)　食物アレルギー

(2)　セカンドインパクトシンドローム

(3)　ユニバーサルデザイン

(4)　一足一刀の間合い

(5)　オリンピズム

(☆☆☆☆◎◎◎◎◎)

解答・解説

【中学校】

【1】(1) (行動の仕方) 集合　整頓　列の増減　方向変換　(取扱い方) 「体つくり運動」から「ダンス」までの領域において適切に行う。　(2) ① 一定　② 反復　③ ねらい　④ 心拍数　⑤ 強度　(3) 学習した基本技，条件を変えた技，発展技の中から，いくつかの技を「はじめ—なか—おわり」に組み合わせる。
(4) ・捕球しやすい守備位置に繰り返し立ち準備姿勢をとること　・ポジションの役割に応じてベースカバーやバックアップの基本的な動きをすること　(5) 走る距離は，1,000～3,000m程度を目安とするが，生徒の技能・体力の程度や気候等に応じて弾力的に扱う。
(6) ・自己の技能・体力の程度に応じて泳ぐ　・長い潜水は意識障害の危険があるので行わない　・溺れている人を見付けたときの対処としての救助法を身に付けている

〈解説〉(1) 中学校学習指導要領の〈体育分野〈[内容の取扱い] に『(5) 集合，整頓，列の増減，方法変換などの行動の仕方を身に付け，能率的で安全な集団としての行動ができるようにするための指導については，内容の「A体つくり運動」から「Gダンス」までの領域において適切に行うものとする。』と示されている。(第2章　保健体育科の目標及び内容　2　各分野の目標〈各領域の取り扱い〉)
(2) 「動きを持続する能力を高めるための運動」については，中学校学習指導要領解説　第2章　保健体育科の目標及び内容　2　各分野の目標　A体つくり運動　1　運動に示されている。　(3) 「組み合わせる」については，第2章　保健体育科の目標及び内容　各分野の目標及び内容　B器械運動　1　技能に示されている。　(4) 「定位置での守備」とは，投球が開始されるごとに，各ポジションごとの決められた位置に繰り返し立ったり，打球や送球などに備える準備姿勢で構えるなどのボールを持たないときの動きのことである。2つの動きは，中学校学習指導要領解説　第2章　保健体育科の目標及び内容　2　各分野の目標の〈例示〉に示されている。　(5)　走る距離についての扱いは，中学校学習指導要領解説　第2章　保健体育科の目標及び内容　2　各分野の目標及び内容　C陸上競技　1　技能に示されている。
(6)「水泳の事故防止に関する心得」は，中学校学習指導要領解説　第2章　保健体育科の目標及び内容　2　各分野の目標及び内容　D水泳　2　態度に示されている。

【2】(1)　キャッチボール　　ダブルコンタクト　　フォアヒット
(2)　水の抵抗が最も少なくなるようにして進むために，体全体を水平かつ一直線に伸ばした姿勢のこと。　(3)　直接フリーキックに相当する反則を，自陣のペナルティエリア内で行ったとき。　(4)　平地に比べ，酸素の少ない高所でトレーニングを行うことにより，酸素運搬能力を高め，持久力を向上させるトレーニング。
〈解説〉(1)　ボールプレー関係の反則：・キャッチボール(ヘルドボール・ホールディング)…ボールをつかんだり投げたりしたとき。　・ダブルコンタクト(ドリブル)…ブロッカー以外が2回連続してボールに触れたとき。　・フォアヒット(オーバータイムス)…同じチームが3回を越えてボールに触れたとき(ブロックは除く)。　(2)　ストリームラインとは，抵抗の少ない流線型の姿勢のことである。　(3)　守備側のプレーヤーが，自陣側のペナルティーエリア内で，「直接フリーキック」に相当する10項目の反則(キッキング，トリッピング，ジャンピングアット，ファウルチャージ，ストライキング，プッシング，タックリング，ホールディング，スピッティング，ハンドリング)をしたときは，相手チームに「ペナルティーキック」が与えられる。　(4)　高所トレーニング…酸素の希薄な標高2000～3000mの高地でトレーニングを行うと，最大酸素摂取能力が高まり，全身持久力が増大する。赤血球の数が増えて，酸素の摂取能力と供給能力が増大するので，有酸素エネルギー代謝能力の増大効果が得られる。

【3】① イ　② エ　③ キ　④ ケ　⑤ シ　⑥ ク
⑦ セ　⑧ ス　⑨ ソ　⑩ タ　⑪ ツ　⑫ カ
⑬ ウ　⑭ ア

〈解説〉武道及びダンスの領域は，従前，第1学年においては，武道又はダンスから男女とも1領域を選択して履修できるようにすることとしていたことを改め，第1学年及び第2学年においては，すべての生徒に履修させることとしたので，出題頻度が高くなっている。まず，中学校学習指導要領解説を熟読した上で，柔道，剣道，相撲の基本技術と競技用語を学習しておきたい。また，ダンスは，創作ダンス，フォークダンス，現代的なリズムのダンスで構成されているので，それぞれの技能内容とともに，ダンスの名称や用語，踊りの特徴や表現の仕方なども正しく理解しておくようにする。

【4】a 技術　b 戦術　c 合理的　d 試合　e 発達
f 事前　g 水分補給　h 仲間

〈解説〉本問は，第1学年において取り上げる「1　運動やスポーツの多様性」の「ウ　運動やスポーツの学び方」(中学校学習指導要領解説　第2章　保健体育科の目標及び内容　2　各分野の目標及び内容　H体育理論　1　運動やスポーツの多様性より)，第2学年において取り上げる「2　運動やスポーツが心身の発達に与える効果と安全」の「ウ　安全な運動やスポーツの行い方」(中学校学習指導要領解説　第2章　保健体育科の目標及び内容　H体育理論　2　運動やスポーツが心身の発達に与える効果と安全より)から出題されている。中学校学習指導要領解説をよく読んで正しく理解しておくようにする。

【5】(1)　社会生活を送るために必要　(2)　スポーツを行う人には，ルールを守る，さまざまな人に配慮する，仲間を大切にする，他人を尊重するといったことが求められ，このような態度や考え方をスポーツマンシップという。この態度や考え方は，スポーツの場のみならず，日常生活でも必要なものであり，スポーツを行うことで，このような

社会性を身に付けることが期待されている。

〈解説〉心は，大脳のはたらきの一部分で，知的機能，情意機能，社会性などの全体をいう。　・知的機能の例…言葉を使う，理解する，記憶する，判断する，推理するなどの力　・情意機能…うれしい・悲しい・怒りを感じるなどの感情と，目的のために行動しようとする意志　・社会性の例…他人の気持ちを理解する，気を配りながら自分の気持ちや意見を言う，他人にいたわりや感謝の気持ちを表現するなどの態度や行動　　運動やスポーツを行う過程で形成された社会性は，日常生活の場でも，相手を気遣ったり，仲間と協力して何かを成し遂げようとするときなど，さまざまな場面で役立つ。　・スポーツマンシップ…競技に対してフェアプレーでのぞみ，対戦相手に対しても敬意を払うような態度で，正々堂々と全力で戦うスポーツマン精神のことをいう。19世紀ごろからスポーツ選手の理想的な姿として求められるようになったといわれている。

【6】(1)　①　シ　　②　キ　　③　オ　　④　ウ　　⑤　セ　　⑥　ア　　⑦　コ　　(2)　①　実感　　②　コツ　　③　日常化　　④　おもしろさ

〈解説〉「子どもの体力向上のための取組ハンドブック」(平成24年3月，文部科学省)は，インターネットでも検索できるので，目を通しておこう。語群が示されていなくても答えられるようにしておきたい。特に，学校体育や保健体育の授業の改善などの項は，出題されることが予想されるので，学習しておくようにする。

【7】(1)　競技能力を高めるために薬物などを使用すること。　(2)　特に血液中のリンパ球という白血球の一種が中心となって働き，体内に侵入してきた病原体などの異物から体を守るしくみのこと。　(3)　自分の気持ちや考えを上手に伝え，また相手の気持ちや考えを理解する能力のこと。

〈解説〉この試験対策としては，中学校や高等学校の保健体育の教科書を活用するとよい。学習のキーワードとなる用語解説が体育編・保健体育編とも簡潔にまとめて掲載されている。

【高等学校】

【1】① クローズドスキル ② オープンスキル ③ 試行錯誤の段階 ④ 自動化の段階 ⑤ プラトー ⑥ スランプ ⑦ フィードバック

〈解説〉高等学校「体育理論」の「2 運動やスポーツの効果的な学習の仕方」の指導内容から出題されている。○個々の運動やスポーツの課題を解決するための合理的な体の動かし方を技術という。その技術を練習によって身につけた能力を技能という。技術には，絶えず変化する状況の下で発揮されるオープンスキル型と状況の変化が少ないところで発揮されるクローズドスキル型がある。○運動やスポーツの技能の上達過程を試行錯誤の段階，意図的な調整(調節)の段階，自動化の段階の三つに分ける考え方がある。○フィードバックとして利用できる情報には，自分の感覚などから得られる情報(内在的フィードバック)と，他人や映像など自分以外から得られる情報(外在的フィードバック)がある。

【2】ア ⑦ イ ⑤ ウ ⑨ エ ② オ ⑧ カ ④

〈解説〉アルコールの分解についても理解しておこう。アルコールは胃で20％吸収され，小腸で80％吸収される。吸収されたアルコールは，肝臓でアルコール脱水酵素によりアセトアルデヒド(吐き気などを起こす有害物質)に分解される。アセトアルデヒドは肝臓でアセトアルデヒド脱水酵素により酢酸に分解され，体の各組織で二酸化炭素と水に分解されて体外に排出される。

【3】(1) オーバーハンドパスの技術ポイントとしては，ボールの落下点に移動する。両手の人差し指と親指でひし形をつくり，その中をのぞくようにしてボールをとらえる。脚を前後に開き，膝を柔らかく使

う。 オーバーハンドパスを使用した簡易ゲームを取り入れるなど，いきなり通常のゲームを行うのではなく，徐々に高度にして応用力を高める。 (2) 中学校では，事故防止の観点から，スタートは「水中からのスタート」を示している。そのため，飛び込みによるスタートやリレーの際の引き継ぎは，高等学校において初めて経験することとなるため，段階的な指導を行うとともに安全を十分に確保すること。(3) 体落としは，取は受を右前隅に崩し，受に背を向けるように回り込み，さらに右足を一歩受の右足の外側に踏み出し，引き手と釣り手の作用と両膝のばねを利用して受の前方に投げる技である。 取が右足をつく低い状態で技をかけると，受は真下に落ちやすく肩や肘を痛めたり，取が右組のまま左の体落としをかけると，受は思わず左手をついて手首や肘を痛めたりすることに注意が必要である。

〈解説〉(1) 実践的な指導力を判断するために，各スポーツの基本的な技術指導のポイントや生徒のつまずきを解決する指導の要点，技術向上に向けた効果的な練習方法の工夫などを問われるので，指導者の立場になって簡潔に説明できるようにしておきたい。 (2) 高等学校学習指導要領解説保健体育編・体育編(平成21年12月，文部科学省)のP.57に，飛び込みによるスタートやリレーの引き継ぎに際しての配慮事項が記述されている。 (3) 学習指導要領に例示されている投げ技と安全指導のポイントは，「柔道の授業の安全な実施に向けて」(平成24年3月，文部科学省スポーツ・青少年局)に記述されているので，インターネットで検索して学習しておくようにする。

【4】評価の観点は，「関心・意欲・態度」，「思考・判断」，「運動の技能」，「知識・理解」の4観点で評価する。ただし，「体つくり運動」，「体育理論」は「運動の技能」を除いた3観点で評価する。

〈解説〉体育における観点別評価及び評価規準の設定については，「評価規準の作成，評価方法等の工夫改善のための参考資料(高等学校 保健体育)～新しい学習指導要領を踏まえた生徒一人一人の学習の確実な定着に向けて～」(平成24年7月 国立教育政策研究所教育課程研究センター)のP.53から出題されている。

【5】(1) ① 交流　② 創作ダンス　③ 即興的　④ 対応　⑤ 現代的なリズムのダンス　(2) ・短い動きを繰り返す。　・対立する動きを繰り返す。　・ダイナミックなアクセントを加える。　・個と群の動きを強調してまとまりを付ける。　から3つ

〈解説〉「Gダンス」の技能の内容から出題されている。現代的なリズムのダンスの「変化とまとまりを付けて」については，高等学校学習指導要領解説保健体育編・体育編に次のように記述されている。『「変化とまとまりを付けて」とは，短い動きを繰り返す，対立する動きを組み合わせる，ダイナミックなアクセントを加えるなどの変化や，個と群の動きを強調してまとまりを付けることである。』

【6】曲線上を走ることによって遠心力を受けるが，体を内側に傾ける(内傾)することによりバランスがとれる，重心を落とすなどの踏み切り姿勢が取りやすくなる。

〈解説〉走り高跳びについては，高等学校入学年次では，「リズミカルな助走から力強く踏み切り滑らかな空間動作で跳ぶこと」を，その次の年次以降では，「スピードのあるリズミカルな助走から力強く踏み切り，滑らかな空間動作で跳ぶこと」をねらいとする。そして，指導内容の例示として，入学年次で，「背面跳びでは踏み切り前の3～5歩で弧を描くように走り，体を内側に倒す姿勢をとるようにして踏み切りに移る。」と示されている。また，背面跳びの有利性については，バーをクリアーする効率が良く，しかもクリアランスの仕方がやさしいことや，曲走路助走によって身体重心の自然の低下が生じるため，踏み切り前のスピードの低下が少なくなり高いスピードで踏み切れる(助走スピードを上昇力に有効に利用・変換できる)こと，さらには技術的にマスターしやすいことなどがあげられている。

【7】・評価結果と評価しようとした目標の間に適切な関連があること。(学習評価が学習指導の目標に対応するものとして行われていること)・評価方法が評価の対象である資質や能力を適切に把握するものとしてふさわしいものであること。　・指導の目標及び内容と対応した形で評価規準を設定すること。　・評価方法を工夫すること。　・評価方法を評価規準と組み合わせて設定すること。

〈解説〉学習評価の妥当性，信頼性については，「評価規準の作成，評価方法等の工夫改善のための参考資料(高等学校　保健体育)～新しい学習指導要領を踏まえた生徒一人一人の学習の確実な定着に向けて～」(平成24年7月　国立教育政策研究所教育課程研究センター)のP.15～16に記述されている。各学校や設置者の創意工夫を生かし，現場主義を重視した学習評価として，各学校では，組織的・計画的な取組を推進し，学習評価の妥当性，信頼性等を高めるよう努めることが重要であるとされている。この学習評価の「妥当性」は，評価結果が評価の対象である資質や能力を適切に反映しているものであることを示す概念とされている。

【8】(1)　特定の食品に含まれる異種たんぱく質を体が「敵」と判断して，排除しようとして起こる免疫反応。食品によっては，アナフィラキシーショックを発症させて命に関わることもある。　(2)　脳に同じような外傷が二度加わった場合，一度目の外傷による症状は軽微であっても，二度目の外傷による症状が，はるかに重篤になることがあること。　(3)　障がいの有無や年齢・性別・国籍にかかわらず，初めから誰もが使いやすいように施設や製品，環境などをデザインするという考え方。　(4)　剣道において，攻防の基本となる一歩踏み込めば打突でき，一歩退けば打突をかわすことのできる距離。　(5)　クーベルタンによって提唱された，スポーツを通じて，身体と精神を鍛錬し，若い人々がお互いに理解し合い，友好を深めて，さらには世界平和に寄与していこうとする理念。

〈解説〉語句説明の問題の対策としては，高等学校で使用した教科書を活用して学習するとよい。学習のキーワードとなる用語解説が，体育編・保健編に分けて簡潔に説明されている。

2013年度　実施問題

【中学校】

【1】中学校学習指導要領解説「保健体育編」について，次の(1)～(3)に答えよ。

(1) 次の①～③は，「2内容　E球技　第1学年及び第2学年」の一部である。ア～クにあてはまることばを下のa～pから選び，記号で記せ。

① A「ボール操作」とは，(　ア　)などを使ってボールを操作し，シュートや(　イ　)をしたり，ボールを(　ウ　)することなどである。

② 指導に際しては，ボール操作は，相手や味方の(　エ　)をとらえることが重要となるため，(　オ　)プレイさせることが大切である。

③ B「空間に走り込むなどの動き」とは，攻撃の際のボールを(　カ　)ときに得点をねらってゴール前の空いている場所に走り込む動きや，守備の際に，シュートや(　イ　)をされないように，ボールを(　キ　)相手を(　ク　)する動きのことである。

a 持っている　　b 持たない　　c 動きながら
d 周囲を見ながら　　e パス　　f キャッチ
g 外側　　h 内側　　i イメージ
j プレス　　k マーク　　l キープ
m 手や足　　n ドリブル　　o 動き
p 頭や体

(2) 第1学年及び第2学年の学習を受けて，(1)の文中の下線部A，Bは，第3学年ではどのように示されているか，記せ。

(3) 次の表は，「体育分野の領域及び内容の取扱い」を示したものである。あとの①，②に答えよ。

領域	第1学年	第2学年	第3学年
A	必修	必修	必修
B	必修		（ア）から1領域以上選択 （イ）から1領域以上選択
C陸上競技	必修		
D水泳	必修		
E球技	必修		
F	必修		
Gダンス	必修		
H体育理論	必修	必修	必修

① 表のA，B，Fの領域名を記せ。

② 表の(ア)，(イ)に入る領域をB～Gから選び，記号で記せ。

(☆☆☆◎◎◎)

【2】次の(1)～(7)に答えよ。

(1) 次のア，イにあてはまる語句を記せ。

「体ほぐしの運動では，心と体の関係に(　ア　)，体の(　イ　)を整え，仲間と交流するための手軽な運動や律動的な運動を行うこと。」をねらいとしている。

(2) マット運動における技の分類は巧技系ともう一つは何か，記せ。

(3) ハードル走において，スタートから第1ハードルまでのことを何というか，記せ。

(4) 水泳で学習する4つの泳法を，個人メドレーで泳ぐ順に記せ。

(5) バドミントンのオーバーヘッドストロークから打つ主なショットを2つ記せ。

(6) ハンドボールのルールについて，次の表の空欄にあてはまる語句を記せ。

処　理	状態・違反
(　　　)になる場合	明らかに得点のチャンスがあるのに反則して妨害したとき。 ①シュートしようとしているときに反則して妨害する。 ②防御するためにゴールエリア内に入る。 ③ボールをキャッチすれば明らかに得点のチャンスとなるときに，反則して妨害する。

(7)　学習指導要領に例示されている相撲の投げ技を一つ記せ。

(☆☆☆◎◎◎)

【3】次の表は，ダンスの領域を構成している「創作ダンス」「フォークダンス」「現代的なリズムのダンス」についてまとめたものである。①～⑤にあてはまる文を下のA～Fから選び，記号で記せ。

	創作ダンス	フォークダンス	現代的なリズムのダンス
特徴	イメージをとらえたり深めたりして表現する。	伝承されてきた踊りを一緒に踊って交流する。	①
技能のねらい	②	③	④
指導のポイント	⑤	はじめは踊り方を大づかみに覚えて踊り，次は難しいステップや動き方を取り出して踊る。	動きやすいビートとテンポを選ぶ。

A　音楽に合わせて特徴的なステップや動きと組み方で踊る。
B　動きに変化を付けて即興的に表現する。
C　リズムの特徴をとらえ，リズムに乗って全身で踊る。
D　変化のある動きを組み合わせたり，まとまりを付けたりする。
E　仲間とのコミュニケーションを豊かにする。
F　「はじめ－なか－おわり」の構成で表現する。

(☆☆☆◎◎◎)

【4】武道について，次の(1)～(3)に答えよ。

(1)　中学校学習指導要領解説「保健体育編」に示されている武道の特性及びねらいについて，説明せよ。

(2)　柔道の授業の安全な実施に向けて，指導計画を立てる際に配慮すべき点を記せ。

(3)「柔道の授業の安全な実施に向けて」(平成24年3月，文部科学省)に示されている，実際の授業の中で安全な柔道指導を行う上での具体的な留意点を2つ記せ。

(☆☆☆◎◎◎)

【5】中学校学習指導要領解説「保健体育編」の「保健分野」の内容について，(1)～(3)に答えよ。

(1) 次は，「心身の機能の発達と心の健康」の一部である。ア～オにあてはまることばを下のa～jから選び，記号で記せ。

心の健康を保つには，欲求やストレスに適切に対処することが必要であることを理解できるようにする。

欲求には，生理的な欲求と心理的，(ア)な欲求があること，また，精神的な安定を図るには，欲求の(イ)に向けて取り組んだり，自分や周囲の状況からよりよい方法を見付けたりすることなどがあることを理解できるようにする。

また，ここでいうストレスとは，外界からの様々な刺激により心身に負担がかかった状態であることを意味し，ストレスを感じることは，自然なことであること，個人にとって(ウ)なストレスは，精神発達上必要なものであることを理解できるようにする。

ストレスへの適切な対処には，コミュニケーションの方法を身に付けること，体ほぐしの運動等で(エ)の方法を身に付けること，趣味をもつことなど自分自身でできることがあること，また，友達や周囲の大人などに話したり，(オ)したりするなどいろいろな方法があり，自分に合った対処法を身に付けることが大切であることを理解できるようにする。

a 体つくり　b 相談　c 発散
d 個人的　e リラクセーション　f 社会的
g 実現　h 解消　i 適度
j トレーニング

(2) 次は，「傷害の防止」の一部である。ア～ウにあてはまることばを記せ。

自然災害による傷害は，例えば，地震が発生した場合に家屋の倒壊や家具の落下，転倒などによる危険が原因となって生じること，また，地震に伴って，津波，土砂崩れ，地割れ，(ア)などによる(イ)によっても生じることを理解できるようにする。

その防止には，日頃から災害時の(　ウ　)の確保に備えておくこと，地震などが発生した時や発生した後，周囲の状況を的確に判断し，冷静・迅速・(　ウ　)に行動すること，事前の情報やテレビ，ラジオ等による災害情報を把握する必要があることを理解できるようにする。

(3)　未成年者の飲酒が法律で禁止されている理由を簡潔に説明せよ。

(☆☆☆◎◎◎)

【6】保健・医療機関と医薬品の有効利用について，(1)～(3)に答えよ。

(1)　次の①～③の場合，どこの保健・医療機関を利用することが最も適切か，下のa～cからそれぞれ選び，記号で記せ。

①　血液の精密検査を受けたい。

②　匿名・無料でエイズ検査を受けたい。

③　乳幼児健康診断を受けたい。

a　保健所　　b　保健センター　　c　医療機関

(2)　医薬品には，使用回数，使用時間，使用量などの使用法があり，正しく使用する必要がある。その理由を，飲み薬を例に，薬の血中濃度という視点で簡潔に説明せよ。

(3)「セルフメディケーション」とは何か，説明せよ。

(☆☆☆◎◎◎)

【7】次は，「スポーツ基本法」のリーフレット(平成23年8月，文部科学省)の一部である。ア～オにあてはまることばをあとのa～jから選び，記号で記せ。

昭和36年に制定された(　ア　)は，我が国のスポーツの発展に大きく貢献してきました。

制定から50年が経過し，スポーツは広く国民に浸透し，スポーツを行う目的が(　イ　)するとともに，地域におけるスポーツクラブの成長や，競技技術の向上，プロスポーツの発展，スポーツによる国際交流や貢献の活発化など，スポーツを巡る状況は大きく変化しています。

こうした状況を踏まえ，スポーツの推進のための基本的な法律として，議員立法により「スポーツ基本法」が成立しました。

この法律は，スポーツに関し，(　ウ　)を定め，並びに国及び(　エ　)の責務並びにスポーツ団体の努力等を明らかにするとともに，スポーツに関する施策の基本となる事項を定めることにより，スポーツに関する施策を総合的かつ計画的に推進し，もって国民の心身の健全な発達，明るく豊かな国民生活の形成，活力ある社会の実現及び(　オ　)の調和ある発展に寄与することを目的としています。

a　国際社会　　b　高度化　　c　基本方針
d　スポーツ振興法　　e　地方公共団体　　f　基本理念
g　多様化　　h　スポーツ推進法　　i　JOC
j　世界平和

(☆☆☆◎◎◎)

【8】次は，「体育理論」のリーフレット(平成23年3月，文部科学省)の一部である。ア～オにあてはまることばや数字を記せ。

運動やスポーツに関する知識は，豊かな(　ア　)を継続するための源となる大切なものです。今回の改訂では，教室などで，まとまりで学習することが効果的な内容を「体育理論」に，それぞれの運動領域で学ぶことが効果的な内容は，各運動領域に整理されました。

また，中学校と高等学校との内容の(　イ　)と接続の視点から，中学校の名称も「体育理論」と呼ぶことになりました。

中学校では，(　ウ　)を新たに学ぶことになりました。

また，高等学校では，小単元で「オリンピックムーブメントとドーピング」や，「スポーツの経済的効果とスポーツ産業」，「スポーツ環境」など，スポーツを社会的視点から考える内容を新たに学ぶことになりました。

生涯にわたって豊かな(　ア　)を送るためには，運動やスポーツについての幅広い知識を身に付けておくことが必要になります。そのため，中学校では各学年で(　エ　)単位時間以上，高等学校では各年次で6単位時間以上学習することになります。

中学校では，運動やスポーツの合理的な実践や生涯にわたる豊かな(　ア　)を送る上で必要となる運動やスポーツに関する(　オ　)等を中心に，高等学校では，運動やスポーツの合理的，計画的な実践や生涯にわたる豊かな(　ア　)を送る上で必要となるスポーツに関する(　オ　)等を中心に授業を進めていきます。

(☆☆☆◎◎◎)

【高等学校】

【1】次の文中の(　ア　)～(　カ　)に適する語句を，下の語群から選び，番号を記せ。

筋繊維は大きく2つの種類があり，1つは，収縮力が大きく，収縮スピードも速い繊維である(　ア　)，もう1つは，収縮力が小さく，収縮スピードも遅い繊維である(　イ　)に分けることができる。

筋肉が活動して筋力を発揮することを筋収縮といい，筋肉の長さを変えないで力を発揮する(　ウ　)，筋肉が長さを変えながら力を発揮する(　エ　)がある。

また，(　エ　)は，床に置いてあるものを持ち上げる筋収縮である(　オ　)と持っているものを床に下ろす筋収縮である(　カ　)に細分化される。

〈語群〉

①　エキセントリック収縮　　②　アイソメトリック収縮
③　赤筋繊維　　④　アイソトニック収縮
⑤　コンセントリック収縮　　⑥　白筋繊維

(☆☆☆◎◎◎)

【2】次の文中の(　ア　)～(　カ　)に適する語句を記せ。

医薬品は，医師や歯科医師が処方する(　ア　)医薬品と薬局などで購入できる(　イ　)医薬品がある。医薬品の作用のうち，病気やけがの治療に必要なものを(　ウ　)といい，治療上不必要なものを副作用という。薬を処方どおり使用しても健康被害がでてしまうことを(　エ　)という。

また，医薬品を処方どおり使用したにもかかわらず重篤な副作用が生じた場合のために，救済給付を行う公的な(　オ　)制度がある。(　イ　)医薬品のうち，とくにリスクが高いため，直接手に取れない場所に陳列されているものを(　カ　)医薬品という。

(☆☆☆◎◎◎)

【3】高等学校学習指導要領解説「保健体育編・体育編」(平成21年12月)では，生徒の思考力，判断力，表現力等をはぐくむ観点から各教科等における言語活動の充実が求められている。体育の指導における言語活動の充実の具体的な工夫を2つ記せ。

(☆☆☆◎◎◎)

【4】次の(1)，(2)の問いに答えよ。

(1)　陸上の砲丸投げで，初めて学習する生徒へ技術的にどのような指導をするか記せ。

(2)　バスケットボールで，インサイドでボールを保持することの戦略的意義について記せ。

(☆☆☆◎◎◎)

【5】高等学校学習指導領解説「保健体育編・体育編」(平成21年12月)の「内容の取扱い」では，次のように示されている。このように示された理由を記せ。

入学年次においては，「B器械運動」，「C陸上競技」，「D水泳」及び「Gダンス」についてはこれらの中から一つ以上を，「E球技」及び「F武道」についてはこれらの中から一つ以上をそれぞれ選択して履修できるようにすること。

(☆☆☆◎◎◎)

【６】高等学校学習指導要領解説「保健体育編・体育編」(平成21年12月)の「A体つくり運動」では次のように運動の内容が示されている。(1)～(4)の問いに答えよ。

次の運動を通して，体を動かす楽しさや(　①　)を味わい，健康の保持増進や体力の向上を図り，(　②　)運動の計画や自己の体力や生活に応じた運動の計画を立て，(　③　)に役立てることができるようにする。

ア　体ほぐしの運動では，心と体は互いに影響し変化することに気付き，体の状態に応じて体の調子を整え，仲間と積極的に交流するための<u>手軽な運動や律動的な運動</u>を行うこと。

イ　<u>体力</u>を高める運動では，自己のねらいに応じて，健康の保持増進や調和のとれた体力の向上を図るための継続的な運動の計画を立て取り組むこと。

(1)　(　①　)～(　③　)に入る適語を記せ。

(2)　文中の下線部，<u>手軽な運動や律動的な運動</u>が示している運動を3つ記せ。

(3)　文中の下線部，<u>体力</u>の構成要素を5つ記せ。

(4)　体つくり運動は，授業時数を各年次何単位時間以上配当することになっているか記せ。

(☆☆☆◎◎◎)

【７】「スポーツ基本法」(平成23年6月24日公布)について，次の(1)，(2)の問いに答えよ。

(1)　スポーツ基本法の前文は，「スポーツは，(　　)である」という言葉からはじまる。(　　)に入る語句を記せ。

(2)　第3章に定められている「スポーツの推進のための基本的条件の整備等」の10の基本的施策の中から，5つを記せ。

(☆☆☆◎◎◎)

【8】次の(1)～(4)の略称について正式名称を日本語で書き，説明せよ。

(1) HACCP

(2) PTSD

(3) AED

(4) WADA

(☆☆☆◎◎◎)

解答・解説

【中学校】

【1】(1) ア m　イ e　ウ l　エ o　オ d　カ b　キ a　ク k　(2) A 安定したボール操作　B 空間を作り出すなどの動き　(3) A 体つくり運動　B 器械運動　F 武道　ア BCDG(EF)　イ EF(BCDG)

〈解説〉(1) ボール操作に際しての具体的例示として「ゴール方向に守備者がいない位置でシュートをすること」，空間に走り込むなどの動きについては「ボールとゴールが同時に見える場所に立つこと」などがあげられている。学習指導要領解説については，例示まできちんと確認しておくこと。 (2) ねらいについて，第1学年及び第2学年では「基本的なボール操作や仲間と連携した動きでゲームが展開できるようにする」，第3学年では「作戦に応じたボール操作で仲間と連携してゲームが展開できるようにする」としていることから，求められる技能水準が上がっているといえるだろう。 (3) 体つくり運動は毎学年取り扱うこととなっている。B～Gの領域について，第3学年では選択制となっており，球技と武道から1領域以上，それ以外から1領域以上選択となっている。

【2】(1)　ア　気付き　　イ　調子　　(2)　回転系　　(3)　アプローチ　(4)　バタフライ → 背泳ぎ → 平泳ぎ → クロール(自由形)　　(5)　クリアー，ドロップ，カット，スマッシュのうち2つ　　(6)　7mスロー　(7)　上手投げ，下手投げ，すくい投げのうち1つ

〈解説〉(1)　体つくり運動には「体ほぐしの運動」と「体力を高める運動」があり，体ほぐしの運動では，「気付き」「調整」「交流」がキーワードとなっている。　(2)　マット運動は「巧技系」と「回転系」の技で整理されている。　(3)　中学生の男子の場合は13.72m，女子は13.00mとなっている。　(4)　メドレーリレーとの混同に注意したい。メドレーリレーは，背泳ぎ → 平泳ぎ → バタフライ → クロール(自由形)である。　(6)　攻撃プレイヤーのシュート動作中に反則をしたり，ゴールエリアの中に入って防御したりすると，相手チームに7mスローが与えられる。これは，7mラインから，シューターとキーパーとの1対1でシュートをする。サッカーで言う，PKと同様のイメージである。　(7)　例示には投げ技の他に，押し，寄り，前さばきなどが示されている。

【3】①　C　　②　B　　③　A　　④　D　　⑤　F

〈解説〉ダンスは従前どおり「創作ダンス」「フォークダンス」「現代的なリズムのダンス」で構成されている。ダンスでは，イメージをとらえた表現や踊りを通した交流を通して仲間とのコミュニケーションを豊かにすることを重視する運動である。仲間とともに感じを込めて踊ったり，イメージをとらえて自己を表現したりすることに楽しさや喜びを味わうことのできる運動である。問題としてはフォークダンスの種類やステップなどが頻出である。確認しておくこと。

【4】(1)　相手を尊重して練習や試合ができるようにすることを重視する運動であることから，伝統的な行動の仕方を守ることなどに意欲を持ち，礼に代表される伝統的な考え方などを理解し，基本動作と基本となる技を用いて相手の動きの変化に対応した攻防ができるようにする。　(2)　3年間を見通し，生徒の学習段階や個人差を踏まえた無理

のない段階的な指導計画を策定する。 (3) ・生徒の体調等に注意する ・多くの生徒が「初心者」であることを踏まえた段階的な指導を行う ・頭を打たない・打たせないための「受け身」の練習をしっかり行う ・固め技では抑え技のみであり，絞め技や関節技は指導しない ・しっかりと受け身を身に付けさせたうえで，生徒の状況にあった投げ技の指導を行う(以上から2つ)

〈解説〉(1) 学習指導要領解説では，武道について「武技，武術などから発生した我が国固有の文化であり，相手の動きに応じて，基本動作や基本となる技を身に付け，相手を攻撃したり相手の技を防御したりすることによって，勝敗を競い合う……運動」としている。武道の伝統的な考え方の1つとして，自分で自分を律する克己の心を表すものとして礼儀を守る，という考え方がある。 (2) 段階的な学習がなされていないまま，柔道を行うことは初めて経験する生徒にとって危険である。したがって，3年間の見通しをもち，学習の段階や技能や体格などの個人差を配慮した単元計画を策定しなければならない。

【5】(1) ア f イ g ウ i エ e オ b (2) ア 火災 イ 二次災害 ウ 安全 (3) 未成年の時から飲酒を始めると，脳をはじめとするさまざまな器官に障害が起こりやすいだけでなく，エチルアルコールの作用などにより依存症になりやすいことから法律で禁じられている。

〈解説〉(1) 問題文は「エ 欲求やストレスへの対処と心の健康」の(イ)である。保健分野は大きく「心身の機能の発達と心の健康」「健康と環境」「傷害の防止」「健康な生活と疾病の予防」からなり，さらに「心身の機能の発達と心の健康」は，「身体機能の発達」「生殖にかかわる機能の成熟」「精神機能の発達と自己形成」「欲求やストレスへの対処と心の健康」に分かれている。 (2) 自然災害による傷害が災害発生時だけではなく，二次災害によっても生じることから，その防止には日頃から備えておく必要がある。また，どのような災害でどのような二次災害が起こりうるのかを把握しておく必要がある。

【6】(1) ① c　② a　③ b　(2) 薬の血中濃度は時間とともに減少するので，効き目が現れる範囲を保つために用法が決められている。また，薬の血中濃度が高すぎると危険な状態となったり，低すぎると効果が現れなかったりするため，用量が定められている。

(3) セルフメディケーションとは，自分自身の健康に責任を持ち，軽度な身体の不調は自分で手当てすること。

〈解説〉(2) 医薬品は学習指導要領では，新たに付け加えられた内容である。医薬品には，主作用と副作用があることを理解できるようにする必要がある。 (3) セルフメディケーション(Self-medication)とは，自分自身で健康を管理し，あるいは疾病を治療することであり，WHOでは「自分自身の健康に責任を持ち，軽度な身体の不調(minor ailments)は自分で手当てすること」と定義している。

【7】ア d　イ g　ウ f　エ e　オ a

〈解説〉第177回通常国会においてスポーツ基本法が成立し，平成23年6月24日に，平成23年法律第78号として公布，平成23年8月24日から施行されることとなった。スポーツ基本法は，昭和36年に制定されたスポーツ振興法を50年ぶりに全部改正し，スポーツに関して基本理念を定め，国及び地方公共団体の責務並びにスポーツ団体の努力などを明らかにし，施策の基本事項を定めたものである。

【8】ア スポーツライフ　イ 明確化　ウ 文化としてのスポーツの意義　エ 3　オ 科学的知識

〈解説〉平成20年3月に改訂した中学校学習指導要領，及び平成21年3月に改訂した高等学校学習指導要領では，保健体育において生涯にわたる豊かなスポーツライフの実現に向けて，小学校から高等学校までの12年間を見通して，各種の運動の基礎を培う時期，多くの領域の学習を経験する時期，卒業後に少なくとも1つの運動やスポーツを継続することができるようにする時期といった発達の段階のまとまりを踏まえた系統性のある改善が図られた。このことを受け，体力の向上及び知識の学習を一層重視する視点から「体つくり運動」「体育理論」の指導内容が明確にされ，指導内容の定着がより一層図られるよう，それぞれにおいて授業時数が示された。

【高等学校】

【1】ア ⑥　イ ③　ウ ②　エ ④　オ ⑤　カ ①

〈解説〉アイソトニック収縮は等張性筋収縮であり，一定の抵抗に対して筋収縮が行われる運動のことである。筋の長さを短くしながら張力を発揮することを短縮性筋収縮，またはコンセントリック収縮と呼ぶ。逆に抵抗に対して筋力が小さいと，筋がその最大収縮力を発揮しながらもさらに引き伸ばされ，筋の長さが長くなることを伸張性筋収縮，またはエキセントリック収縮と呼ぶ。

【2】ア　医療用　イ　一般用　ウ　主作用　エ　薬害　オ　医療品副作用被害救済　カ　第1類

〈解説〉一般用医薬品は，リスクの程度に応じて第1類～第3類まで3グループに分けられている。第1類医療品は，その副作用等により日常生活に支障を来す程度の健康被害が生ずるおそれがある医薬品のうち，特に注意が必要なものや，新規医薬品のこと。第1類医薬品を販売できるのは，薬剤師の常駐する店舗販売業や薬局のみである。第2類医療品は，第1類医薬品以外で，その副作用等により日常生活に支障を来す程度の健康被害が生ずるおそれがある医薬品のこと。この中で特に注意を要するものを「指定第2類医薬品」としている。第3類医療品は，第1・2類以外の一般用医薬品のこと。ただし，医薬品であることには変わりなく，販売にあっては第2類医薬品と同様の規制を受けるが，購入者から直接希望がない限りは，商品説明に際して法的制限を受けない。

【3】・単元のはじめに課題解決の方法を確認　・練習中や記録会及び競技会などの後に話し合いの機会を設ける　・学習ノートを活用す

る(以上から2つ)

〈解説〉今回の高等学校学習指導要領改訂では，言語活動の充実が1つの柱として掲げられている。体育においても「筋道を立てて練習や作戦について話し合う活動などを通して，コミュニケーション能力や論理的な思考力の育成を促し，主体的な学習活動が充実するよう配慮するものとする」としている。

【4】(1)　・砲丸の正しい保持　　・砲丸のまっすぐな突出し　　・25～35度程度の投射角度で砲丸を突き出すこと　(2)　インサイドでのプレーは高い確率のシュートにつながる。オフェンスがインサイドでボールを保持するとディフェンスが集まり，アウトサイドでプレーしやすくなる。

〈解説〉(1)　砲丸投げの記録を伸ばすためには，素早く腕を押し出せる筋力が求められる。これは投擲の練習だけでは不十分なので，筋トレも必要になる。したがって，他の陸上競技と比べても，筋力トレーニングは重要な意味をもつ。　(2)　インサイドとは，ゴールに近い位置のこと。一般的にはペイントエリアおよびその周辺のことである。

【5】生涯にわたる豊かなスポーツライフの実現に向けて，小学校から高等学校までの12年間を見通して発達段階のまとまりを踏まえ，入学年次は中学第3学年との接続を重視したため。

〈解説〉小学校から高等学校までの12年間は発達段階を踏まえ，大きく4年ごとに大別されている。具体的には小学校第1学年から小学校第4学年まで，小学校第5学年から中学校第2学年まで，中学校第3学年から高等学校第3学年までであり，高等学校は，まさに最終段階にあるといえる。したがって，中学校第3学年からの接続を重視している。

【6】(1)　①　心地よさ　　②　目的に適した　　③　実生活

(2)　・誰もが簡単に取り組むことができる運動　　・仲間と楽しくできる運動　　・心や体が弾むような軽快な運動　(3)　筋力，瞬発力，

持久力，調整力，柔軟性　(4)　7～10時間

〈解説〉体つくり運動では，体を動かす楽しさや心地よさを味わい，体力を高め，目的に適した運動を身に付け，組み合わせることができるようにすることが目標である。体ほぐしの運動では，心と体の関係に気付き，体の調子を整え，仲間と交流するための手軽な運動や律動的な運動を行うこと。体力を高める運動では，ねらいに応じて，体の柔らかさ，巧みな動き，力強い動き，動きを持続する能力を高めるための運動を行うとともに，それらを組み合わせて運動の計画に取り組むことを具体的な目標に掲げ，各学年で7単位時間以上を配当することとしている。

【7】(1)　世界共通の人類文化　(2)　指導者の養成等，スポーツ施設の整備等，学校施設の利用，スポーツ事故の防止，スポーツに関する紛争の迅速かつ適正な解決，スポーツに関する科学的研究の推進等，学校における体育の充実，スポーツ産業事業者との連携，スポーツに係る国際的な交流及び貢献の推進，顕彰(以上から5つ)

〈解説〉(1)　スポーツ基本法は，昭和36年に制定されたスポーツ振興法を50年ぶりに全面改正し，平成23年8月に施行された。頻出なので，条文を確認しておくこと。特に，目的(第1条)や基本理念(第2条)は空所補充形式で問われることが多いので，キーワードを丁寧におさえておくとよい。

【8】(正式名称…説明の順)　(1)　危害分析重要管理点…食品の製造・加工の工程で発生するおそれのある危害を分析し，とくに重点的に管理するポイントを決めて対策がきちんと行われているかを常時監視する方法　(2)　心的外傷後ストレス障害…大地震や大事故など実際に死傷するようなできごとを体験したり，目撃したりした時，それが心の傷(トラウマ)となり，ストレス症状がでる場合を言う。　(3)　自動対外式除細動器…突然，心臓が止まって倒れた人の多くは，心室細動状態にあう。心室細動を起こした心臓に電気ショックを与える(除細動

を行う)ことで，心臓の拍動を正常に戻す機器。　(4)　世界アンチ・ドーピング機構…ドーピング行為を防ぐための取り組みをアンチ・ドーピングといい，国際レベルのあらゆるスポーツにおけるアンチ・ドーピング活動を促進し，調整することを目的として1999年に設立された。

〈解説〉(1)　HACCPは，原料の入荷から製造・出荷までのすべての工程において，あらかじめ危害を予測し，その危害を防止するための重要管理点を特定して，そのポイントを継続的にモニタリングし，異常が認められたらすぐに対策を取り解決し，不良製品の出荷を未然に防ぐシステムである。　(2)　PTSDの主な症状は，外傷的なできごとの再体験(Sフラッシュバックや苦痛を伴う悪夢)，類似したできごとに対する強い心理的苦痛と回避行動，持続的な覚醒亢進(こうしん)症状(睡眠障害，ちょっとした刺激にも反応を示す，集中困難，過度の警戒心，過剰な驚愕反応など)がある。これらの症状が，心的外傷後，数週間～数カ月の間に発症・継続する。　(3)　AEDは，Automated External Defibrillatorの頭文字をとったもので，日本語訳は自動体外式除細動器という。小型の器械で，体外(裸の胸の上)に貼った電極のついたパッドから自動的に心臓の状態を判断する。不整脈を起こしていれば，強い電流を一瞬流して心臓にショックを与えることで，心臓の状態を正常に戻す機能を持っている。　(4)　世界アンチ・ドーピング機構の世界ドーピング防止規程(World Anti-Doping Code. 以下WADA規程)は，世界を統一するアンチ・ドーピング規則として多くの国際競技連盟，各国の国内オリンピック委員会，及びドーピング防止機関により採択されている。WADA規程に批准した組織は，WADA規程に定められた5つの国際基準を遵守することが義務づけられている。

2012年度　実施問題

【中学校】

【1】中学校学習指導要領解説「保健体育編」(平成20年9月)及び学習評価について，(1)～(4)に答えよ。

(1) 「体つくり運動」は，「体ほぐしの運動」と「体力を高める運動」で構成されている。「体力を高める運動」は，そのねらいに応じて行うとともに，それらを組み合わせて取り組むこととされているが，そのねらいに応じた運動とは何か，4つ記せ。

(2) 次は，体つくり運動における評価規準の設定の一例である。どの観点の例か，記せ。
「ねらいや体力の程度に応じて強度，時間，回数，頻度を設定している。」

(3) 武道において，安全上の配慮から中学校段階では用いない「禁じ技」を示している。柔道，剣道，相撲のそれぞれの禁じ技をすべて，A～Gから選び，記号で記せ。(重複解答可)
A　河津掛(かわづがけ)　B　極め出し(き)　C　突き　D　反り技
E　胴絞(どうじめ)　F　さば折り　G　蟹挟(かにばさみ)

(4) 第1学年及び第2学年の「創作ダンス」の指導に際して，多様なテーマの例示が5つ示されている。このうちの3つを記せ。

(☆☆☆☆◎◎◎◎)

【2】次の(1)～(3)に答えよ。

(1) バレーボールの6人制と9人制のルールの違いについて，次の解答例に従い，具体的に3つ記せ。
解答例

6人制	9人制
ブロックによる触球は数えない	ブロックによる触球は1回と数える

(2)　卓球の横回転サービスに対するレシーブ方法について，具体的に記せ。

(3)　鉄棒の握り方を2つ記せ。

(☆☆☆☆◎◎◎)

【3】次の(1)～(3)に答えよ。

(1)　中学校学習指導要領「保健体育」(平成20年3月)の「内容の取扱い」において，水泳のスタートは，どのように取り上げることとしているか，記せ。

(2)　プールでの水泳指導における監視者の位置について，簡潔に説明せよ。

(3)　次の①～③の説明として，適切なものをA～Dから選び，それぞれ記号で記せ。

①　平泳ぎ　　②　背泳ぎ　　③　バタフライ

A　水中で手のひらが肩より前の状態から，鍵穴の形を描く。

B　水中で肘を60～90度程度に曲げて，S字を描く。

C　水中で手のひらが肩より前で，両手で逆ハート型を描く。

D　両手を頭上で組んで腰が「く」の字に曲がらないように背中を伸ばし，水平に浮いてキックをする。

(☆☆☆☆◎◎◎◎)

【4】次は，中学校学習指導要領解説「保健体育編」(平成20年9月)の「教科の目標」と「保健分野の目標」の一部である。(1)，(2)に答えよ。

「健康の保持増進のための実践力の育成」とは，健康・安全について(　ア　)に理解することを通して，心身の健康の保持増進に関する内容を単に知識として，また，記憶としてとどめることではなく，生徒が現在及び将来の生活において健康・安全の課題に直面した場合に，(　ア　)な思考と正しい判断の下に(　イ　)決定や行動(　ウ　)を行い，適切に(　エ　)していくためのA思考力・判断力などの資質や能力の基礎を育成することを示したものである。

「個人生活における健康・安全に関する理解を通して」は，心身の機能の発達の仕方及び(　オ　)の発達や自己形成，欲求や(　カ　)への対処などの心の健康，(　キ　)環境を中心とした環境と心身の健康とのかかわり，健康に適した快適な環境の維持と改善，傷害の発生要因とその防止及び(　ク　)並びに健康な生活行動の実践と疾病の予防について，個人生活を中心として(　ア　)に理解できるようにすることを示したものである。

(1)　文中のア～クにあてはまる語句を，次のA～Nから選び，記号で記せ。

A　自然	B　身体機能	C　生活
D　フラストレーション	E　選択	F　人工呼吸
G　ストレス	H　心肺蘇生	I　科学的
J　理論的	K　精神機能	L　意志
M　実践	N　応急手当	

(2)　下線部Aについて，解説の「内容の取扱い」において，保健分野で積極的に行うことが示されている学習活動はどのようなものか，記せ。

(☆☆☆◎◎◎◎)

【5】次は，思春期の体の変化について述べたものである。ア～カにあてはまる語句を記せ。

思春期になると，脳の(　ア　)から(　イ　)が分泌されるようになり，その刺激によって，女子では(　ウ　)，男子では(　エ　)の働きが活発になる。その結果，女子では(　オ　)が，男子では(　カ　)が盛んに分泌されるようになる。この働きにより，男女の体つきにそれぞれ特徴的な変化が起こる。

(☆☆☆◎◎◎)

【6】次の(1)～(4)に答えよ。

(1)　「循環型社会」とは，どのような社会のことか，簡潔に説明せよ。

(2)　次の①～③は，たばこの煙に含まれている有害物質である。身体への影響について，それぞれ簡潔に説明せよ。

① ニコチン　② 一酸化炭素　③ タール

(3) エイズについて，病原体，症状，感染経路とその予防に触れ，説明せよ。

(4) 中学校学習指導要領解説「保健体育編」(平成20年9月)には「医薬品」に関する指導内容が2つ示されている。一つは「正しく使用する必要があること」であるが，もう一つは何か，記せ。

(☆☆☆☆◎◎◎◎◎)

【7】次は，中学校学習指導要領「保健体育」(平成20年3月)「体育分野　H　体育理論　第3学年」の一部である。①～③にあてはまる語句を記せ。

(1) 文化としてのスポーツの意義について理解できるようにする

ア　スポーツは(　①　)な生活を営み，よりよく生きていくために重要であること。

イ　オリンピックや国際的なスポーツ大会などは，(　②　)や世界平和に大きな役割を果たしていること。

ウ　スポーツは，民族や国，人種や性，(　③　)などを超えて人々を結び付けていること。

(☆☆☆☆◎◎◎)

【高等学校】

【1】高等学校学習指導要領解説「保健体育編・体育編」(平成21年12月)の「柔道」について，2年次以降に扱う技を，語群より5つ選んで，番号を記せ。

〈語群〉

① 送り足払い　② 大内刈り　③ 内股
④ 釣り込み腰　⑤ 跳ね腰　⑥ 体落とし
⑦ 払い腰　⑧ 浮き技　⑨ 背負い投げ
⑩ 巴投げ

(☆☆☆☆◎◎◎)

【2】次の各文を読み，関係する職業病の名称を，語群より選んで，番号を記せ。

(1)　重い荷物を持ち上げたり，無理な姿勢を続けたりする作業が原因でおこる。

(2)　粉じんの多い作業環境が原因でおこる。

(3)　コンピュータ操作が原因でおこる。

(4)　アスベストの吸入が原因でおこる。

(5)　気圧の低い場所における業務が原因でおこる。

〈語群〉

①　凍傷　②　腰痛症　③　高山病　④　熱中症
⑤　じん肺症　⑥　中皮腫　⑦　潜函病　⑧　白内障
⑨　VDT障害　⑩　難聴

(☆☆◎◎)

【3】次の表は，サッカーの授業において，初心者が上達していく段階をゲーム様相から示したものである。それぞれの段階において，個人の認識可能な情報にはどのようなものがあるか，(2)～(5)に語句を記せ。

<table>
<tr><td rowspan="2">密集団子型</td><td>(1)　自分とボール・ゴール</td></tr>
<tr><td>(2)</td></tr>
<tr><td>縦パス速攻型</td><td>(3)</td></tr>
<tr><td rowspan="2">全コート分散型</td><td>(4)</td></tr>
<tr><td>(5)</td></tr>
</table>

(☆☆☆☆☆◎◎)

【4】高等学校学習指導要領解説「保健体育編・体育編」(平成21年12月)の「体育」について，次の(1)～(5)の問いに答えよ。

(1)　入学年次において，「A体つくり運動」から「H体育理論」までの領域はどのように履修させるか，記せ。

(2)　入学年次において，特に「E球技」についてどのように履修させるか，記せ。

(3) 「D水泳」で，新規に示された指導内容を記せ。

(4) 「体育」において，障害のある生徒を指導する上での配慮事項を記せ。

(5) 学習指導要領に示された領域や領域の内容に加えてその他の運動種目等を実施する場合，どのようなことに配慮すべきか記せ。

(☆☆☆☆◎◎◎◎◎)

【5】高等学校学習指導要領解説「保健体育編・体育編」(平成21年12月)の「保健」について，次の(1)～(4)の問いに答えよ。

(1) 「保健」は，原則として入学年次及びその次の年次の2か年にわたり履修させるものとする，と示されているが，その理由を記せ。

(2) 「保健」の指導に際しては，知識を活用する学習活動を取り入れるなどの指導方法の工夫を行うものとする，とされている。高校で示されている指導技法を3つ記せ。

(3) 「思春期と健康」の指導に当たって，配慮すべき事項を3つ記せ。

(4) 「健康の考え方」では，健康水準の向上，疾病構造の変化に伴い，個人や集団の健康についての考え方も変化している，と示されているが，この健康の考え方の例を2つ記せ。

(☆☆☆☆☆◎◎◎◎◎)

【6】評価規準には「内容のまとまりごとの評価規準」,「単元の評価規準」,「学習活動における具体の評価規準」の3つがある。「球技」の指導において，観点別評価の「思考・判断」に関わる「内容のまとまりごとの評価規準」の設定例を，3つ記せ。

(☆☆☆☆☆◎◎◎)

【7】長距離走において，ペースを維持して走ることの重要性を，次の4つの語句を使って説明せよ。

[酸素，無酸素性作業閾値(無気的作業閾値)，運動強度，乳酸]

(☆☆☆☆◎◎)

【8】次の(1)～(4)の語句を説明せよ。

(1) 見取り稽古

(2) スポーツ立国戦略

(3) 全国体力・運動能力，運動習慣等調査

(4) 体力・運動能力調査

(☆☆☆☆◎◎◎◎)

解答・解説

【中学校】

【1】(1) 体の柔らかさを高めるための運動／巧みな動きを高めるための運動／力強い動きを高めるための運動／動きを持続する能力を高めるための運動　(2) 運動についての思考・判断　(3) 柔道：A，E，G　剣道：C　相撲：A，B，D，F　(4) 身近な生活や日常動作／対極の動きの連続／多様な感じ／群(集団)の動き／もの(小道具)を使う　※この中から3つ

〈解説〉(1) ねらいに応じて運動を行うとは，体の柔らかさ，巧みな動き，力強い動き，動きを持続する能力を高めるためのねらいを設定して，自己の健康や体力の状態に応じて，体力を高めるための運動を行い，それらを組み合わせて運動の計画に取り組むことを示している。中学校学習指導要領解説　保健体育編(平成20年9月)のP.30～32には，それぞれの運動の〈行い方の例〉が示されているので，必ずチェックしておくようにする。　(2) 評価規準は，次の4つの観点で設定されている。　・運動への関心・意欲・態度　・運動についての思考・判断　・運動の技能　・運動についての知識・理解

(3) 武道の領域においては安全上の配慮から，中学校段階では用いない「禁じ技」が示されている。上掲の指導要領解説のP.106に記述されている。　(4) 創作ダンスの多様なテーマの例示と，そのテーマから

浮び上がる題材や関連する動き，展開例は，同指導要領解説のP.120を参照。

【2】(1)　6人制：サービスは一本／ポジショナルフォールトが適用される／相手コートに返すまでに4回触れた場合はフォアヒットの反則となる。　9人制：サービスは二本打つ権利がある／ポジションに関する違反は規定されていない／ボールがネットに触れた場合は，1チーム最大4回の触球が認められる。　(2)　相手がスイングした方向に応じてラケットに角度を付けて返球する。　(3)　順手・逆手・片逆手・交差・大逆手・片大逆手　※この中から2つ

〈解説〉(1)　1953(昭和28)年に6人制が採用されるまで，日本では9人制が公式のルールだった。背が低くても参加でき，動きが比較的激しくないので，クラブチームや実業団，ママさんバレーでは今も愛好されている。6人制と9人制のルールの大きな違いを表にするなどして学習しておこう。　(2)　変化球に対する返球の方法を説明できるようにしておこう。　①前進回転に対して(トップスピン)→ラケットの角度を下向きにして返す。　②後進回転に対して(バックスピン)→ラケット角度を上向きにして返す。　③横回転に対して(サイドスピン)→　a　逆の角度で返す……ラケットの動いた方向に相対するラケット角度で返す。　b　順で返す……回転と逆の方向にラケットを動かし，ボールをこすって返す。　(3)　鉄棒の握り方には6種類ある。それぞれの握り方をイメージできるようにしておこう。

【3】(1)　泳法との関連において水中からのスタートを取り上げること。　(2)　監視者の位置は，プール全体を見渡すことができ，プールの角部分などが死角にならないようなところとする。監視台などの高い位置であれば理想的である。　(3)　①　C　　②　D　　③　A

〈解説〉平成20年3月に告示された新中学校学習指導要領において，内容及び内容の取扱いの改善事項をしっかりと学習しておくことが大切である。「水泳」については，従前示されていたクロール，平泳ぎ，背

泳ぎに加えバタフライを新たに示されるとともに，内容の取扱いに，第1学年及び第2学年において，クロール又は平泳ぎを含む二を選択して履修できるようにすることが示された。第3学年においては，これまで身に付けた泳法を活用して行う「複数の泳法で泳ぐこと，又はリレーをすること」を新たに示された。また，「内容の取扱い」に，スタートの指導については，安全への配慮から，すべての泳法について水中からのスタートを扱うようにするとともに，水泳の指導に当たっては，保健分野の「応急手当」との関連を図ることが示されている。(2)の水泳指導の安全管理，監視者の位置については，「学校体育実技指導資料第4集　水泳指導の手引(二訂版)平成16年3月　文部科学省」のP.77から出題されている。(3)のBの説明は，クロールの働きである。

【4】(1) ア　I　　イ　L　　ウ　E　　エ　M　　オ　K　　カ　G　　キ　A　　ク　N　　(2) 知識を活用する学習活動(事例などを用いたディスカッション，ブレインストーミング，実験・実習，課題実習など)

〈解説〉中学校学習指導要領解説　保健体育編(平成20年9月，文部科学省)から出題されることが多いので，熟読しておくことが必須である。(1)の教科目標はP.16から，保健分野の目標はP.148から，(2)の内容の取扱いはP.162～163から出題されている。

【5】ア　下垂体　　イ　性腺刺激ホルモン　　ウ　卵巣　　エ　精巣　　オ　女性ホルモン　　カ　男性ホルモン

〈解説〉中学校の保健分野において，内容の「(1)心身の機能の発達と心の健康」を第1学年で，「(2)健康と環境」及び「(3)傷害の防止」を第2学年で，「(4)健康な生活と疾病の予防」を第3学年で指導することが示されている。問題文の思春期の体の変化については，(1)の「イ　生殖にかかわる機能の成熟」で取扱う内容である。

【6】(1)　リサイクル(再利用)やリユース(再使用)などを通して，ゴミの減量(リデュース)を図るとともに，天然資源の消費を減らすこと(リデュース)により，よりよい環境を維持することを目的とした社会のこと。

(2)　①　ニコチン……血管を収縮させる。依存性がある。　②　一酸化炭素……酸素運搬能力を低下させる。　③　タール……発がん物質を多く含んでいる。　(3)　エイズとは，HIVというウイルスの感染によって起こる病気である。HIVは免疫の働きを低下させるので，発病すると様々な感染症やガンにかかりやすくなる。感染経路は，性的接触による感染，血液による感染，母子感染の3つで，性的接触がほとんどである。HIVの感染を予防するには，他の性感染症と同じく，感染の危険のある性的接触をしないことが最も有効である。また，コンドームは，正しく使用すれば感染の危険を少なくするのに有効である。

(4)　医薬品には，主作用と副作用があること。

〈解説〉近年，出題頻度の高い用語ばかりである。簡潔に説明できるように，要点を整理しておく。　(1)　2000年(平成12年)の循環型社会形成推進基本法において，3R(Reduce・Reuse・Recycle)の考え方が導入された。形成すべき「循環型社会」を「廃棄物の発生抑制，循環資源の循環的な利用，適正な処理の確保によって天然資源の消費を抑制し，環境負荷ができるかぎり低減される社会」と規定している。

(2)　たばこを吸う人が吸い込む煙を主流煙，たばこの先から出る煙を副流煙という。副流煙やたばこを吸う人が吐き出した煙を周りの人が吸うことを受動喫煙という。たばこの煙には，4000種類もの化合物が含まれ，その中には多くの有害物質・発がん物質が知られている。たばこの煙の中の主な有害物質とその害について正しく理解しておく。

(3)　エイズは，エイズウイルス(HIV：Human Immunodeficiency Virus)によって起こる病気である。Aquired(後天性)Immuno(免疫)Deficiency(不全)Syndorome(症候群)の頭文字をとってAIDSと名付けられた。1981年にアメリカのカリフォルニア州とニューヨーク州で，カリニ肺炎やカポジ肉腫などにかかっている若者が発見されたのが始まりである。人体の免疫力を高めるはたらきをするヘルパーT細胞に感染し，これを破壊してしまうため，免疫力が極端に低下し，様々な感染症を起こす。　(4)　医薬品に関する内容は，保健分野の「(4)健康な生活と疾病の予防」(第3学年)の「オ　保健・医療機関や医薬品の有効利用」で示されている。医薬品には，主作用と副作用があること，また使用回数，使用時間，使用量などの使用法があり，正しく利用する必要があることについて理解できるようにする。なお，新しく医薬品に関する内容を取り扱うことに関連して，2009年に施行された改正薬事法(2006年6月)からの出題も今後多くなるものと予想されるので，内容を調べておくようにする。コンビニエンスストアなどでも，一般医薬品の販売ができるようになるなど，医薬品販売の規制緩和を中心に改正された法律である。

【7】ア　文化的　　イ　国際親善　　ウ　障害の違い

〈解説〉体育理論の内容は，第1学年においては，(1)運動やスポーツの多様性を，第2学年においては，(2)運動やスポーツが心身の発達に与える効果と安全を，第3学年においては，(1)文化としてのスポーツの意義を取り上げることが示されている。問題文は，第3学年の内容からの出題である。教員試験対策としては，まず平成20年3月に告示された中学校学習指導要領をよく読みこなしておくことが大切である。

【高等学校】

【1】①，③，⑤，⑧，⑩

〈解説〉高等学校学習指導要領解説　保健体育編(平成21年12月)のP.84に，柔道の技能の学習段階の例が示されている。投げ技については，次のように示されている。(→印は，既出の技)

	中学校1・2年	中学校3年・高校入学年次	高校その次の年次以降
投げ技	膝車→支え釣り込み足 大外刈り→小内刈り 体落とし→大腰	→ 大内刈り →	→ → →
		釣り込み腰 背負い投げ 払い腰	→ → →
			内股 跳ね腰 送り足払い 浮き技 巴投げ

【2】(1)　②　　(2)　⑤　　(3)　⑨　　(4)　⑥　　(5)　③

〈解説〉職業の特殊性によって特に起こりやすい病気は，一般に職業病や職業性疾患といわれている。業務上疾病については，労働基準法施行規則別表でその範囲が明確にされている。「労働と健康」の内容は，高等学校「保健」の「(3)　社会生活と健康」で学習する。労働による傷害や職業病などの労働災害は，作業形態や作業環境の変化に伴い質や量が変化してきたことを理解できるようにする。また，労働災害を防止するには，作業形態や作業環境の改善を含む健康管理と安全管理が必要であることを理解できるようにしたい。

【3】(2)　目前の敵　　(3)　パスする味方　　(4)　複数の味方と敵
(5)　コートの空いた位置

〈解説〉ゲーム様相の発展過程と児童・生徒の技術認識の発展を理解しておく。初期は密集団子型と呼ばれ，ボールに密集する。ボール操作もおぼつかないため，周りを見ることもできず，意識はボールのみの段階である。次に縦パス速攻型の段階では，味方がボールを確保したとき空いたスペースへ移動してパスを受けるといった作戦を考え出すが，まだ組織的でなくゴールへ向かった縦パス速攻の様相である。全コート分散型の段階では，縦パス速攻だけでは得点できないから役割を考えるようになり，また防御側がマンツーマンディフェンスをとるようになったりして，仲間と連携してゴール前の空間を使ったり，ゴール前の空間を作りだしたりして攻防を展開するといったゲームの様相を示すようになっていく。

【4】(1) 「A体つくり運動」及び「H体育理論」については，すべての生徒に履修させること。「B器械運動」，「C陸上競技」，「D水泳」，「Gダンス」についてはこれらの中から一つ以上を，「E球技」，「F武道」についてはこれらの中から一つ以上をそれぞれ選択させる。 (2) ゴール型，ネット型，ベースボール型の三つの型から二つの型を履修させる。 (3) 複数の泳法で長く泳ぐこと又はリレーをすること。

(4) ・個別の課題設定をして生活上の困難を克服するための学習に配慮。 ・教材やルールの工夫を検討して障害のある生徒も参加可能な学習機会を設ける。 (5)「体育」の目標や内容の趣旨を逸脱したり，生徒の過重負担となったりすることのないように配慮する。

〈解説〉(1) 「A体つくり運動」及び「H体育理論」については，その次の年次以降においてもすべての生徒に履修させること。また，その次の年次以降において，「B器械運動」から「Gダンス」までの中から二つ以上を選択して履修できるようにすることが示されている。

(2)「E球技」については，入学年次では，ゴール型，ネット型，ベースボール型の中から二つを，その次の年次以降では，三つの型の中から一つを選択して履修させる。 (3) 「D水泳」については，従前示していたクロール，平泳ぎ，背泳ぎ，バタフライに加え，これまで身に付けた泳法を活用して行う「複数の泳法で長く泳ぐこと又はリレーをすること」が指導内容として新たに示された。 (4) 障害のある生徒の指導については，個別の課題を作成したり，個々の生徒の障害の状態等に応じた指導内容や指導方法の工夫を計画的，組織的に行うことが大切である。この配慮事項については，指導要領解説P.134に示されている。 (5) この配慮事項については，指導要領解説P.103に示されている。

【5】(1) 「保健」については，小学校第3学年から中学校第3学年まで毎学年学習しているので，高校では，継続して学習させることによって，学習の効果を上げることをねらっているから。　(2) ディスカッション・ブレインストーミング・ロールプレイングなど3つ
(3) ①　発達の段階を踏まえること　②　学校全体で共通理解を図ること　③　保護者の理解を得ること　(4) ・疾病や症状の有無を重視する健康の考え方　・生活の質や生きがいを重視する健康の考え方

〈解説〉学習指導要領の指導要領解説を細部まで相当読みこなしていないと解答できない問題である。　(1)「保健」は「入学年次及びその次の年次の2か年にわたり履修する」こととしたのは，高等学校においてもできるだけ長い期間継続して学習し，健康や安全についての興味・関心や意欲を持続させ，生涯にわたって健康で安全な生活を送るための基礎となるよう配慮したものである。(指導要領解説P.123参照)
(2) 知識を活用する学習活動を積極的に行うことにより，思考力・判断力等を育成していくことを示している。指導に当たっては，ディスカッション，ブレインストーミング，ロールプレイング(役割演技法)，心肺蘇生法などの実習や実験，課題学習などを取りいれること，地域や学校の実情に応じて養護教諭や栄養教諭，学校栄養職員など専門性を有する教職員等の参加・協力を推進することなど多様な指導方法の工夫を行うよう配慮することを示している(指導要領解説P.121参照)。
(3)「思春期と健康」は，「(2)生涯を通じる健康」の「ア生涯の各段階における健康」の内容で，指導に当たって配慮すべき事項は，指導要領解説P.118に示されている。　(4)「健康の考え方」の例は，「(1)現代社会と健康」の「アー(イ)健康の考え方と成り立ち」指導要領解説P.114に示されている。

【6】自己のチームや相手のチームの特徴を踏まえた作戦や戦術を選んでいる／仲間に対して，技術的な課題や有効な練習方法の選択について指摘している／球技を生涯にわたって楽しむための自己に適したかか

わり方を見付けている。など

〈解説〉「球技」の指導において，観点別評価の「思考・判断」に関わる「内容のまとまりごとの評価規準」の設定例は，高等学校学習指導要領解説　保健体育編(平成21年12月)のP.72に，入学年次とその次の年次以降に分けて〈例示〉されている。この11の例から3つ答えるとよい。—線部は解答例にあげたものである。

〈例示〉

入学年次

・提供された作戦や戦術から自己のチームや相手チームの特徴を踏まえた作戦や戦術を選んでいる。

・仲間に対して，技術的な課題や有効な練習方法の選択について指摘している。

・作戦などの話合いの場面で，合意を形成するための適切なかかわり方を見付けている。

・健康や安全を確保するために，体調に応じて適切な練習方法を選んでいる。

・球技を継続して楽しむための自己に適したかかわり方を見付けている。

その次の年次以降

・これまでの学習を踏まえて，チームが目指す目標に応じたチームや自己の課題を設定している。

・課題解決の過程を踏まえて，取り組んできたチームや自己の目標と成果を検証し，課題を見直している。

・チームの仲間の技術的な課題や有効な練習方法の選択について指摘している。

・作戦などの話合いの場面で，合意を形成するための調整の仕方を見付けている。

・健康や安全を確保・維持するために，自己や仲間の体調に応じた活動の仕方を選んでいる。

・球技を生涯にわたって楽しむための自己に適したかかわり方を見付けている。

【7】ゆっくりしたランニングから徐々にスピードを上げていくと，体が酸素を十分に利用できなくなるポイントを迎える。このポイントを無酸素性作業閾値と呼び，これを過ぎると筋肉や血液には乳酸がたまって疲労を感じるようになる。長距離走の前半をオーバーペースで走ると，運動強度が無酸素性作業閾値を大きく上回り，乳酸が蓄積するために，その後一気にペースダウンしてしまうので，自分にあった適切なペースを維持して走ることが重要である。

〈解説〉「陸上競技」の長距離走は，入学年次では，「自己に適したペースを維持して走ること」をねらいとする。自己に適したペースを維持して走ることとは，目標タイムを達成するペースを自己の技能・体力の程度に合わせて設定し，そのペースに応じたスピードを維持して走ることである。その重要性を指定された語句を使って説明する。長距離走において運動強度を徐々に上げていくと，やがて酸素摂取量を酸素消費量が上回り酸素不足となる。この状態に至ると血液中に乳酸が増加し続け，呼吸数，換気量が著しく増加する。その直前の運動強度，すなわち血中乳酸濃度が上昇し続けず運動を継続可能な最大の運動強度を無酸素性作業閾値(Anaerobics Threshold：AT)という。

【8】(1)　他人の稽古を見て，相手との距離の取り方や相手の隙をついて勢いよく技をしかける機会，技のかけ方や武道特有の気合いなどを学ぶ方法。　(2)　新たなスポーツ文化の確立を目指し，人(する人，観る人，支える人)の重視，連携・協働の推進を基本的な考え方として，今後10年間で実施すべき5つの重点戦略，政策目標，重点的に実施すべき施策や体制整備の在り方などを示したもの。　(3)　子どもの体力の状況を把握分析し，子どもの体力の向上に係る施策の成果と課題を検証し，改善を図ることをねらいとし，国・公・私立学校の小学校5年，中学校2年の全児童生徒を対象として実施されるもの。　(4)　国民の体力・運動能力の現状を明らかにするとともに，体育・スポーツの指導と行政上の基礎資料を得ることをねらいとし，小学生，青少年，成人，高齢者を対象として実施されるもの。

〈解説〉(1)　見取り稽古は，武道特有の練習方法である。高等学校学習指導要領の「F武道」領域の「3　知識，思考・判断」の内容に記述されている。　(2)　文部科学省が，今後の我が国のスポーツ政策の基本的方向性を示す「スポーツ立国戦略―スポーツコミュニティ・ニッポン―」を策定した(平成22年8月26日)。その概要の主なものは，次のように示されている。　Ⅰ　スポーツ立国戦略の目指す姿　新たなスポーツ文化の確立～すべての人々にスポーツを！スポーツの楽しみ・感動を分かち，支え合う社会へ～　Ⅱ　基本的な考え方　1．人(する人，観る人，支える(育てる)人)の重視
2．連携・協働の推進　Ⅲ　5つの重点戦略　①　ライフステージに応じたスポーツ機会の創造　②　世界で競い合うトップアスリートの育成・強化　③　スポーツ界の連携・協働による「好循環」の創出　④　スポーツ界における透明性や公平・公正性の向上
⑤　社会全体でスポーツを支える基盤の整備　※我が国のスポーツ政策を新たに示したことから，今後は出題頻度が高くなるものと予想されるので，文部科学省のホームページなどでその内容を詳しく学習しておくことが重要である。　(3)・(4)　体力・運動能力調査に関連して，文部科学省より『新体力テスト　有意義な活用のために』(平成12年，ぎょうせい)が刊行されているので，入手して学習しておくことが望ましい。新体力テストからの出題頻度も高い。

2011年度　実施問題

【中学校】

【1】次の(1)～(8)に答えよ。

(1) 水泳の指導において，二人一組の組をつくらせ，互いに相手の安全を確かめさせることを目的のひとつとする指導方法を何というか，記せ。

(2) 剣道の試合において，「気・剣・体」が一致した打突を何というか，記せ。

(3) 柔道において，「体落とし」で投げられた時に，受のとる「受け身」を何というか，記せ。

(4) 新中学校学習指導要領「保健体育」の「体育分野　内容　G　ダンス」に示されている3つのダンスは何か，すべて記せ。

(5) オルタネイティングポジションルールが用いられる種目は何か，記せ。

(6) ソフトボールにおいて，一塁手と打者走者の接触防止のために用いられるベースを何というか，記せ。

(7) 体操競技において，男子，女子それぞれにしかない種目を1つずつ記せ。

(8) 反復横とびのラインの間隔をA，陸上競技場のトラックのレーンの白線の間隔をB，相撲のしきり線の間隔をC，中学校男子110mハードルのハードルの高さをDとした時の，4つの長さを短い順にA～Dの記号で記せ。

(☆☆☆◎◎◎)

【2】次の(1)～(4)に答えよ。

(1) 生まれながらにもっている本能的な欲求で，個体の生命維持と生殖などにかかわる欲求を何というか，記せ。

(2) 適応機制(防衛機制)のひとつで，自分の不得意な面を他の面でおぎなおうとする機制を何というか，記せ。

(3) 心の中に，それぞれ違った方向あるいは相反する方向の欲求や考えがあって，その選択に迷う状態を何というか，記せ。

(4) 心理的な障害を生ずることなく，フラストレーションに耐えうる能力または限界を何というか，記せ。

(☆☆☆◎◎◎)

【3】次は，新中学校学習指導要領「保健体育」の「保健分野　3　内容の取り扱い」である。あとの(1)～(4)に答えよ。

(1) 内容の(1)は第1学年，A内容の(2)及び(3)は第2学年，内容の(4)は第3学年で取り扱うものとする。

(2) 内容の(1)のアについては，呼吸器，①循環器を中心に取り扱うものとする。

(3) 内容の(1)のイについては，妊娠や出産が可能となるような成熟が始まるという観点から，②受精・妊娠までを取り扱うものとし，妊娠の経過は取り扱わないものとする。また，身体の機能の成熟とともに，性衝動が生じたり，異性への関心が高まったりすることなどから，異性の③理解，情報への適切な対処や行動の選択が必要となることについて取り扱うものとする。

(4) 内容の(1)のエについては，体育分野の内容のB「A体つくり運動の(1)のア」の指導との関連を図って指導するものとする。

(5) 内容の(2)については，地域の実態に即して公害と健康との関係を取り扱うことも配慮するものとする。また，④生態系については，取り扱わないものとする。

(6) 内容の(3)のエについては，包帯法，止血法など傷害時の⑤処置も取り扱い，実習を行うものとする。また，効果的な指導を行うため，⑥体育理論など体育分野の内容との関連を図るものとする。

(7) 内容の(4)のイについては，⑦道徳の観点も踏まえつつ健康的な生活習慣の形成に結び付くよう配慮するとともに，必要に応じて，コンピュータなどの情報機器の使用と健康とのかかわりについて取り扱うことも配慮するものとする。

(8)　内容の(4)のウについては，心身への⑧急性影響及び⑨常習性について取り扱うこと。また，薬物は，覚せい剤や大麻等を取り扱うものとする。

(9)　内容の(4)のエについては，C後天性免疫不全症候群(エイズ)及び性感染症についても取り扱うものとする。

(10)　保健分野の指導に際しては，⑩技能を活用する学習活動を取り入れるなどの指導方法の工夫を行うものとする。

(1)　下線部の①～⑩が正しい場合には○を，誤っている場合には正しい語句を記せ。

(2)　____Aに関して，第2学年で取り扱う内容を記せ。

(3)　____Bに関して，次は第3学年の「A体つくり運動」の(1)のアを示している。a～cにあてはまる語句を記せ。

(　a　)運動では，心と体は互いに影響し変化することに気付き，体の状態に応じて体の調子を整え，仲間と積極的に交流するための(　b　)運動や(　c　)運動を行うこと。

(4)　____Cに示された感染症の予防を，指導する際に配慮することは何か，新中学校学習指導要領解説「保健体育編」に示されていることを3つ記せ。

(☆☆☆◎◎◎)

【4】次は，新中学校学習指導要領「保健体育」の「体育分野　第1学年及び第2学年　2　内容　E　球技」である。あとの(1)～(3)に答えよ。

(1)　次の運動について，勝敗を競う楽しさや喜びを味わい，基本的な技能や仲間と(　①　)した動きでゲームが展開できるようにする。

ア　ゴール型では，ボール操作と空間に(　②　)などの動きによってゴール前での攻防を展開すること。

イ　ネット型では，ボールや用具の操作と定位置に戻るなどの動きによって<u>空いた場所をめぐる攻防を展開</u>すること。

ウ　ベースボール型では，基本的なバット操作と(　③　)での攻撃，ボール操作と定位置での守備などによって攻防を展開すること。

(2)　球技に積極的に取り組むとともに，フェアなプレイを守ろうとすること，分担した役割を果たそうとすること，(　④　)などについての話合いに参加しようとすることなどや，健康・安全に気を配ることができるようにする。

(3)　球技の特性や成り立ち，技術の名称や行い方，関連して高まる(　⑤　)などを理解し，課題に応じた運動の取り組み方を工夫できるようにする。

(1)　①～⑤にあてはまる語句を記せ。

(2)　第1学年及び第2学年における思考・判断に関する指導内容として示されているものは何か。文中より抜き出し，記せ。

(3)　____部を行うためには，どのようにゲームを工夫すればよいか。種目を一つ取り上げて具体的に説明せよ。

(☆☆☆◎◎◎)

【5】次の(1)，(2)について簡潔に説明せよ。

(1)　ヘルスプロモーション

(2)　ノーパニック症候群

(☆☆☆◎◎◎)

【6】陸上競技のハードル走において，抜き足がうまくできない生徒に対して，どのような指導をするか，具体例をあげて説明せよ。

(☆☆☆◎◎◎)

【高等学校】

【1】次の文中の空欄(　ア　)～(　シ　)に適する語句を，下の語群から選び，それぞれ番号で記せ。

筋肉が(　ア　)するための直接のエネルギー源は，(　イ　)である。(　イ　)は筋肉中にほんのわずかしかないので，運動をおこなうためには新しく(　イ　)をつくらなければならない。この(　イ　)をつくる過程には3種類ある。

短時間に大きな力を発揮するような運動では，筋肉にある(　ウ　)を分解することによって，(　イ　)をつくる。この過程では，(　エ　)がいらないので，これを(　オ　)といい，また(　カ　)を発生することもないので(　キ　)という。(　キ　)だけでエネルギーを供給できない，比較的強くて持続するような運動では，(　ク　)を分解することによって，(　イ　)をつくる。これも(　オ　)だが，(　カ　)が生じるため，(　ケ　)という。

運動強度が低く，単位時間あたりのエネルギーが少なくてすむ運動では，(　エ　)を使って，(　ク　)，脂肪，たんぱく質を分解することによって，(　イ　)をつくる。(　エ　)を使うことから，これを(　コ　)という。マラソンのように，時間が長くパワーが低い運動では，この過程によって(　イ　)がつくられる。

(　コ　)によってエネルギーが供給されている運動を(　サ　)といい，(　オ　)でエネルギーが供給されている運動を(　シ　)という。

〈語群〉

①　乳酸	②　有酸素運動	③　クレアチンリン酸
④　非乳酸性機構	⑤　酸素	⑥　収縮
⑦　無酸素的過程	⑧　グリコーゲン	⑨　有酸素的過程
⑩　ATP	⑪　無酸素運動	⑫　乳酸性機構

(☆☆☆◎◎◎)

【2】次の各文の下線部について，誤りがある場合には正しい表現を記せ。また，誤りがない場合には○を記せ。

(1) 解熱鎮痛薬のように，病気の症状をおさえるために使われる医薬品を原因療法薬という。

(2) 勤め人とその家族を対象にした健康保険や共済組合などの医療保険を，国民健康保険という。

(3) 大麻を乱用すると，その薬理作用により，脳への作用は抑制，精神依存は強くなる。

(4) 交通事故の主たる要因として，主体要因，環境要因，車両要因の3つがあげられる。

(5) 血中アルコール濃度0.31％～0.40％は，酩酊前期である。

(6) たばこの煙の有害物質タールには，依存性の作用がある。

(☆☆☆◎◎◎)

【3】「21世紀における国民健康づくり運動(健康日本21)」の目的を簡潔に記せ。

(☆☆☆◎◎◎)

【4】水泳の授業において，準備運動はどのように行うべきか。運動量，内容，実施上の留意事項に即して記せ。

(☆☆☆◎◎◎)

【5】平成20年1月の中央教育審議会答申において指摘された，体育の課題を4つ記せ。

(☆☆☆◎◎◎)

【6】次の図は，平成21年3月に告示された高等学校学習指導要領「保健体育」，「体育」，「体育理論」の入学年次に取扱う内容を示したものである。下の(1)～(3)の問いに答えよ。

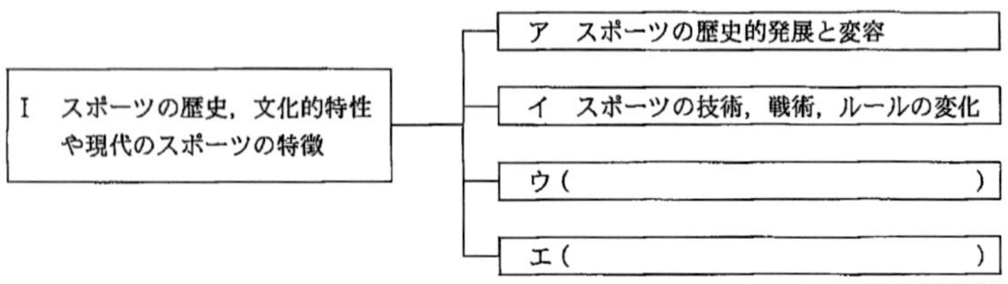

(1)　空欄ウ，エに適当な語句を記せ。

(2)　体育理論は，各年次何単位時間以上を配当することになっているか，記せ。

(3)　(2)の配当時間は，どのような配慮のもとに示されたのか，簡潔に記せ。

(☆☆☆◎◎◎)

【7】高等学校学習指導要領解説「保健体育編・体育編」(平成21年12月)の「体育」では，義務教育段階での学習内容の確実な定着を図る工夫として，どのようなものが示されているか，記せ。

(☆☆☆◎◎◎)

【8】次の(1)～(4)の語句を説明せよ。

(1)　視床下部

(2)　シュテムターン

(3)　ニュースポーツ

(4)　アイソトニックトレーニング

(☆☆☆◎◎◎)

解答・解説

【中学校】

【1】(1)　バディシステム　(2)　有効打突　(3)　横受け身
(4)　創作ダンス，フォークダンス，現代的なリズムのダンス
(5)　バスケットボール　(6)　ダブルベース　(7)　男子：鉄棒
女子：平均台　(8)　C→D→A→B

〈解説〉(1)　バディとは安全確認を行うパートナーのことである。
(2)　有効打突は「充実した気勢，適正な姿勢をもって，竹刀の打突部で打突部位を刃筋正しく打突し，残心があるもの」と規定されている。
(5)　オルタネイティングポゼションルールとは従来ジャンプボールで決めてきたボールの保持を，交互に保持し合うようにしたルールのこと。　(6)　ダブルベースの設置は，オレンジベースをファウル領域に，白色ベースをフェア領域に固定する。　(8)　Aの反復横とびのライン間隔は1m，Bのトラックレーンの白線の間隔は1.22m。また相撲のしきり線の間隔Cは70cmで，中学校男子110mハードルのハードルの高さDは914mm。したがってC→D→A→Bとなる。

【2】(1)　一次的欲求　(2)　補償　(3)　葛藤　(4)　欲求不満耐性

〈解説〉(1)　生まれつき持っている本能的な欲求で「生理的欲求」とも呼ばれ，人が生きていくために必要な行動に対する欲求のこと。
(2)　同じ適応機制のなかでも，合理化(もっともらしい理由をつけて自分を正当化する)などと混同しないようにしたい。　(3)　葛藤は大きく3つに分けられ，「接近－接近」の葛藤，「回避－回避」の葛藤，「接近－回避」の葛藤がある。　(4)　要求や欲求によって，行動への傾向が生じているにもかかわらず，それが阻止されたり，干渉されたりして，十分実現されないような欲求不満の状態に対して，それらを耐えられる限界のこと。

【3】(1)　①　○　②　○　③　尊重　④　○　⑤　応急手当　⑥　水泳　⑦　食育　⑧　○　⑨　依存性　⑩　知識

(2)　・健康と環境について理解できるようにする。　・傷害の防止について理解を深めることができるようにする。　(3)　a　体ほぐしの　b　手軽な　c　律動的な　(4)　発達の段階を踏まえること，学校全体で共通理解を図ること，保護者の理解を得ること

〈解説〉新学習指導要領に関する問題である。この出題のようにさまざまな角度から問われることが多いので，内容についてはしっかりと覚えておきたい。

【4】(1)　①　連携　②　走り込む　③　走塁　④　作戦　⑤　体力　(2)　課題に応じた運動の取り組み方を工夫できるようにする。　(3)　バレーボールにおいて，「返球の時の制限としてアタックラインの後ろから相手のコートの空いたところをねらって，素早くオーバースローで投げるといった制限」をし，工夫をすることなど。

〈解説〉これも新学習指導要領からの出題。日頃から学習指導要領をよく読み，各領域の指導内容を正しく理解しておくことが大切である。このように穴埋め式で出題されることも多いが，よく見れば決して特殊な用語を答えさせるわけではなく，注意深く考えれば分かるものも多い。

【5】(1)　WHO(世界保健機関)が1986年のオタワ憲章において提唱したもので，「人々が自らの健康をコントロールし，改善することができるようにするプロセス」と定義される。一人ひとりが主体的に健康づくりに取り組めるよう，教育と環境づくりを重視する考え方。

(2)　潜水などにより，血液中の酸素濃度が低下することによって意識が喪失し，それにより生じる呼吸の反射によって，気管内に水を吸引し，溺水に至る危険性を起こす状態。

〈解説〉(1)　現在，世界的な運動となっている健康づくり活動の概念である。ぜひ覚えておきたい。　(2)　ノーパニック症候群には過呼吸型

と間欠呼吸型，冷水圧刺激によるショック型などがある。

【6】基本となる動き，止まった状態でのハードルを越えるときの抜き足の動作，歩きながら低いハードルをまたぎ越す動きをスピードを徐々に上げながら練習するなど段階的に動きを習得させる。

〈解説〉低ハードルの使用(負荷の軽減)，ゆっくりの動作から速い動作の移行(段階的指導)，動作の特性の理解などに着眼する。

【高等学校】

【1】ア ⑥　イ ⑩　ウ ③　エ ⑤　オ ⑦　カ ①
キ ④　ク ⑧　ケ ⑫　コ ⑨　サ ②　シ ⑪

〈解説〉ATPはアデノシンと3つのリン酸から成り立っているが，そこから燐酸がひとつ離れたものをアデノシンニリン酸(ADP)とよび，この構造の変化時にエネルギーが生じる。このエネルギーが筋収縮のときに使用されている。しかし，からだのなかでのATPの貯蔵量は少なく，全力運動を数秒間連続すると使い切ってしまうほどの量しかない。したがって運動をさらに続ける場合は，分解されたADPをただちにATPに再合成してやる必要がある。再合成の方法は大別すると，①クレアチンリン酸(CP)を分解する(CP＋ADP→ATP＋C)，②グリコーゲンを分解(解糖)する，③糖を酸化させる，の3つがあげられる。①は約8秒間の連続運動が可能で，その際に乳酸は生じないことから「非乳酸性機構」とよばれている。また②は30～40秒ほどの連続運動を可能とする。これらの反応はどちらも酸素を必要としないので「無酸素的反応」という。なお，②の過程では乳酸が生じるが，乳酸がある程度以上筋中に蓄積されると，その反応は抑制され，それ以上の運動をさらに続けると，今度は③の方法でエネルギーを得て，ADPをATPに再合成する。この過程は，糖がクレブス回路(TCAサイクル)を経て，水と二酸化炭素にまで完全分解されるので，抑制が生じることなく，からだのなかのグリコーゲンを使い切るまで運動を続けることが可能となる。理論的には2400kcalのエネルギーが生じるといわれており，使用エネルギー

2300kcalと推定されるマラソンは，糖質の補給なしに行える連続運動の限界といえる。こうした③の過程を「有酸素的反応」とよぶ。

【2】(1)　対症療法薬　　(2)　被用者保険　　(3)　○　　(4)　○
(5)　泥酔期　　(6)　ニコチン

〈解説〉(1)　せき，痛み，発熱等の個々の症状を改善することを目的とするのに用いられる薬で，病気そのものを治したり，原因を除去したりするものとは異なる。　(2)　医療保険の種類には，政府管掌健康保険(保険者：国)，組合管掌保険(保険者：健康保険組合)，共済組合保険(保険者：共済組合)などがある。この他に国民健康保険(保険者：市町村・国保組合)，老人保険(保険者：市町村)などがあり，わが国では国民皆保険制度が確立されている。　(3)　大麻は脱力感，食欲増などの作用があり，健康上への影響では疲労，誇大妄想，精神異常などが見られる。退薬症状では不眠症，いらいら感，食欲不振などが見られる。(4)　主体要因は運転者のわき見運転などの安全運転義務違反やスピード違反によるものである。環境要因は照明灯やガードレールの不備，見通しの悪い交差点など，道路環境の整備が十分でないためにおこる事故。車両要因は自動車や自転車のブレーキやハンドルの整備不良によるものである。　(6)　タールには，発ガン物質が多く含まれており，ニコチンには強い依存性がある。

【3】21世紀のわが国を，すべての国民が健やかで心豊かに生活できる活力ある社会とするため壮年期死亡の減少，健康寿命の延伸及び生活の質の向上を実現することを目的とする。

〈解説〉WHOが提唱するヘルスプロモーションの理念に基づぎ，わが国で2000年にスタートした国民健康づくり運動のことである。「すべての国民が健康で元気に生活できる社会」の実現をはかるため，個人の力と社会の力をあわせて，国民の健康づくりを総合的に推進することを基本理念として，取り組むべき重点課題とその具体的な目標をかかげている。

【4】準備運動の量は，生徒の身体の状況をよく観察し，気象条件を考慮しながら適宜運動量を変えるべきであり，長時間，激しい運動をさせることは好ましいことではない。盛夏の暑いさなかで発汗の著しいときには運動量を少なくしたり，気温の低い場合には，身体が暖まる程度の運動量にするなどの配慮が必要である。内容については，身体のすべての部分の屈伸，回旋，ねん転などを取り入れた運動を行うことが大切である。また，各関節の可動性を増すような運動，筋肉を十分伸ばすような運動，筋肉をリラックスさせるような運動などに加え，平泳ぎの腕・脚の動作，クロールの腕の動作を模倣させるといった工夫も必要である。実施上の留意事項は，心臓に遠い部分の運動から始め，簡単なものから複雑なものへ，最後は呼吸運動で終わるという手順が一般的である。

〈解説〉準備運動とは主運動の前に行う軽い運動のこと。体温や筋肉の温度を適度に高めて，心身のはたらきを活発にすることがポイントである。

【5】・運動する子どもとそうでない子どもが二極化していること。
・子どもの体力の低下傾向が依然深刻であること。
・運動への関心や自ら運動する意欲，各種の運動の楽しさや喜び，その基礎となる運動の技能や知識など，生涯にわたって運動に親しむ資質や能力が十分に図られていない例が見られること。
・学習体験のないまま領域を選択している状況が見られること。

〈解説〉中央教育審議会答申からの出題である。このように教育に関する時事問題についてもチェックしておく必要がある。

【6】(1)　ウ　オリンピックムーブメントとドーピング　　エ　スポーツの経済的効果とスポーツ産業　　(2)　6単位時間(以上)　　(3)　事例などを用いたディスカッションや課題学習などを各学校の実態に応じて取り入れることができるよう配慮したためである。

〈解説〉新高等学校学習指導要領(平成21年3月)に関する問題。要領をよく読み，各領域の指導内容を正しく理解しておくことが大切である。(2)　今回の改訂によって，科目の名称変更が行われており，従来「体育理論」と言われていたものが「スポーツ概論」となっているので注意が必要。

【7】入学年次に3単位を配当する工夫や，各年次の単元計画の検討をする際に，学習経験の違いなどの生徒の実態を把握するための機会や，それまでの学習内容を復習する機会を一定時間確保した上で必履修科目の内容を学習させたり，関連する中学校の内容を適宜取り入れた指導をしたりするなどの工夫をする。

〈解説〉【6】と同様に新学習指導要領からの出題。学習指導要領　第1章総則 第5款の3(3)を参照されたい。

【8】(1)　間脳の一部で，自律神経機能の最高中枢として，水分代謝や体温調節，食欲，睡眠，下垂体ホルモンの分泌調整作用などの働きがある。　(2)　スキーのターン技術で，ターン後半にスキーをプルークスタンスにしながら，外スキーに荷重を移すことによって，次のターンのきっかけをつくる技術である。　(3)　1980年代に入ってから，日本に紹介されたスポーツや日本で新しく開発されたスポーツの総称で，そのほとんどは既存のスポーツ種目を変形させたものである。外国から日本に紹介されたものとして，ラクロスなどがあり，日本で新しく開発されたものとして，グランウンド・ゴルフなどがある。

(4)　一定重量の負荷を用い，それを筋肉の発揮する力で動かすトレーニングで，手や足などを動かしている状態で筋力を発揮させる動的トレーニングの一つである。

〈解説〉(1)　間脳の下部にある自律神経系の中枢。また，下垂体機能や中枢機能の調節に関与している。　(2)　スキー板を逆V字形に押し開いて制動をかけながら回転のきっかけをつくり，回転を始めたらスキーを元のようにそろえて滑る方法。　(3)　他にはインディアカやスポーツチャンバラ，ゲートボールも含まれる。レクリエーションの一環として，勝ち負けに拘らず気軽に楽しむことを目的としているのが特徴。 (4) 具体的にはウエイトトレーニングなどがこれに該当する。最大反復回数が10回以下の比較的重い負荷を用いると，筋力を効果的に高めることができる。

2010年度　実施問題

【中学校】

【1】次の(1)～(8)に答えよ。

(1)　陸上競技のトラック種目100mで1名の走者を3名の計測員が，手動により計測した。それぞれの計測記録が，ア～ウとなった場合の走者の公式記録を記せ。

ア．11.09　　イ．11.11　　ウ．11.11

(2)　陸上競技のフィールド種目の競技規則において，競技者は片足で踏み切らなければならないと規定されている種目は何か，記せ。

(3)　バレーボールのフローターサービスの説明について，次のア～ウに入る適切なことばを，①～⑧から選び，番号で記せ。

腕を前から振り上げ，一歩踏み出すのと同時に，(　ア　)を開始し，後ろ足から前足へ(　イ　)を移動し，ボールを強く打つ。フォロースルーは(　ウ　)に手をおろす。

① 回転　② 後ろ　③ 体重　④ ボール
⑤ スナップ　⑥ 自然　⑦ スイング　⑧ 軸

(4)　オクラホマミクサーの踊り始めの基本のポジションはどれか，次の①～④より選び，番号で記せ。

① オープンポジション　② プロムナードポジション
③ バルソビアナポジション　④ ホームポジション

(5)　柔道の投げ技「ひざ車」をかける際，相手を崩すためのつり手と引き手の動きを簡潔に説明せよ。

(6)　バスケットボールで安全にボールをキャッチするときの説明について，次のア～ウに入る適切なことばを，あとの①～⑧より選び，番号で記せ。

手の(　ア　)をパスする人に向け，(　イ　)を上向きか，下向きに広げて構える。キャッチしたらボールを(　ウ　)勢いを弱める。

① 引き上げ ② 肩 ③ 頭 ④ 指
⑤ 引きつけ ⑥ ひら ⑦ 甲 ⑧ ひじ

(7) 水泳の競技規則において，個人メドレーの泳法の順序を記せ。

(8) サッカーゴールのクロスバーまでの高さをA，バスケットゴールまでの高さをB，全国中学校バレーボール男子のネットの高さをC，陸上男子走り高跳びの世界記録をDとすると，A～Dのうち三番目に高いものはどれか，記号で記せ。

(☆☆☆◎◎◎)

【2】次の(1)～(4)について簡潔に説明せよ。

(1) オスグット・シュラッター病

(2) 人体の適応能力

(3) 随意運動と反射運動

(4) オーバーロードの原則

(☆☆☆◎◎◎)

【3】次は，新中学校学習指導要領「保健体育」の第1，2学年の「体つくり運動」と，体育理論「運動やスポーツの多様性」の一部である。下線部の①～⑫が正しい場合には○を，誤っている場合には，×を記せ。

体つくり運動を通して，体を動かす楽しさや心地よさを味わい，体力を高め，目的に適した運動を身に付け，①家庭で生かすことができるようにする。

ア 体ほぐしの運動では，心と体の関係に気付き，体の調子を整え，仲間と交流するための②手軽な運動や③巧技的な運動を行うこと。

イ 体力を高める運動では，ねらいに応じて，④体の柔らかさ，巧みな動き，⑤律動的な動き，動きを持続する⑥体力を高めるための運動を行うとともに，それらを組み合わせて運動の⑦実践に取り組むこと。

運動やスポーツが多様であることについて理解できるようにする。

ア 運動やスポーツは，体を動かしたり，⑧健康を維持したりするなどの必要性や，競技に⑨学んだ力を試すなどの楽しさから生みだされ発展してきたこと。

イ　運動やスポーツには，行うこと，見ること，⑩試すことなどの多様なかかわり方があること。

ウ　運動やスポーツには，特有の⑪技術や⑫知識があり，その学び方には，一定の方法があること。

(☆☆☆◎◎◎)

【4】器械運動について，次の(1)，(2)に答えよ。

(1)　新中学校学習指導要領解説「保健体育」の第1，2学年のマット運動の主な技の例示にある回転系の基本的な技を2つ記せ。

(2)　開脚前転を習得した生徒に対して，伸膝前転の段階的な練習方法と場の工夫について説明せよ。

(☆☆☆◎◎◎)

【5】次の(1)，(2)について，ア～オに入る適切なことばを①～⑩より選び，番号で記せ。

(1)　突き指をした場合は，指を引っ張らずに，すぐに冷やし，その後(　ア　)する。(　イ　)していたり，指が動かなかったりしたときは，医師の診断を受ける。

(2)　骨折したとき，(　ウ　)が伴う場合は，先ずその手当をする。前腕の骨折では，患部の上と下の(　エ　)を固定具を用いて(　ア　)する。巻いた(　オ　)が締まりすぎていないか，看て，締まりすぎていたらゆるめる。医師の診断を受ける。

①　搬送　　②　運搬　　③　関節　　④　運搬　　⑤　出血
⑥　固定　　⑦　部分　　⑧　止血　　⑨　変形　　⑩　安静

※注　選択肢①～⑩のうち，②と④に同じ語句「運搬」がありました。②，④は，正解の選択肢とはなりませんので，採点上の変更はありません。

(☆☆☆◎◎◎)

【6】 立った姿勢から一度座り込みジャンプするときの，筋肉の伸長効果について説明せよ。

(☆☆☆◎◎◎)

【7】クールダウンの効果を4つ記せ。

(☆☆☆◎◎◎)

【高等学校】

【1】次の(1)～(7)に答えよ。

(1) ラグビーで，ボールを相手のデッドボールライン方向に投げるかパスをする反則名を記せ。

(2) 砲丸投げの投法を2つ記せ。

(3) サッカーで，足の甲を使いもっともパワーとスピードが出るキック名を記せ。

(4) マット運動のほん転技群「ロンダート」を，日本語で記せ。

(5) バドミントンで，相手を前方にひきつけるときに使うフライト名を記せ。

(6) 剣道で，「一足一刀」の間合いとは何かを記せ。

(7) 水泳のバタフライで用いるキック名を記せ。

(☆☆☆◎◎◎)

【2】食品衛生活動について，次の設問に答えよ。

(1) 文中の(　　)内に語群より適語を選んで，番号を記せ。

わが国では，(　ア　)や食品衛生法にもとづき，さまざまな活動が展開されている。

その中心には，(　イ　)があり，(　ウ　)への影響を公正な立場で(　エ　)・客観的に評価し，とるべき施策を勧告するなどの役割をはたしている。

また最前線では，(　オ　)の食品衛生監視員が，食品工場や飲食店などについて監視・指導をおこなっている。さらに食品衛生監視員は，(　カ　)において輸入食品の審査や抜き取り検査をおこなっている。

〈語群〉

① 検疫所　② 健康　③ 食品安全基本法　④ 保健所
⑤ 食品安全委員会　⑥ 空港　⑦ 化学的
⑧ 食品安全法　⑨ 身体　⑩ 科学的

(2) 文中の下線部，輸入食品の審査や抜き取り検査をおこなう理由を記せ。

(☆☆☆◎◎◎)

【3】学習評価について，次の設問に答えよ。

(1) 「指導と評価の一体化」を説明せよ。

(2) 保護者や生徒への学習評価の情報提供は，どのようにするべきか記せ。

(☆☆☆◎◎◎)

【4】文部科学省が策定した「スポーツ振興基本計画」(平成18年改定)で，スポーツの振興を通じた子どもの体力の向上方策で示されている基盤的施策を4つ記せ。

(☆☆☆◎◎◎)

【5】平成20年度山梨県新体力テスト・健康実態調査報告書(山梨県教育委員会)では，体力・運動能力の実態として，ハンドボール投げ等身体の操作性が求められる種目に課題があると報告されている。その考えられる原因と改善策を記せ。

(☆☆☆◎◎◎)

【6】女子の柔道の授業において，投げ技を段階的に指導する際の留意点を記せ。

(☆☆☆◎◎◎)

【7】バレーボールのスパイク練習をブロックをつけて行う時に，けがの防止に努める指導上の留意点を記せ。

(☆☆☆◎◎◎)

【8】次の語句を説明せよ。

(1)　ピーターパン・シンドローム

(2)　エストロゲン

(3)　シンスプリント

(4)　日和見感染

(5)　セカンドオピニオン

(☆☆☆◎◎◎)

解答・解説

【中学校】

【1】(1)　11.2　又は，11秒2　　(2)　走り高跳び　　(3)　ア　⑦　イ　③　　ウ　⑥　　※完全解答　　(3)　確実性が高く，威力もあるサーブで，ボールをミートする手の位置や打つときの強さによって，変化に富んだサーブとなる。　(4)　③　　(5)　引き手を回すように下へ引く。つり手と引き手で車のハンドルのように回す。右前すみにくずす。　　(6)　ア　⑥　　イ　④　　ウ　⑤　　※完全解答

(7)　バタフライ→背泳ぎ→平泳ぎ→自由形　　※完全解答　　(8)　A

〈解説〉(1)　3個の時計のうち2個が一致し，1個が異なっている場合は，2個の時間が示す時間を公式記録とする。もし，3個の時計がそれぞれ異なった時間を示すときは，中間の時計をもって公式記録とする。何らかの理由で，2個の時計でしか計時できず異なった時間となった場合は，遅い方の時間を公式記録とする。　(2)　第182条　走高跳　競技会　①に明記されている。　(4)　女性が手を肩の付近に持っていき，

男性が右手を伸ばして女性の右手をとり，左手を自然につなぐ。男性が女性の後ろにつく場合と前につく場合がある。　(5)　相手が前に出ようとする瞬間に前すみにくずし，足裏で相手の膝頭を支え，体をそらせながら相手の上体をひねって投げる。　(6)　①指を開く。手のひらが平になるように。②胸の前で，両手で壁を作るように構える。手のひらが床に垂直になるように。　③親指と親指の間は5cmくらい離す　④中指と中指が平行になるように　⑤親指と親指はハの字になるように　⑥以上のような構えを作り，ボールを持っている人に，そこにパスするように呼ぶ　⑦ボールの中心がその両手の真ん中にくるように，両手をずらす。右の手と左の手との位置関係はずらさないようにする。5cm離れたまま動かす。　⑧ボールが来たら，少し引くようにキャッチして，ボールのショックを和らげる。生卵をキャッチするつもりで。　⑨ボールが左右上下にずれたら，両手の構えはくずさずにずらす　⑩ボールをよく見て，ボールが手のひらに入るまで見る。キャッチミスする人は，たいてい，途中で，目がボールから離れてしまう。　(7)　メドレーリレー：①背泳ぎ－②平泳ぎ－③バタフライ－④自由形　(8)　A：サッカーゴールのクロスバーまでの高さ…2m44　B：バスケットゴールまでの高さ…3m05　C：全国中学校バレーボール男子のネットの高さ…2m30　D：陸上男子走り高跳びの世界記録…2m45(ハビエル・ソトマヨル，キューバ　1993年7月27日)

【2】(1)　発育期に激しい運動を行う児童・生徒に多く発生する。頸骨結節部が膨隆し，疼痛を訴える疾患。　体の同じ部位に負担のかかるような運動を続けていると，骨が傷ついたり，変形したりする。　靭帯がついている部分が引っ張られるために，強い痛みを感じる。その部分が堅くなったり，はがれたりする。　(2)　体の諸器官を働かせて環境の変化に対応する能力の働き(気温・気圧・酸素濃度などの環境の変化に対応するその働き)　(3)　大脳の判断によって意識的に行われる運動を随意運動といい，脳幹や小脳，脊髄などによって無意識のうちに調整されて行われる運動を反射運動という　(4)　体力を高め

るためには，日常行っている運動よりやや強い運動をする必要があることをオーバーロードの原則という

〈解説〉膝の脛骨の付近の痛みや膝裏の痛みを感じる。様々なスポーツでジャンプや屈伸を行うことにより，大きな衝撃が膝(脛骨)付近に生じ，脛骨粗面付近に炎症が生じる。頸骨粗面に存在する骨端核に機械的牽引力がかかることに起因するとされる。このため10～15歳の活発な発育期の男子に多く発生し，運動時に症状が強く現れる。膝伸展機構は大腿四頭筋から膝蓋骨，膝蓋靭帯・膝蓋腱，頸骨粗面へと連続する。スポーツ選手では膝伸展の反復により，これらの部分に牽引力が働き，膝蓋骨遠位端，膝蓋靭帯，頸骨粗面が弱点となり，ジャンパー膝，シンディングラーセン・ヨハンソン病などのように疼痛が起こる頻度が高い。X線でも骨端核の様々な乱れや遊離骨片の発生などが認められる。　(2)　恒常性，ホメオスタシスは生物のもつ重要な性質のひとつで生体の内部や外部の環境因子の変化にかかわらず生体の状態が一定に保たれるという性質，あるいはその状態を指す。生物が生物である要件のひとつであるほか，健康を定義する重要な要素でもある。生体恒常性とも言われる。　(3)　随意運動：意志のままに遂行したり，中止したりできる運動をいう。日常動作のほとんどは随意運動であるが，実際には明確な意志にもとづいて行われるものではないことは，歩行運動や咀しゃく運動，表情運動などを考えてみるとよくわかる。これらの運動においては運動パターンが中枢にプログラム化されており，半ば自動的に動作が遂行される。呼吸，嚥下，排泄などは随意的に行いうるが，自律神経系の支配下において反射的にも起こる。一般の運動動作も，伸張反射，姿勢反射など種々の反射機構をたくみに利用することにより，スムースに遂行されている。このように考えてくると，随意運動という特別の運動が存在するわけではなく，大脳の発達により高い随意性を獲得した高等動物の正常かつ覚醒下での運動をすべてひっくるめたものをさすと考えるのが妥当かと思われる。　反射：刺激が感覚受容器から求心性ニューロンによって反射中枢に伝えられ，ここで意志と無関係に切り換えられ，遠心性ニューロンを介した

興奮が効果器に効果をあらわす現象を指す。反射径路を反射弓という。反応は，反射より広い概念であり，外界からの各種の作用に対し生体が示す反作用一般を指す。　(4)　トレーニングによって，新しい適応を身体にもたらそうとするのであれば，日常生活でふつうおこなっている運動より強い運動負荷を身体に加えなければならない。また，体力の向上にともない過負荷の程度は小さくなるので，体力をさらに高めるには運動の強さを増す必要がある。

【3】①　×　　②　○　　③　×　　④　○　　⑤　×　　⑥　×
⑦　○　　⑧　×　　⑨　○　　⑩　×　　⑪　○　　⑫　×

〈解説〉体つくり運動：次の運動を通して，体を動かす楽しさや心地よさを味わい，体力を高め，目的に適した運動を身に付け，組み合わせることができるようにする。　ア　体ほぐしの運動では，心と体の関係に気付き，体の調子を整え，仲間と交流するための手軽な運動や律動的な運動を行うこと。　イ　体力を高める運動では，ねらいに応じて，体の柔らかさ，巧みな動き，力強い動き，動きを持続する能力を高めるための運動を行うとともに，それらを組み合わせて運動の計画に取り組むこと。　体育理論：運動やスポーツが多様であることについて理解できるようにする。　ア　運動やスポーツは，体を動かしたり，健康を維持したりするなどの必要性や，競技に応じた力を試すなどの楽しさから生みだされ発展してきたこと。　イ　運動やスポーツには，行うこと，見ること，支えることなどの多様なかかわり方があること。ウ　運動やスポーツには，特有の技術や戦術があり，その学び方には一定の方法があること。

【4】(1)　開脚前転，　開脚後転　　(2)　・伸膝での状態になれるため，開脚前転後にさまざまなパターンで手を着かせる。(条件を変えた技)　・段差などを利用し，回転速度を高めた前転や開脚前転をさせる。(発展させた技)　　・高低差を利用した伸膝前転をさせる。(場の工夫)　・壁などにもたれた状態から起き上がる動きを身につけさせる。(段階

的な指導)

〈解説〉前転，開脚前転，後転，開脚後転から2つ選択　(2)　伸膝前転：なるべく腰を高い位置に上げておく。足を前に振り出す(腰角度を広げる)。前屈しながら手でマットを押しはなす(ひじを曲げない)。前方に体重移動しながら起き上がる。足裏を全部つける。

【5】ア　⑥　イ　⑨　ウ　⑤　エ　③　オ　⑦

〈解説〉(1)　RICE処置を損傷直後に適切に行うことで，治癒を早めることができる。　Rest(安静)－スポーツ活動の停止：受傷直後から体内で痛めた部位の修復作業が始まる。しかし，患部を安静させずに運動を続けることでその作業の開始が遅れてしまう。その遅れが結果的に完治を遅らせリハビリテーションに費やす時間を長引かせてしまうので，受傷後は安静にすることが大切である。　Ice(アイシング)－患部の冷却：冷やすことで痛みを減少させることができ，また血管を収縮されることによって腫れや炎症をコントロールすることができる。Compression(圧迫)－患部の圧迫：適度な圧迫を患部に与えることで腫れや炎症をコントロールすることができる。　Elevation(挙上)－患部の挙上：心臓より高い位置に挙上をすることで重力を利用し腫れや炎症をコントロールすることができる。　(2)　骨折の部分にそえ木を当て，安静を保つようにする。局所を冷やす。体を温める。速やかにかつ安静に医療機関へ運搬するようにする。

【6】ジャンプ前に反動動作を行うと，ジャンプに用いる筋肉と腱が急激に伸ばされ，縮もうとするエネルギーが発生する。このエネルギーを上手く利用すると，大きな力を得ることが出来る。これが，筋肉の伸張効果である。

〈解説〉解答参照。

【7】・疲労物質(乳酸)の除去を早め，疲労回復を助ける。　・急に運動をやめることによって生じる血圧の急激な低下を抑え，めまいや卒倒

などの発生を防ぐ　・運動によって生じた筋の緊張を和らげる。
・運動時の精神的な緊張をほぐし，心身を平常の状態にもどす。
〈解説〉解答参照。

【高等学校】

【1】(1)　スローフォワード　(2)　ホップ(サイドステップ)，グライド(オブライエン)，回転投法　(3)　インステップキック　(4)　側方倒立回転跳び1/4ひねり　(5)　ヘアピン，ドロップ，カット
(6)　一歩踏み込めば打突でき，一歩退けば打突をかわすことのできる距離　(7)　ドルフィンキック
〈解説〉(2)は2つ選択する。

【2】(1)　ア　③　イ　⑤　ウ　②　エ　⑩　オ　④　カ　①
(2)　日本とは異なる生産状況や規制のもとで製造や生産・加工がおこなわれているため，有害物質や農薬が基準以上の濃度で存在していることがあるから。
〈解説〉わが国の食品保健活動は，食品衛生法にもとづいておこなわれている。その対象は食品だけでなく，食品添加物，器具・容器包装，おもちゃ，洗剤も含み，食品の表示についても規定されている。さらに，食品安全基本法による対策も進められている。食品の安全性を確保するためには，食品の製造，加工，保存，流通のそれぞれの段階での衛生的な管理が必要である。食品や器具・容器包装などについては，原材料や食品に含まれる微生物，重金属の成分規格，製造基準，保存基準などが定められている。食品衛生監視員によって食品や施設の衛生管理についての監視と指導がおこなわれ，違反者には営業許可の取り消し，営業禁止・停止などの処分がなされている。また，輸入食品については，全国の検疫所において．検査，立ち入り検査，検体検査などが実施されている。

【3】(1) 指導と評価は別物ではなく評価の結果によって後の指導を改善し，さらに新しい指導の成果を再度評価するという，指導に生かす評価を充実させること。 (2) 学習評価を，日常的に，通信簿や面談を通じて，生徒や保護者に十分説明し，学習の評価を生徒や保護者と共有していくこと。観点や規準を示し，評価方法をどう行うかの考え方や方針をあらかじめ説明すること。

〈解説〉(1) 学校の教育活動は，計画，実践，評価という一連の活動が繰り返されながら，児童生徒のよりよい成長を目指した指導が展開されている。すなわち，指導と評価とは別物ではなく，評価の結果によって後の指導を改善し，さらに新しい指導の成果を再度評価するという，指導に生かす評価を充実させることが重要である(いわゆる指導と評価の一体化)。評価は，学習の結果に対して行うだけでなく，学習指導の過程における評価の工夫を一層進めることが大切である。また，児童生徒にとって評価は，自らの学習状況に気付き，自分を見つめ直すきっかけとなり，その後の学習や発達を促すという意義がある。自ら学び自ら考える力などの「生きる力」は，日々の教育活動の積み重ねによって児童生徒にはぐくまれていくものであり，その育成に資するよう，日常の指導の中で，評価が児童生徒の学習の改善に生かされることが重要である。また目標に準拠した評価においては，児童生徒の学習の到達度を適切に評価し，その評価を指導に生かすことが重要である。そのため評価活動を，評価のための評価に終わらせることなく，指導の改善に生かすことによって，指導の質を高めることが一層重要となる。 (2) 評価が児童生徒の学習の改善に生かされるようにするためには，学習の評価を，日常的に，通信簿や面談などを通じて，児童生徒や保護者に十分説明し，学習の評価を児童生徒や保護者と共有していくことが大切である。特に，通信簿については，その扱いや様式は各学校の判断で決められるものであるが，その役割は大きい。このことを踏まえ，児童生徒の学習の過程や成果，一人一人の進歩の状況などを適切に評価し，それが評価だけに終わるのではなく，その後の学習を支援することに有効に役立てられるものとなるよう，記載内容や方法，様式などについて改善充実が図られることが期待される。また，学習の結果としての評価の情報とともに，どのような観点や規準で評価を行うのか，どのような方法で評価を行うのかといった学校としての評価の考え方や方針を，教育活動の計画などとともにあらかじめ説明することも大切である。評価には，信頼性が求められるが，評価を指導に生かしていくためには，単に数値化されたデータだけが信頼性の根拠になるのではなく，評価の目的に応じて，評価する人，評価される人，それを利用する人が，互いにおおむね妥当であると判断できることが信頼性の根拠として意味を持つ。その意味でも，評価規準や評価方法等に関する情報が児童生徒や保護者に適切に提供され，共通に理解されていることが大切である。

【4】教員の指導力向上。　子どもが体を動かしたくなる場の充実。
児童生徒の運動に親しむ資質・能力や体力を培う学校体育の充実。
運動部活動の改善・充実

〈解説〉スポーツの振興を通じた子どもの体力の向上方策として，「子どもの体力について，スポーツの振興を通じ，その低下傾向に歯止めをかけ，上昇傾向に転ずることを目指す。」とし，政策目標達成のため必要不可欠である施策としては，「子どもの体力の重要性について正しい認識を持つための国民運動の展開」，「学校と地域の連携による，子どもを惹きつけるスポーツ環境の充実」を，このための基盤的施策として，「教員の指導力の向上」，「子どもが体を動かしたくなる場の充実」，「児童生徒の運動に親しむ資質・能力や体力を培う学校体育の充実」，「運動部活動の改善・充実」を示している。

【5】原因としては，身体の操作性を要する運動遊びや学習の経験不足が考えられる。改善策としては，身体の操作性・ボールなどの道具の操作，身のこなしが育まれる運動を意図的に行わせる。運動の日常化を図り，敏捷性，操作系の動きを意図的に取り入れるなどの働きかけが必要。

〈解説〉解答参照。

【6】筋力が劣るため，初めは動作が小さく相手の体重を支えることの少ない技を，次に大腰のような体さばきが大きく両足支持の技，それから片足支持の技というように体力に応じて順を追って技を習得させていく。

〈解説〉解答参照。

【7】スパイク・ブロックの助走，踏切，着地でネットに対して流れないようにさせ，相手との接触で着地時に捻挫等にならないように気を付けさせる。ボールをかごなどに片づけ，ネット付近に転がっていないよう注意する。

〈解説〉解答参照。

【8】(1)　ピーターパンのように永遠の少年を演じ続けようとし，冒険や新奇なものに次々と挑戦して生きていこうとする傾向。　(2)　卵巣から分泌される卵胞ホルモン。　(3)　ランニングなどにより，足関節の背屈，底屈を繰り返すことで，ひらめ筋からの筋膜が付着している脛骨遠位1/3内側の炎症。　(4)　身体の免疫機能が低下した結果，抵抗力が弱まり，健康な時には何でもなかった原虫やカビなどの微生物によって起こる感染。　(5)　患者が，検査や治療を受けるにあたって，担当医以外の医師に求めた意見。または，「意見を求める行為」。

〈解説〉言動が「子供っぽい」という代表的な特徴をはじめ，精神的・社会的・性的な部分に関連して問題を引き起こし易いという事が挙げられ，その症状に陥ったと思われる人物が「男性」であるという点から，「成長する事を拒む男性」として定義されている。　(2)　卵巣の顆粒膜細胞，外卵胞膜細胞，胎盤，副腎皮質，精巣間質細胞で作られ，思春期以降分泌が増加し，プロゲステロンとともに月経周期に応じて濃度が変化する。女性の性活動，二次性徴を促進する働きがある。

(3)　脛骨過労性骨膜炎を指し，下腿内側に位置する脛骨の下方$\frac{1}{3}$に痛みが発生する特徴がある。痛みは脛骨に沿ってうずくような鈍痛で始まる。ある一点に集中する痛みとは違い，筋肉が骨に付着するラインに沿って起こる。　(4)　宿主と病原体との間で保たれていたバランスが宿主側の抵抗力低下により崩れ，宿主の発病につながるものであり，免疫力低下を招く疾患に罹患している，臓器移植等で免疫抑制剤を使用中である，あるいは加齢に伴う体力減衰等の要因によって動物の免疫力が低下すると，通常であればその免疫力によって増殖が抑えられている病原性の低い常在細菌が増殖し，その結果として病気を引き起こすこと。　(5)　主治医に「すべてを任せる」という従来の医師患者関係を脱して，複数の専門家の意見を聞くことで，より適した治療法を患者自身が選択していくべきと言う考え方に沿ったものである。セカンド・オピニオンを求める場合，まずは主治医に話して他医への診療情報提供書を作成してもらう必要がある。意見を求められた医師は，これまでの治療経過や病状の推移を把握しないことには適切な助言をすることが難しいからである。その上で，紹介先を受診し意見を求めることになる。このとき，新たな検査を必要とすることもある。

2009年度　実施問題

【中学校】

【1】現行中学校学習指導要領「保健体育」の内容の取扱いについて，次の(1)～(5)に答えよ。

(1) 第1学年において，「F武道」及び「Gダンス」は，どのように履修できるとされているか，記せ。

(2) 体育分野の内容の取扱いで，第2学年及び第3学年においては，「E球技」から「Gダンス」は，どのように履修できるとされているか，記せ。

(3) 体育分野の内容の取扱いで，集合，整とん，列の増減，方向変換などの行動の仕方を身に付け，能率的で安全な集団としての行動ができるようにするための指導については，どのように行うものとされているか，記せ。

(4) 保健分野の内容の取扱いで，内容の(1)のア「身体の機能は年齢とともに発達すること。」については，何を中心に取り扱うものとされているか，記せ。

(5) 保健分野の内容の取扱いで，内容の(1)のイ「思春期には，内分泌の働きによって生殖にかかわる機能が成熟すること。また，こうした変化に対応した適切な行動が必要となること。」にかかわっては，妊娠の何を取り扱わないものとされているか，記せ。

(☆☆◎◎◎◎)

【2】次の(1)～(4)は，文部科学省の新体力テスト実施要項の各テスト項目における実施上の注意を書きだした文である。それぞれ何のテスト項目の実施上の注意か，その項目名を記せ。

(1) 被測定者のメガネは，はずすようにする。

(2) このテストは，同一の被測定者に対して続けて行わない。

(3) テスト終了後は，ゆっくりとした運動等によるクーリングダウンをする。

(4)　靴を脱いで実施する。

(☆☆☆◎◎)

【3】次の(1)～(6)に答えよ。

(1)　健康の保持増進には，年齢，生活環境等に応じた食事とあと2つ何が必要か記せ。

(2)　現代青少年の生活に見られる，生活習慣病を引き起こす要因を3つ記せ。

(3)　欲求には，生命を維持していくための生理的欲求と，社会生活の中で生まれてくる社会的欲求があるが，それぞれの具体的な欲求を3つずつ記せ。

(4)　がんはどのような病気か，簡潔に説明せよ。また，がんを防ぐための具体例を5つ記せ。

(5)　卓球において，シェークハンドグリップでドライブ打ちをする時の，スイングの仕方とボールの打ち方(ラケットへの当て方)を記せ。

(6)　バレーボールでオープントスのスパイクを打つ際(右ききの場合)，どのようにステップしてジャンプするとよいか，記せ。

(☆☆☆☆◎◎)

【4】平成20年3月に告示された新中学校学習指導要領「保健体育」について，次のア～コに適することばをあとのa～tから選び，記号で記せ。

(1)　現行の中学校学習指導要領と違い，体育分野の目標や内容が，(　ア　)学年と(　イ　)学年が，一つのまとまりとして示されている。

(2)　球技の内容が，種目名ではなく(　ウ　)型，(　エ　)型，(　オ　)型で示されている。

(3)　各学年においてすべての生徒に履修させる領域は，(　カ　)と(　キ　)で，指導計画の作成と内容の取り扱いに，(　カ　)については(　ク　)単位時間以上，(　キ　)については(　ケ　)単位時間以上，各学年において配当することとされている。

(4) 指導計画の作成と内容の取り扱いに，第1章総則第1の3に示す学校における体育・健康に関する指導の趣旨を生かし，特別活動や(コ)などとの関連を図るよう，記述された。

a 道徳	b 球技	c 学級活動	d 体つくり運動
e 体育理論	f ネット	g 攻防一体	h 生徒会活動
i 1	j 2	k 3	l フットボール
m 4	n 対戦	o 武道	p ベースボール
q ゴール	r 6	s 7	t 運動部の活動

(☆☆☆☆◎)

【高等学校】

【1】喫煙にたいする対策について，次の設問に答えよ。

(1) 「たばこ規制枠組条約」の中で定められている対策を1つ記せ。

(2) わが国では未成年の喫煙は禁止されている。その根拠となる法律名を記せ。

(3) わが国では公共の場での禁煙や分煙が義務づけられている。その根拠となる法律名を記せ。

(☆☆☆◎◎)

【2】健康寿命について，次の文中の(　　)内に語群より適語を選んで，番号を記せ。

健康寿命とは，(ア)から事故や病気で寝たきりになったり，(イ)になったりする期間をさしひいて算出される指標である。(ウ)が2004年に発表したところによると，日本の健康寿命は男女あわせて平均75.0年であり，(エ)となっている。その理由として，わが国の伝統的な(オ)の食事によって心臓病が少ないことなどがあげられる。しかし，近年のわが国における(カ)の食生活や高い(キ)が影響して，やがては健康寿命が低下すると予想されている。

〈語群〉

① 痴呆症	② 世界1位	③ 世界3位	④ 肉中心
⑤ 高脂肪	⑥ 野菜中心	⑦ WHO	⑧ ODA
⑨ 喫煙率	⑩ 平均寿命	⑪ 認知症	⑫ 低脂肪
⑬ 死亡率	⑭ 肥満	⑮ 健康指標	

(☆☆☆◎◎)

【3】感染症について，次の設問に答えよ。

(1)　病原性大腸菌0157によっておこる感染症名を漢字で記せ。

(2)　医薬品に抵抗力をもつ菌の総称を記せ。

(3)　医薬品に抵抗力をもつ菌の出現を助長した理由を記せ。

(4)　1970年以降に新しく認識された感染症の総称を記せ。

(5)　一時期減少していたが，近年再び増加してきた感染症の総称を記せ。

(6)　感染症の予防策を3つあげよ。

(☆☆☆◎◎◎◎)

【4】典型7公害をすべてあげよ。

(☆☆☆☆◎◎◎)

【5】運動技能を上達させるためには，ステップを考えた練習が必要となる。前方倒立回転とびの段階的な練習を，3段階にわけ説明せよ。

(☆☆☆☆◎◎)

【6】倒立の補助の仕方について説明せよ。

(☆☆☆☆◎◎)

【7】次の運動の創始者と発祥地を語群より適語を選んで，番号を記せ。

運　動	創始者	発祥地
(1) 器械運動	(ア)	(イ)
(2) バレーボール	(ウ)	(エ)
(3) バスケットボール	(オ)	(カ)
(4) ハンドボール	(キ)	(ク)
(5) 柔道	(ケ)	(コ)

〈語群〉

① 嘉納治五郎　② ヤーン　③ ネイスミス
④ エアンスト　⑤ J・ギブ　⑥ リーランド
⑦ ウィリアム・G・モルガン　⑧ ウイングフィールド
⑨ イギリス　⑩ ドイツ　⑪ 日本　⑫ デンマーク
⑬ ロシア　⑭ フランス　⑮ アメリカ

(☆☆☆◎◎◎◎)

【8】次の語句を説明せよ。

(1) 生涯スポーツ
(2) オープンスキル
(3) クローズドスキル
(4) リデュース
(5) 昇華

(☆☆☆◎◎◎◎)

解答・解説

【中学校】

【1】1 (1) 武道・ダンスから一つを選択して履修する。(2) 球技・武道・ダンス(または，球技からダンスまで)のうちから，二つをそれ

ぞれ選択して履修する。 (3)　内容の「体つくり運動」から「ダンス」までの領域において適切に行う。 (4)　身体機能の発達の順序性及び呼吸器，循環器を中心に取り扱う。 (5)　(妊娠の)経過

〈解説〉1　(1)　中学校学習指導要領解説　保健体育編　p77参照

(2)　中学校学習指導要領解説　保健体育編　p77参照　　(3)　中学校学習指導要領解説　保健体育編　p85参照　　(4)　中学校学習指導要領解説　保健体育編　p103参照　　(5)　中学校学習指導要領解説　保健体育編　p103参照

【2】(1)　上体起こし　　(2)　反復横跳び　　(3)　20mシャトルラン(または，「往復持久走」)　　(4)　長座体前屈

〈解説〉2　(1)　マット上で仰臥姿勢をとり，両手を軽く握り，両腕の前で組む。両膝の角度を90°に保つ。両肘と両大腿部がつくまで上体を起こす。背中(肩甲骨)がマットにつくまで倒す。30秒間上体おこしをできるだけ多く繰り返す。　(2)　中央ラインから両側100cmのところに2本の平行ラインをひく。中央のラインにまたいで立ち，右側ラインを越すか，踏むまでサイドステップする。中央ラインにもどり，さらに左のラインへサイドステップをする。これを20秒繰り返す。

(3)　シャトルランでは20m間隔2本の平行線。ポール4本を平行線の両端に立てる。CD(テープ)によって設定された速度を維持できなくなり走るのをやめたとき，または，2回続けてどちらかの足で線に触れることができなくなったときに，テストを終了する。　(4)　壁に背，尻をぴったりとつける。肩幅の広さで，両手のひらを下にして，手のひらの中央が厚紙の手前端にかかるように置き胸をはる。前屈姿勢をとったとき，膝が曲がらないように注意する。

【3】(1)　・運動　　・休養及び睡眠　　(2)　・生活の夜型化　　・睡眠時間の減少　　・食事時間の不規則化　　・朝食欠食の日常化　・栄養摂取の偏り　　など　(3)　生理的欲求　・飲食の欲求(食欲)　・活動の欲求　　・休息，睡眠の欲求　　・生殖の欲求(性欲)

・安全の欲求　など　　社会的欲求　・集団に入りたい(所属の欲求)　・認められたい(承認，尊厳の欲求)　　・愛し，愛されたい(愛情の欲求)　　・他人よりも優れたい(優越の欲求)　　・自己実現の欲求　(4)　がんとは　・正常な細胞の遺伝子(細胞を作るための設計図にあたる情報が組み込まれた物質)がきずついてがん細胞に変化し，そのがん細胞が無.秩序に増殖して，器官の働きをおかしくしてしまう病気。がんを防ぐための具体例　・バランスよく栄養をとる。　・食べ過ぎをさけ，脂肪は控えめにする。　・お酒はほどほどにする。　・たばこは吸わないようにする。　・適度にスポーツを行う。　・体を清潔にするよう心がける。など　(5)　ラケットをしたから斜め上へスイングし，ボールの飛ぶ方向に対してラケットが45度の角度であたるようにし，ボールに順回転をかけるとよい。(6)　4歩で助走をしてジャンプするが，右足からステップをはじめ，3歩目の右足を大きく踏み込むようにしてジャンプするとよい。

〈解説〉3　(1)　健康な生活の三要素として，運動，食事，休養が挙げられている。　(2)　生活習慣病は，「食習慣，運動習慣，休養，喫煙，飲酒などの生活習慣が，その発症や症状の進行に関与する疾患群」と定義されている。生活習慣病は，生活習慣に着目した疾患概念であり，加齢に着目した成人病とは概念的には異なるが，両者に含まれる疾患には重複するものが多い。　(3)　心理的欲求(自我欲求)または社会的欲求は，生理的欲求を基盤として，社会生活をとおして，後天的に発達して獲得される欲求である。これには，愛情の欲求，所属の欲求，承認の欲求，地位への欲求，名誉への欲求，成就の欲求，安全の欲求，依存の欲求などがある。　(4)　悪性腫瘍(Malignant tumor)とは，他の組織との境界に侵入したり(浸潤)，あるいは転移し，身体の各所で増大することで宿主の生命を脅かす腫瘍である。一般に癌(英Cancer，独Krebs)，悪性新生物(英Malignant neoplasm)とも呼ばれる。　(5)　ドライブ打ちとは，前進回転球のこと。　(6)　スパイクのステップは，(右利きの場合)　　“右足"→“左足"→“右足"，“左足" の3ステップが基本で，3ステップ目の“右足，左足"が同時に着地してしまうと，高いジャンプができなくなる。

【4】ア　i　　イ　j　　ウ　q　　エ　f　　オ　p　　カ　d　　キ　e　　ク　s　　ケ　k　　コ　t　　※ウエオは順不同，カクとキケはセットで順不同。

〈解説〉4　(1)　平成20年7月　中学校学習指導要領解説　保健体育編　p4参照　　(2)　平成20年7月　中学校学習指導要領解説　保健体育編　p9，p10参照　　(3)　平成20年7月　中学校学習指導要領解説　保健体育編　p13参照　　(4)　平成20年7月　中学校学習指導要領解説　保健体育編　p13参照

【高等学校】

【1】(1)　パッケージにおける警告表示，広告の規制，受動喫煙から非喫煙者を保護する措置等　　(2)　未成年者喫煙禁止法　　(3)　健康増進法

〈解説〉1　(1)　たばこ規制枠組み条約は，喫煙による健康被害の防止を目的とし，たばこの広告規制や密輸に対する国際協力を定める条約の通称である。2003年5月21日に世界保健機関(WHO)第56回総会で全会一致で採択され，2005年2月27日に発効した。締約国は，煙草消費の削減に向けて，煙草広告・販売への規制，密輸対策が求められる。公衆衛生分野で初の国際条約である。日本語での公式な題名は『たばこの規制に関する世界保健機関枠組条約』。　(2)　未成年者喫煙禁止法は，明治33年〔1900年〕3月7日制定され，2000年11月改正，2001年12月再改正された。　(3)　2002年8月公布され，2003年5月に施行された。国民の健康増進の総合的な推進のための基本的事項を定めるとともに，栄養改善，健康増進を図るための措置を講じることで，国民保健の向上を図ることを目的としている。

【2】(ア)　⑩　　(イ)　⑪　　(ウ)　⑦　　(エ)　②　　(オ)　⑫　　(カ)　④　　(キ)　⑨

〈解説〉2　平均寿命から，事故や病気で寝たきりになったり痴呆になったりする期間をさし引いて算出される指標。健康寿命とは，私たち一人ひとりが生きている長さの中で，元気で活動的に暮らすことができる長さのことを言う。現在では，単に寿命の延伸だけでなく，この健康寿命をいかに延ばすかが大きな課題であり，生活習慣病の予防が大きな鍵となっている。

【3】(1)　腸管出血性大腸菌感染症　(2)　薬剤耐性菌　(3)　抗生物質を過剰に使用，定期的に服薬をしない，自己判断で服薬をやめる等　(4)　新興感染症　(5)　再興感染症　(6)　感染源対策　感染経路対策　感受性者対策

〈解説〉3　(1)　大腸菌は，家畜や人の腸内にも存在します。ほとんどのものは無害ですが，このうちいくつかのものは，人に下痢などの消化器症状や合併症を起こすことがあり，病原大腸菌と呼ばれています。病原大腸菌の中には，毒素を産生し，出血を伴う腸炎や溶血性尿毒症症候群(HUS)を起こす腸管出血性大腸菌と呼ばれるものがある。

(2)，(3)　薬剤耐性菌は，抗菌薬の不適切な使用や安易な多量使用によって出現した，薬剤に耐性をもつ菌のこと。各病原体に応じた抗菌薬を適切に(決められた量を規則正しく)服用しないと菌は完全に死滅せず，その状態が長く続くとその薬剤に耐性をもった菌が出現し，結果的に薬剤に耐性をもった菌が生き残っていくことになる。現在，MRSA(メチシリン耐性黄色ブドウ球菌)やVRE(バンコマイシン耐性腸球菌)が大きな問題になっている。　(4)　新興感染症は，WHOでは「かつては知られていなかった，この20年間に新しく認識された感染症で，局地的に，あるいは国際的に公衆衛生上の問題となる感染症」と定義されている。(後天性免疫不全症候群，腸管出血性大腸菌感染症など)　(5)　再興感染症は既知の感染症で，すでに公衆衛生上の問題とならない程度までに患者が減少したが，再度流行し，患者が増加している感染症である。結核やマラリアなど。　(6)　感染症は，病気の原因となる感染源がなければ発生しない。感染源があっても感染し

ていく経路がなければ感染することはない。また，人がその病気に対して免疫(感受性)があれば感染しない。したがって感染症の予防対策は，①　病原体を消毒・撲滅する感染源対策，②　病原体を媒介するはえや蚊，昆虫などの駆除や，上・下水道の整備などの環境衛生を徹底する感染経路対策，③　予防接種などにより体の抵抗力を高めるなどの感受性者対策の3つの方法がある。

【4】1　大気汚染　　2　水質汚濁　　3　土壌汚染　　4　騒音
5　振動　　6　地盤沈下　　7　悪臭

〈解説〉4　公害関連法規:大気汚染防止法，水質汚濁防止法，土壌汚染防止法，悪臭防止法，騒音規制法，振動規制法

【5】マット運動の場合の解答例:ホップからの倒立ができる。ホップからの倒立をし，ソフトマットの上に体を伸ばして倒れる(ブリッジ立ちができる)。段差を利用するなどして前方倒立回転おりができる。　跳び箱の場合の解答例:とび箱の上から前方倒立回転おりができる。腕立てとび上がり・ホップ・前方倒立回転おりができる。低い跳び箱で前方倒立回転とびができる。その他の解答例もある。

〈解説〉5　前方倒立回転跳びの要点:腕で体を引っぱり上げるようにホップする足元に手を着く。手を着くとき，肩を出さないようにする。踏み切り足の膝に胸をぶつけるつもりで体を倒す。手を突き放す。

【6】・補助者は横に立つ・振り上がってくる足を早く持つように準備・膝を両手ではさむように持つ・倒立になったとき，上に伸ばすように引き上げる。

〈解説〉6　補助者は，実施者の振り上げ足の近くに立ち，足をしっかりと受け止めて支える。補助者は，手を離して，実施者が一人で立っているかどうか，確かめる。実施者がいつ倒れてもいいように，補助者は足の近くに手を置く。

【7】ア ② イ ⑩ ウ ⑦ エ ⑮ オ ③
カ ⑮ キ ④ ク ⑫ ケ ① コ ⑪

〈解説〉7 ラグビーは，イギリスのラグビー校の生徒で，フットボールのゲーム中に手でボールを持ち運んだのが始まり。クラーク…慶応大学で指導。田中銀之助…ケンブリッジ大学留学後，クラークと共に指導。 テニスはジュ・ド・ボームが原形であり，手でボールを打ち合うゲーム。W・Cウイングフィールドが，1874年に考案(イギリス)し，リーランドが，1878年に日本に紹介。(アメリカ) 卓球は，J・ギブ(イギリス)が，1898年セルロイド球を使って考案。坪井玄道が，1902(明治35) 年に日本に紹介した。

【8】(1) 乳幼児期から高齢期にいたるまで，いつでもだれでもが自立的・主体的にスポーツとかかわり，それを生活の中にとりこむこと，あるいはその考え方や理念。 (2) 対応すべき相手やボールが常に変化するような状況下で発揮される部分技能。剣道，柔道，空手など。 (3) 外的条件に左右されることのない状況下で発揮される部分技能。ボウリング，射撃，体操，水泳，陸上競技など。 (4) 買い物袋を持参したり包装を簡単にしてもらったり，むだを出さずに発生を抑制すること。 (5) 適応機制のひとつで，おさえられた性的欲求などを学問・スポーツ・芸術などに向けること。

〈解説〉8 (1) 生涯体育…わが国における体育に対する考え方は，学校体育に大きく依存しており，学校体育がすべてという感じすら受ける。そこで生涯にわたって運動(スポーツ)を楽しみ，健康を保持増進していく能力や態度を学校体育の中で育てていこうと，昭和53年の改訂学習指導要領では，この点を強調している。 (2) 球技などのように運動の対象となるものが変化し，ボールなどに合わせて動きを変えていく運動技能のこと。運動学習の中で開かれた技能の学習のことを指し，視覚，聴覚などによって感知された外界の刺激の変化に応じて行う運動の学習で，変化する環境刺激に素早く対応することが求められる技能。 (3) 運動の対象となるものがゴルフ，体操などのように静止していたり一定である場合のスキル。　(4)　3R:reduce(発生抑制), reuse(再使用), recycle(再生利用)を意味する言葉。reduceとは，廃棄物の発生を抑制することで，例えば製品の寿命を長くする，無駄な物を買わないなど。reuseとは，不要な物をそれを必要とする他人に譲ったり，修理や洗浄(ビール瓶など)をして再び使用すること。recycleとは，アルミ缶のように再び資源化して再生利用すること。リデュース(容器で言えば包装の縮小，減少)，リユース(一升瓶やビール瓶，牛乳瓶等デポジットなどで再使用)，リサイクル(紙パック，プラトレイ，ペットボトルなど回収，粉砕，再生利用)　(5)　代償機制は，欲求が満たされないときに，その欲求の対象となっているものに代わる他の対象をもって，本来の欲求を満足させようとする機制のこと。これには補償や昇華などがある。昇華は，食欲や性欲などの生理的欲求を，音楽・スポーツ・絵画製作・読書などの文化的・社会的により価値のある諸活動に代償させて充足を図ろうとする方法。

2008年度　実施問題

【中学校】

【1】次の表の文章は，平成14年2月に国立教育政策研究所が発表した「評価規準の作成，評価方法の工夫改善のための参考資料(中学校)」の一部である。この表について，下の(1)～(4)に答えよ。

番号	内容のまとまりごとの評価規準及びその具体例
①	体力を高める運動を身に付けたり，合理的に体力を高めたりすることができる。
②	ルールを守り，審判の判定や指示に従い，勝敗や結果を受け入れようとする。
③	選択した種目の特性に応じた技能で，練習や競技をすることができる。
④	得意技で相手の動きに対応した練習や試合をすることができる。
⑤	お互いの体の状態を意識したり，気を配ったりして，運動をする上での安全に留意しようとする。
⑥	相手チームに対応した作戦でゲームができる。
⑦	練習の進め方や場づくりの方法を選んだり，技のできばえを確かめたりしている。
⑧	見せ合いや発表では，よいところを感じ取って成果を確かめ合っている。
⑨	グループで運動を構成したり，施設や用具を効果的に利用している。
⑩	基本動作と自分の能力に適した対人的技能で練習することができる。

(1) 上の表の①～⑩の評価規準は，それぞれ何の領域の評価規準か，その領域名をそれぞれ一つ記せ。

(2) 上の表の①～⑩の評価規準は，それぞれどの観点の評価規準か，「運動への関心・意欲・態度」ならAを，「運動についての思考・判断」ならBを，「運動の技能」ならCを，「運動についての知識・理解」ならDを，記せ。

(3) 上の表を参考に，中学1年生の柔道の授業(10時間程度)を行うとして，その際の技能の具体の評価規準を二つ記せ。

(4) 「評価規準」と「評価基準」について，違いを明確にして説明せよ。

(☆☆☆☆☆◎◎◎◎)

【2】新体力テスト実施要項(12歳～19歳対象)の内容について，次の(1)～(5)に答えよ。

(1)　握力は，左右交互に何回ずつ実施するか，記せ。

(2)　上体起こしでは，補助者は被測定者のどこをおさえるか，記せ。

(3)　反復横とびの検査は何秒間で行うか，記せ。

(4)　ハンドボール投げでは，投げ終わった後，どのようにしてから円外に出るか，記せ。

(5)　立ち幅とびでは，着地点とどこを結ぶ直線距離を測るか，記せ。

(☆☆☆☆◎◎◎◎◎)

【3】現行中学校学習指導要領の「保健体育」の内容について，次の(1)～(4)に答えよ。

(1)　体育分野の内容には全部でいくつの領域が示されているか，記せ。

(2)　水泳の内容としてあげられている泳法を，全て記せ。

(3)　「内容の取扱い」で，第2学年及び第3学年においてすべての生徒に履修させる領域を，二つ記せ。

(4)　次の文は，保健分野の「目標」である。①～③にあてはまる語句を記せ。

個人生活における健康・安全に関する理解を通して，生涯を通じて自らの健康を適切に管理し，(　①　)していく(　②　)や(　③　)を育てる。

(☆☆☆☆◎◎◎◎◎)

【4】次の(1)～(5)に答えよ。

(1)　HIVの「I」の意味を簡潔に説明せよ。

(2)　「健康増進法」による受動喫煙防止のための対策について，記せ。

(3)　心肺蘇生法における気道確保の仕方を簡潔に説明せよ。

(4)　射精について，精子と精液に触れながら簡潔に説明せよ。

(5)　健康の成り立ちと保持増進について，次の【　　】の語句をすべて使って説明せよ。

【 主体　環境　要因　見直し　行動　素因　社会的環境 】

(☆☆☆◎◎◎)

【高等学校】

【1】文部科学省スポーツ・青少年局の定める「新体力テスト実施要項(12歳～19歳対象)」について，表の空欄A・Bの種目を記せ。また，種目②，③の測定方法を記せ。

種目		種目	
①	(　A　)	②	上体起こし
③	長座体前屈	④	(　B　)
⑤	２０mシャトルラン	⑥	５０m走
⑦	立ち幅とび	⑧	ハンドボール投げ

(☆☆☆☆◎◎◎◎◎)

【2】次に体力の分類図と定義がある。図中の[　　　]に適語を記せ。定義の説明文の(　　)内に語群より適語を選んで，その記号を書け。(猪飼による体力の定義)

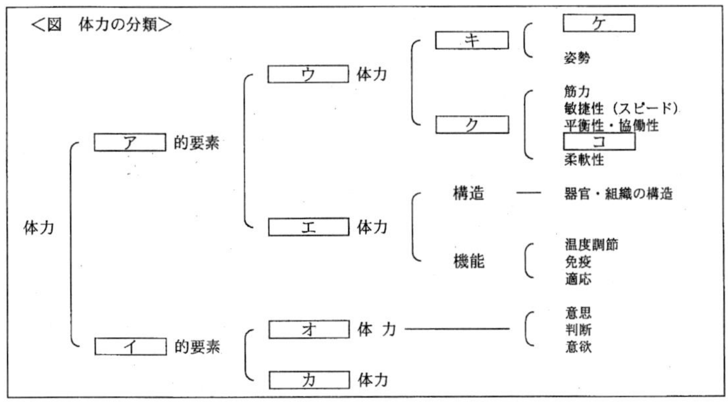

(1) 防衛体力とは，身体外部から加わる有害な精神的身体的(　①　)にどこまで耐えられるかを示す(　②　)的体力であり，(　③　)ために必要な体力である。

(2) 行動体力とは，身体外部に対してどれだけ(　④　)を与えられるか，すなわちどれだけ(　⑤　)的活動が行えるかを示す(　⑥　)的体力であり，(　⑦　)ために必要な体力である。

〈語群〉

(ア)　エネルギー　　(イ)　生産　　(ウ)　生きている
(エ)　能動　　(オ)　受動　　(カ)　生きてゆく
(キ)　ストレス

(☆☆☆☆◎◎◎◎)

【3】次のトレーニング方法について説明せよ。

(1)　アイソメトリックトレーニング
(2)　レペティション・トレーニング

(☆☆☆☆☆◎◎◎◎)

【4】筋持久力を高めるトレーニング方法について，(　　)内に語群より適語を選んで，番号を記せ。

持久力は，筋持久力と全身持久力に大別される。前者は(　ア　)な筋持久力をさし，後者は呼吸・(　イ　)系が機能する全身の持久力をさしている。

筋持久力を決定する生理学的因子は，筋へ供給される(　ウ　)である。筋の(　エ　)供給は，(　オ　)と筋の代謝が大きな影響を与えている。筋への(　カ　)運搬は，血液中の(　キ　)によって行われるため，筋へ供給される(　ク　)が筋持久力を左右する要因になっている。全身持久力の構成要因としての機能を統合した指標が(　ケ　)である。その値が高いほど，全身持久力にすぐれていると評価される。

〈語群〉

①　ヘモグロビン　　②　呼吸量　　③　酸素　　④　局所的
⑤　血流量　　⑥　最大酸素摂取量　　⑦　消化器
⑧　循環器　　⑨　最大酸素負債量

(☆☆☆☆◎◎◎◎)

【5】環境問題について，次の文中の(　　)に適語を入れよ。また，下線部①および②の原因物質を一つずつ記せ。

(　ア　)ホールへの対策としては，①原因物質が世界的に規制されるようになった。また地球(　イ　)化対策としては，(　ウ　)年，京都議定書が発効されて，②原因物質の削減に向け動きだしたが，世界で最も多くのエネルギーを消費している(　エ　)が参加していない。

(☆☆☆☆◎◎◎◎◎)

【6】各種目の試合において，次の場合の判定や再開方法をわかりやすく説明せよ。

(1)　ソフトボール：打球が打席内の打者にあたってボールがフェア地域に転がって停止した。

(2)　バドミントン：シングルスゲーム(15点3ゲーム)で14対14になった。セッティングの仕方を示せ。

(3)　サッカー：シュートしたボールがゴールの横バーにあたって跳ね返った。そのボールが守備側のプレーヤーにあたって，ゴールラインの外に出た。

(4)　ハンドボール：防御側の選手がボールを奪ったが，相手選手がいたので味方のキーパーにパスをした。

(5)　卓球：手のひらにボールを乗せて，16cmほうり上げて，卓球台の上方からサーブを打った。

(6)　陸上：棒高跳びで跳躍後，風が吹いてバーが落下してしまった。

(7)　バスケット：シュートの動作中にファウルされたがシュートが成功した。

(8)　剣道：自分の竹刀を落としてしまった。

(9)　柔道：試合者が相手を背負いながら，寝技から立ち姿勢ないし半立ち姿勢になった。

(10)　ラグビー：キックオフのボールが相手のプレーヤーに触れることなくデッドボールラインを越えた。

(☆☆☆☆◎◎◎◎◎)

解答・解説

【中学校】

【1】(1) ①　体つくり運動　②　球技　③　陸上競技　④　武道　⑤　体つくり運動　⑥　球技　⑦　器械運動　⑧　ダンス　⑨　体つくり運動　⑩　武道　(2) ①　C　②　A　③　C　④　C　⑤　A　⑥　C　⑦　B　⑧　B　⑨　B　⑩　C　(3)　・礼法が正しくできる。　・基本的な組み方，姿勢ができる。　・受身が正確にできる。　・正確に固め技の抑え方ができる。　・崩しのポイントを投げ技で活かせる。　などから2つ。　(4)　評価規準とは，「何を評価するのか」という質的な判断の根拠となるもの。一方，評価基準とは，「どの程度であるか」という量的な判断の根拠となるものである。

〈解説〉学校の教育活動は，計画，実施，評価という一連の活動が繰り返されながら展開するので，指導と評価は表裏一体をなしている。評価とは，目標に照らしてその実現状況を判定し，学習と指導をどのように進めたらよいかを考える一連の過程である。評価規準の作成にあたっては，日常の学習指導の評価活動の基盤となる考え方や方法を示す指導要録の評価の観点及び評定について十分に理解することが大切である。

【2】(1)　2　(2)　両膝　(3)　20秒　(4)　静止してから円外に出る。　(5)　踏切前の両脚の中央(踏切線の前端)

〈解説〉平成11年度から「新体力テスト」を用いて，体力・運動能力の調査が実施されている。新体力テストに関する出題頻度はかなり高い。文部科学省から「新体力テスト―有意義な活用のために―」が刊行されているので，それを入手し，測定の準備・方法・記録・実施上の注意・新体力テストのねらいと特徴などについて学習しておく必要がある。

【3】(1) 8(領域)　(2) クロール・平泳ぎ・背泳ぎ　(3) 体つくり運動・体育に関する知識　(4) ① 改善　② 資質　③ 能力

〈解説〉中学校学習指導要領からの出題頻度がかなり高いので，熟読しておく必要がある。体育分野の領域の取り扱いについては，「体つくり運動」と「体育に関する知識」は，各学年すべての生徒に履修させることとし，「スポーツ」及び「ダンス」にかかわる領域については，個人的な運動(器械運動，陸上競技，水泳)及び対人的・集団的な運動(球技，武道，ダンス)の特性を踏まえ，それぞれの内容の中から選択して履修できることとしている。保健分野の内容の取扱いも含め，次の表のように一覧にして正確に暗記しておきたい。

分野	領域	領域の取扱い		
		1年	2年	3年
体育分野	A　体つくり運動	必修	必修	必修
	B　器械運動	必修	B･C･Dから	
	C　陸上競技	必修	①又は②	2年に同じ
	D　水泳	必修	選択	
	E　球技	必修	E･F･Gから	
	F　武道	F・Gから	②選択	2年に同じ
	G　ダンス	①選択		
	H　体育に関する知識	必修	必修	必修
保健分野の内容		(1)心身の機能の発達と心の健康	(2)健康と環境 (3)傷害の防止	(4)健康な生活と疾病の予防

【4】(1) ・免疫不全　・免疫のはたらきをなくしてしまう　など

(2) 公共施設，職場，学校などでは，(全面禁煙や喫う場所を制限する分煙など)受動喫煙を防止するために必要な措置を講ずるように努めなければならない。　(3) ひじをついて手を額に当て，他方の手で下あご押し上げるようにして頭部を後ろに傾ける。(額に当てた手で，頭が動かないようにする。)　(4) 男子の精巣内で性腺刺激ホルモンの刺激を受けて作られた精子と精のうや前立腺で男性ホルモンのはたらきで作られた分泌液が混ざった精液が，尿道を通って外に射出されることをいう。　(5)　健康は，わたしたちの主体と周りの環境のかかわりの中で成り立っている。主体の要因には，素因と生活環境・行動にかかわるものがあり，環境の要因には，物理・化学的環境，生物学的環境，社会的環境にかかわるものがある。健康を保持増進するためには，一人ひとりが生活を見直し，行動と環境を健康的なものにすることが重要。

〈解説〉(1)　エイズは，エイズウイルス(HIV：Human Immunodeficiency Virus)によって起こる病気である。Acquired(後天性) Immuno(免疫) Deficiency(不全) Syndrome(症候群)の頭文字をとってAIDSと名付けられた。　(2)　健康増進法の適用によって成人の禁煙・分煙についての啓蒙が高まっている。　(3)　心肺蘇生法とは，心肺停止となった人を救命するために行う呼吸及び循環の補助の方法である。気道確保(Airway)，人工呼吸(Breathing)，心臓マッサージ(Circulation)，除細動(Defibrillation)—AED(自動体外式除細動器)による—の救命の手順については学習しておきたい。出題の気道確保の仕方は，頭部後屈顎先挙上法と言われているものである。　(4)　保健分野の内容である「心身の機能の発達と心の健康」(第1学年)の中で，生殖にかかわる機能の成熟(思春期には，下垂体から分泌される性腺刺激ホルモンの働きにより生殖器の発育とともに生殖機能が発達し，男子では射精，女子では月経が見られ，妊娠が可能となることを理解できるようにする。)を取り上げることが示されている。　(5)　健康の成り立ちと保持増進については，学習指導要領解説—保健体育編—〔保健分野〕の「健康な生活と疾病の予防」(第3学年)の中に，出題の文言が使われているので，一読しておくようにする。

【高等学校】

【1】A　握力　　B　反復横跳び

②　〈上体起こし〉

(1)　マット上で仰臥姿勢をとり，両手を軽く握り，両腕を胸の前で組む。両膝の角度を90°に保つ。

(2)　補助者は，被測定者の両膝を押え，固定する。

(3)「はじめ」の合図で，仰臥姿勢から，両肘と両大腿部がつくまで上体を起こす。

(4)　すばやく開始時の仰臥姿勢に戻す。

(5)　30秒間，上体起こしを出来るだけ多く繰り返す。

③　〈長座体前屈〉

(1)　被測定者は，両脚を両箱の間に入れ，長座姿勢をとる。壁に背・尻をぴったりとつける。ただし，足首の角度は固定しない。肩幅の広さで両手のひらを下にして，手のひらの中央付近が，厚紙の手前端にかかるように置き，胸を張って，両肘を伸ばしたまま両手で箱を手前に十分引きつけ，背筋を伸ばす。

(2)　初期姿勢時のスケールの位置：初期姿勢をとったときの箱の手前右または左の角に零点を合わせる。

(3)　前屈動作：被測定者は，両手を厚紙から離さずにゆっくりと前屈して，箱全体を真っ直ぐ前方にできるだけ遠くまで滑らせる。このとき，膝が曲がらないように注意する。最大に前屈した後に厚紙から手を離す。

〈解説〉「新体力テスト」に関する出題頻度はかなり高いので，各種目について測定の準備・方法・記録・実施上の注意・新体力テストのねらいと特徴などを記述できるようにしておきたい。

【2】ア　身体　　イ　精神　　ウ　行動　　エ　防衛　　オ　行動
カ　防衛　　キ　形態　　ク　機能　　ケ　体格　　コ　持久性
①　キ　②　オ　③　ウ　④　ア　⑤　イ　⑥　エ
⑦　カ

〈解説〉今日的な学術レベルの定義では，体力とは「人間の生活生存と活動の基礎をなす身体的および精神的能力である」とされる概念である。体力の要素・分類を覚えておきたい。

【3】(1)　力を拮抗させ，関節の動きのない状態で行う。また，動かないものを全力で押すとか，伸び縮みしないものを引っ張ることによっても行うことができる。(ドイツ：ヘッティンガーによって提唱された)　(2)　あらかじめ設定された強度での運動をし，疲労が十分に回復するまで休息をとり，再び，前回と同じレベルの強さの運動を反復する。インターバルトレーニングの不完全休息に対し，完全休息と呼ばれる。無酸素性エネルギー供給能力が高められる。

〈解説〉各種トレーニング方法を記述できるようにまとめておきたい。

○アイソメトリックトレーニング—筋肉強化のための訓練法で，姿勢を一定に保ち，筋肉を短時間に強く緊張させることを何回か繰り返して均等に作り上げるトレーニングの方法。

○インターバルトレーニング—持久力を高めるのに効果的な方法で，全力を出す運動の間に，心拍数を静める軽い運動を挟んで，それを繰り返すトレーニング方法。

○サーキットトレーニング—基礎体力(筋力および持久力)の総合訓練法で，ウェイトトレーニングに似るが，比較的小さい負荷の運動を何種類か組み合わせてワンセットとして，休息をとることなく繰り返して練習する運動方法。1956年，英国に始まる。

○レペティショントレーニング—スピード，スピード持久力，筋力などを高めることをねらいとして，運動と完全休息とを繰り返す方式のトレーニング方法。

【4】ア　④　イ　⑧　ウ　③　エ　③　オ　⑤　カ　③　キ　①　ク　⑤　ケ　⑥

〈解説〉筋持久力は，簡単に言えば，筋力を長時間発揮できる力である。トレーニングによって体脂肪が燃焼され，さらに遅筋がより発達するため基礎代謝も上がり，一段と体脂肪の燃えやすい身体になる。また軽い負荷で行うため，関節の深層部分まで，すなわちインナーマッスルまで鍛えられる。トレーニングのやり方としては，「低負荷・高回数」で行う。この出題は，筋持久力の生理的メカニズムを問うている。

【5】ア　オゾン　　イ　温暖　　ウ　2005(平成17)　　エ　アメリカ
①　フロンガス　　②　二酸化炭素(CO_2)・メタン(CH_4)・一酸化二窒素(N_2O)・ハイドロフルオロカーボン(HFCs)・パーフルオロカーボン(PFCs)・六フッ化硫黄(SF_6)から一つ

〈解説〉現在，地球温暖化対策が国際的に問題となっているので，今後は地球環境問題についての出題が多くなると予想される。

石油・石炭などの化石燃料の大量使用などによって地気大気の温室効果が進み，気温が上昇している。また，大気中に放出されたフロンガスによりオゾン層が破壊され，緊急の課題となっている。大気中の二酸化炭素が現在のペースで増加すれば，21世紀末に地球の平均気温は約3度上昇し，海水面は30cm～1m上昇し，いくつかの島や都市の低地部では，何千人もの住民が移住を余儀なくされる可能性もあると予測されている。また，世界中の生態系に影響を与え，異常気象が発生すると考えられている。気候変動枠組み条約の第3回締約国会議(京都会議，1997年)は，温室効果ガス(二酸化炭素・フロン・亜酸化窒素・代替フロン2種・六フッ化硫黄の6種類)の排出量を2008年～2012年に先進国全体で1990年レベル比5.2%削減するとの議定書(京都議定書)を採択し，2005年に発効したが，全世界の二酸化炭素排出量の22%を占めていた米国が反対し，拘束力のない目標となるなど多くの課題を残している。なお，日本は1998年10月，地球温暖化対策推進法を成立させている。地球温暖化防止は緊急の課題だが，発展途上国と先進工業国の利害の対立もあり，地球環境問題の中で最も解決の難しい問題の一つとなっている。

【6】(1)　ファールボール　　(2)　14対14になった場合，追いつかれた側がセッティングの権利を持つ。セットして17点ゲームにするか選択できる。　(3)　コーナーキック　　(4)　ペナルティー・スロー　(5)　フォルト：失点　　(6)　有効　　(7)　ホールディング：バスケットカウントで得点となり，さらに1個のフリースローが与えられる。　(8)　1回ごとに「宣告」が行われ，2回で「一本」となる。　(9)「待て」の適用で両者もどって再開。　(10)　ハーフェイライン中央で相手側がマイボールスクラムを要求か，または，キックオフのやり直しを要求できる。

〈解説〉スポーツ競技の基本的技術や競技用語，試合(ゲーム)の進め方とルール，規則違反と罰則規定，試合(ゲーム)の運営と審判法などの出題頻度が高いので，「最新スポーツルール百科」などで，各種目のルールを正しく理解しておくことが大切である。

2007年度　実施問題

【中学校】

【1】現行中学校学習指導要領解説－保健体育編－の内容について，次の(1)～(5)に答えよ。

(1) 「体つくり運動」は，2つの運動の内容に分けられている。1つは「体力を高める運動」である。もう1つの運動を記せ。

(2) 「体力を高める運動」は，3つの運動の内容に分けられている。その3つの運動を記せ。

(3) 体育分野の領域は全部で8つある。「体つくり運動・水泳・ダンス」以外の5つの領域名を記せ。

(4) 体育分野の8つの領域の取扱いについて，1年の時に必修になっていない2つの領域名を記せ。

(5) 指導計画作成の中で，保健分野の授業時数は，3年間を通して適切に配当し，各学年において効果的な学習が行われるよう適切な時期にどのように配当することとしているか，記せ。

(☆☆◎◎◎◎)

【2】新体力テスト実施要項(12歳～19歳対象)の9つあるテスト項目のうち8項目を記せ。

(☆☆◎◎◎◎)

【3】現行中学校学習指導要領解説－保健体育編－の中の「目標，内容及び内容の取扱いの改訂の要点」(体育分野・保健分野)について，次の(1)～(5)に答えよ。

(1) 自ら学び，自ら考える力を育成するとした教育課程審議会の答申を踏まえ，重視することとした内容は何か，記せ。

(2) 水泳のスタートの指導においては，安全に十分留意したどのような指導が重要であると強調しているか，記せ。

(3)　「ダンス」領域で，選択の幅を広げるために，新たに位置づけたダンスを記せ。

(4)　心の健康について，新たにつけ加えた内容は何か，記せ。

(5)　「傷害の防止」について，応急手当のうち高等学校に移行統合された内容は何か，記せ。

(☆☆◎◎◎◎)

【4】次の(1)～(5)に答えよ。

(1)　思春期の女子と男子の体つきに，それぞれ特徴的な変化を起こすしくみを，ホルモンということばを用いて説明せよ。

(2)　環境の変化に対する体の適応能力について，具体例を1つ記せ。

(3)　生活習慣病とはどのような生活習慣が，発症，進行に関係するか，記せ。

(4)　それぞれのスポーツの特性を「楽しさ」という視点から，具体例を挙げながら説明せよ。

(5)　選択制授業とはどのような授業のことか，簡潔に説明せよ。

(☆☆☆◎◎◎)

【5】現行学習指導要領　総則　第1の3　「学校における体育・健康に関する指導は，学校の教育活動全体を通じて適切に行うものとする。特に，体力の向上及び心身の健康の保持増進に関する指導については，保健体育科の時間はもとより，特別活動などにおいてもそれぞれの特質に応じて適切に行うよう努めることとする。」とされている。

このことの実現のため，中学校現場ではどんな実践ができるか，具体的に記せ。

(☆☆◎◎◎)

【高等学校】

【1】次の(　ア　)～(　サ　)に適する語を下の語群から選び，番号で記せ。

(1)　喫煙による身体への影響は，(　ア　)により，心拍数の(　イ　)，皮膚血管の(　ウ　)による皮膚温の(　エ　)などが生じる。これらにより，(　オ　)への負担が増し，皮膚等の組織への栄養や(　カ　)の供給が乏しくなる。

また，(　キ　)ヘモグロビンの形成が(　カ　)欠乏に拍車をかける。

妊婦による喫煙では，胎盤血流量も同様に減少するため，胎児に対する(　カ　)や栄養の供給に支障をきたす。さらに，副流煙が周囲の人々にも悪影響をもたらし，健康への影響が極めて大きく問題となっているが，室内又はこれに準ずる環境において，他人の煙草の煙を吸わされることを(　ク　)という。

(2)　(　ケ　)とは，自動体外式徐細動器のことを言う。傷病者の胸にパッドを貼ることで徐細動すべき心電図波形かどうかを自動的に判断し，必要があれば徐細動を行うことができる器械である。

一般に心臓突然死の多くは(　コ　)によるものと言われている。(　コ　)とは心臓の筋肉がバラバラに興奮し，いわば「けいれん」を起こしたような状態のことで，脳や体に血液を送り出すことができないため，数分続くと死に至る致命的な(　サ　)の一つである。

①　酸素	②　低下	③　カルシウム	④　心室細動
⑤　AED	⑥　増加	⑦　心筋梗塞	⑧　CO
⑨　ニコチン	⑩　受動喫煙	⑪　ADM	⑫　圧迫
⑬　CO_2	⑭　収縮	⑮　不整脈	⑯　循環系
⑰　脳内血流	⑱　消化器系	⑲　能動喫煙	

(☆☆◎◎◎◎)

【2】体つくり運動のうち，体ほぐしの運動のねらいを3つ挙げ，それぞれについて説明せよ。

(☆☆◎◎◎◎)

【3】練習過程におけるプラトーとスランプについて説明せよ。また，スランプの原因について3つ挙げよ

(☆☆◎◎◎◎)

【4】交通事故における加害者の社会的責任を3つ挙げ，それぞれについて説明せよ。また，被害者の保護を図った損害賠償に関する1955年に制定された法律は何か，記せ。

(☆☆☆◎◎◎◎)

【5】次の(1)～(3)の語句を説明せよ。

(1)　循環型社会

(2)　エコマーク

(3)　グリーンマーク

(☆☆☆◎◎◎)

【6】次の(1)～(8)に答えよ。

(1)　背泳ぎで，両手を前に伸ばし，脚はバタフライのキックをしながら潜行する泳法はなにか。

(2)　ハンドボール独特のパスで，片手でつかんだボールを手首の瞬間的な返しで投げるパスを何というか。

(3)　バスケットボールのフリースローでは，審判にボールを手渡されてから何秒以内にシュートしなければならないか。

(4)　ラグビーで，PG以外で3得点できる方法を何というか。

(5)　6人制バレーボールで，同チームの他のプレーヤーと異なる色のユニフォームを着用し，サーブやブロックができないプレーヤーを何というか。

(6)　卓球のラケットの握り方で，代表的なものには，シェークハンドグリップと何があるか。

(7)　ソフトボールで，腕を回転させ，肩を支点に遠心力を利用して腕を前から後ろに大きく回す投法を何というか。

(8) 柔道で，うしろ回りさばきで相手を前に崩し，踏み出して引き手，釣り手をきかせて前方に投げる技を何というか。

(☆☆☆◎◎◎◎)

解答・解説

【中学校】

【1】(1) 体ほぐしの運動 (2) ① 体の柔らかさ及び巧みな動きを高めるための運動 ② 力強い動きを高めるための運動 ③ 動きを持続する能力を高めるための運動である。 (3) 器械運動，陸上競技，球技，武道，体育に関する知識 (4) 武道，ダンス
(5) ある程度まとまった時間を配当

〈解説〉(1) 学習指導要領第2章第2節の2を参照。体ほぐし運動のねらいは，「体への気付き」「体の調整」「仲間との交流」である。体つくり運動は，自己の体力や生活に応じて，体の調子を整えるなどの体ほぐしを行うことや体力の向上を図ることを直接のねらいとした領域である。 (3) 体育分野の領域構成は，運動領域7領域，体育に関する知識1領域から構成されている。 (4) 武道及びダンスについては，男女ともこれらのうちから1領域を選択して履修できるようにした。
(5) 学習指導要領第3章 参照

【2】握力，上体起こし，長座体前屈，反復横跳び，20mシャトルラン，50m走，立ち幅跳び，ハンドボール投げ

〈解説〉新体力テストは，体力・運動能力の現状を確かめるためのテストであり，不足している能力を高めるために平成10年度から実施されている。握力(筋力)，上体起こし(筋力・筋持久力)，長座体前屈(柔軟性)，反復横跳び(敏捷性)，持久走(男子1500m，女子1000m)及び20mシャトルランから選択(全身持久力)，50m走(スピード・走能力)，立ち幅跳び

(跳能力・筋パワー・瞬発力)，ハンドボール投げ(巧緻性・筋パワー・投能力)

【3】(1)　個に応じた指導の充実を図り，運動の楽しさや喜びを味わうことが出来るようにするとともに，主として個人生活における健康・安全に関する科学的な理解を図ることを重視した。　(2)　安全に留意し，生徒の能力に応じて，プールサイド等から段階的に指導し，高い位置からのスタートへと発展させていく。　(3)　現代的なリズムのダンス　(4)　ストレスへの対処に関する内容　(5)　疾病の応急手当

〈解説〉(3)　創作ダンス，フォークダンスを加えた3つからなる。

(4)　自己の形成及び欲求やストレスへの対処に関する内容に重点を置くとともに「体ほぐしの運動」とも密接に関連させて取り扱う。

(5)　応急手当のうち運搬法を削除し，疾病の応急手当は高等学校に移行統合するなど内容の厳選を図った。また，この結果，実験，実習及び課題学習などを取り入れた学習を一層展開できるようにした。

【4】(1)　思春期になると，性腺刺激ホルモンが脳の下垂体から分泌されるようになり，その作用で性腺(精巣・卵巣)の働きが活発になる。すると卵巣からは女性ホルモンが，精巣からは男性ホルモンが盛んに分泌され，様々な変化をおこす。　(2)　気温に合わせて汗をかいて，体温を下げることや，毛穴をしめて体温を逃がさないようにすること　(3)　不適切な食事，運動不足，喫煙，飲酒などの生活習慣が発症・進行に関係する。　(4)　球技の場合は，個人技をただ繰り返し練習するのではなく，課題の明確なミニゲームの中で課題を見つけ，課題の解決に向けて練習したりする。　(5)　生徒の運動に対する自発的・自主的な態度の育成を目指し，生徒自身の能力・適性・興味・関心や欲求に基づいて運動領域・運動種目を選択する。

〈解説〉(2)　至適温度は，暑くも寒くもなく，人が活動するのに最も適した温度の範囲のこと。適応能力には，熱の発生，熱の放散，汗腺，体温調節，明・暗順応などがある。　(3)　生活習慣病は，「食習慣，

運動習慣，休養，喫煙，飲酒などの生活習慣が，その発症や症状の進行に関与する疾患群」と定義されている。生活習慣病は，生活習慣に着目した疾患概念であり，加齢に着目した成人病とは概念的には異なるが，両者に含まれる疾患には重複するものが多い。高血圧，動脈硬化，糖尿病，脳出血，脳こうそく，冠状動脈，狭心症，心筋こうそく，など　(5)　体育の授業に導入するねらいは，①運動の楽しさや喜び(特性)をより深く味わわせる，②自分に合った運動の行い方や楽しみ方を工夫する力を育てる，などがある。選択制授業の意義: 生涯体育・スポーツの基礎となる生徒の運動に対する自発的・自主的な態度の育成を目指す。

【5】特別活動の時間を用いて，全身持久力や持久的な走能力をつけ，体力向上のために冬場のマラソン大会を計画する。

〈解説〉特別活動の学校行事には健康安全・体育的行事があり，「心身の健全な発達や健康の保持増進などについての理解を深め，安全な行動や規律ある集団行動の体得，運動に親しむ態度の育成，責任感や連帯感の涵養，体力の向上などに資するような活動を行うこと。」と示されている。また学級活動・ホームルーム活動の中でも「個人及び社会の一員としての在り方，健康や安全に関すること」として「心身ともに健康で安全な生活態度や習慣の形成，性的な発達への適応，学校給食と望ましい食習慣の形成など」を取り上げるように示されている。

【高等学校】

【1】(1)　ア　⑨　イ　⑥　ウ　⑭　エ　②　オ　⑯
カ　①　キ　⑧　ク　⑩　(2)　ケ　⑤　コ　④　サ　⑮

〈解説〉AED(自動体外式除細動器Automated External Defibrillator)とは，心臓の心室が小刻みに震え，全身に血液を送ることができなくなる心室細動等の致死性の不整脈の状態を，心臓に電気ショックを与えることにより，正常な状態に戻す器械。平成16年7月から一般市民による使用が認められた。

【2】① 自分や仲間の体や心の状態に気付く：運動を通して，自分や仲間の体や心の状態に気付くこと　② 体の調子を整える：運動を通して，日常生活での身のこなしや体の調子を整えるとともに，精神的なストレスの解消に役立てること　③ 仲間との交流を豊かにする：運動を通して，仲間と豊かにかかわることの楽しさを体験し，さらには仲間のよさを互いに認め合うこと

〈解説〉行い方の例：・体の伸展，屈曲，回転，回旋，捻転などの運動をゆっくりのびのびと，あるいはリズミカルに心が弾むように行う。

・歩，走，跳などの全身運動を自分にとって快いペース，ゆったりとした動きや気持ち，あるいはリズミカルに心が弾むように行う。これらの運動は，一人又はペアーで，あるいは用具などを用いて行う。

【3】プラトー：学習や作業の進歩が一時的に停滞する状態。練習曲線の横ばいとして現れる。心的飽和や疲労などが原因で起こる。　スランプ：比較的水準の高い選手に生じる一時的な運動技能の進歩の停滞，競技成績の低下，気力の喪失の現象。　原因：①心体の疲労や外傷　②技能進歩の停滞　③心理的な原因

〈解説〉プラトーとスランプの時の練習方法の留意点…プラトーは次の進歩のための準備期間であることから，身体のコンディションを整え，異なったタイプの練習に変えてみたり，適切な練習を続けていると再び技能は上達してくる。スランプは過度な練習による慢性的な疲労やフォームの修正によるつまずき，精神的な悩みなどが原因となることが多いため，指導者や仲間とスランプの原因を検討して合理的な練習計画を立て，十分な休養をとりながら，焦らずに練習を行う。

【4】・刑事上の責任：傷害事故や死亡事故，無免許や酒酔い運転などの場合，刑法や道路交通法によって処罰される。　・民事上の責任：民法の規則によって，損害を賠償しなければならない。　・行政上の責任：運転免許の停止や取り消し等の処分を受けなければならない。

法律名：自動車損害賠償責任保険法

〈解説〉

(この法律の目的)

第一条　この法律は，自動車の運行によつて人の生命又は身体が害された場合における損害賠償を保障する制度を確立することにより，被害者の保護を図り，あわせて自動車運送の健全な発達に資することを目的とする。

(定義)

第二条　この法律で「自動車」とは，道路運送車両法 (昭和二十六年法律第百八十五号)第二条第二項 に規定する自動車(農耕作業の用に供することを目的として製作した小型特殊自動車を除く。)及び同条第三項 に規定する原動機付自転車をいう。

2　この法律で「運行」とは，人又は物を運送するとしないとにかかわらず，自動車を当該装置の用い方に従い用いることをいう。

3　この法律で「保有者」とは，自動車の所有者その他自動車を使用する権利を有する者で，自己のために自動車を運行の用に供するものをいう。

4　この法律で「運転者」とは，他人のために自動車の運転又は運転の補助に従事する者をいう。

(自動車損害賠償責任)

第三条　自己のために自動車を運行の用に供する者は，その運行によって他人の生命又は身体を害したときは，これによって生じた損害を賠償する責に任ずる。ただし，自己及び運転者が自動車の運行に関し注意を怠らなかつたこと，被害者又は運転者以外の第三者に故意又は過失があつたこと並びに自動車に構造上の欠陥又は機能の障害がなかつたことを証明したときは，この限りでない。

【5】(1)　循環型社会とは，環境への負荷を減らすため，自然界から採取する資源をできるだけ少なくし，それを有効に使うことによって，廃棄されるものを最小限におさえる社会のことである。　(2)　商品が多数あるなかで，環境負荷が少なく，環境保全に役立つと認められる

商品につけられるマークのこと。そこで，環境負荷が少ない，あるいは環境保全に役立つと認められた商品にマークをつけ，消費者が商品を購入するときの目安になるよう導入されたのがエコマークである。

(3)　グリーンマークは，古紙利用製品の使用拡大を通じて古紙の回収・利用の促進を図るため，古紙を原料に利用した製品であることを容易に識別できる目印のこと。

〈解説〉(1)　リサイクル法…ゴミの減量化と再利用を進めることを目的に，1991年に制定された「再生資源の利用の促進に関する法律」のこと。　容器包装リサイクル法…1995年にペットボトル等の容器や段ボール等の包装の再利用を進めることを目的として制定された法律。　家電リサイクル法(特定家庭用機器再商品化法)…一般家庭や事業所などから排出された家電製品(エアコン，テレビ，冷蔵庫，洗濯機)から，再利用できる部分や材料をリサイクルし，廃棄物を減量するとともに，資源の有効活用を推進するための法律で，1998年制定，2001年4月施行。2004年4月より冷蔵庫が対象となる。　(2)　エコマーク…私たちの身のまわりにある商品の中で，「生産」から「廃棄」にわたるライフサイクル全体を通して環境への負荷が少なく，環境保全に役立つと認められた商品につけられている。エコマークは，「私たちの手で地球を，環境を守ろう」という願いを込めて，「環境(Environment)」および「地球」(Earth)の頭文字「e」を表した人間の手が，地球をやさしくつつみ込んでいるすがたをデザインしたものである。このマークは，(財)日本環境協会が1988年に一般公募したデザインの中から，環境庁長官賞として選ばれた作品をもとに制定された。エコマークを使用・表示するには，各商品類型(商品カテゴリー)ごとに定められた認定基準を満たすことが要件となる。具体的には，商品が対象となっている認定基準に照らし合わせて商品認定審査の申込を行い，エコマーク審査委員会での認定を受け，商品ごとに(財)日本環境協会との間でエコマーク使用契約を締結することが必要である。　(3)　古紙利用製品の使用拡大を通じて古紙の回収・利用の促進を図るため，古紙を原料に利用した製品であることを容易に識別できる目印として財団法人古紙再生促進センターが1981年(昭和56年)5月に制定したマークある。グリーンマークを表示することができる製品の要件は，古紙を原則として40%以上原料に利用した製品であることであるが，トイレットペーパーとちり紙は，古紙を原則として100%原料に利用したもの，コピー用紙と新聞用紙は，古紙を原則として50%以上原料に利用したものである。

【6】(1) バサロキック　(2) ラテラルパス　(3) 5秒以内
(4) ドロップゴール　(5) リベロ　(6) ペンホルダーグリップ
(7) ウィンドミルショット　(8) 体落とし

〈解説〉(1) スタート，ターンの後で，キックは何回行ってもよいが，壁から15m 以内に頭を浮上させなければならない。 (3) 制限時間のバイオレーション：・3秒ルール…相手側の制限区域内に3秒以上入れない。 ・8秒ルール…バックコートでボールを保持したチームは8秒以内にフロントコートにボールを進めなければならない。 ・5秒ルール…ボールを保持したプレーヤーは，5秒以内にパス，ショット，ドリブル，転がすなどのいずれかを行わなければならない。スローインは審判にボールを渡されてから5秒以内におこなう。 ・24秒ルール…コート内でボールを保持したチームは24秒以内にショットしなければならない。 (4) 得点：トライ…5点，トライ後のゴール…2点，ペナルティキックのゴール(ペナルティゴール)…3点，ドロップキックのゴール(ドロップゴール)…3点 (5) プレイ上の制限：リベロ・プレーヤーは守備専門のバック・プレーヤーなので，普通のバック・プレーヤーと同様「フロント・ゾーンでの返球の高さ制限」「ブロックへの参加禁止」のほか，次のようなプレー上の制限がある。 ①コート内，フリー・ゾーンのどこからも，ネットの上端より高いところにあるボールは返球できない。 ②リベロ・プレーヤーがフロント・ゾーン内またはその延長で，オーバー・ハンド・パスで上げたボールを，他のプレーヤーがネットの上端より高いところから攻撃(返球)するのは反則(想像延長線を含むアタック・ライン後方からのパスなら反則でない)。

③サービスはできない。　(7)　スリングショット投法…腕を後方に大きく振り上げての投球。　エイトフィギュア投法…空間で8の字を描くように回してから投げる投球法。　ライズボール…ボールをしたからすくうように上向きの回転をかけた投げ方。

2006年度　実施問題

【中学校】

【1】次の文は，新体力テスト実施要項(文部科学省)の各テスト項目の一部である。(　①　)～(　⑩　)に適することばや数字を答えよ。

(1)　握力計を握る際，人差し指の(　①　)が，ほぼ直角になるように握りの幅を調節する。

(2)　上体起こしでは，マット上で(　②　)をとり，両手を軽く握り，両腕を胸の前で組む。

(3)　長座体前屈では，初期姿勢から最大前屈時の箱の(　③　)をスケールから読み取る。

(4)　反復横とびは，中央ラインをまたいで立ち，「始め」の合図で(　④　)のラインを越すか，または，踏むまでサイドステップし(ジャンプしてはいけない)，次に中央ラインにもどり，さらに(　⑤　)のラインを越すかまたは触れるまでサイドステップする。

(5)　20mシャトルランのテスト終了後は，ゆっくりとした運動等による(　⑥　)をする。

(6)　50m走では，スタートの合図からゴールライン上に(　⑦　)が到達するまでに要した時間を計測する。

(7)　立ち幅とびの踏み切りの際には，(　⑧　)にならないようにする。

(8)　ハンドボール投げでは，ハンドボール(　⑨　)号を使用する。投げ終わったときは，(　⑩　)してから，円外にでる。

(☆☆☆◎◎◎)

【2】新体力テスト実施上の一般的注意を4つ記せ。

(☆☆☆◎◎◎)

【3】中学校学習指導要領解説―保健体育編―の内容について，次の(1)～(5)に答えよ。

(1)　体ほぐし運動のねらい3つをすべて記せ。

(2)　マット運動の技として例示されているもののうち回転系と巧技系の技をそれぞれ2つずつ記せ。

(3)　陸上競技の走り高跳びで示されている空間動作を2種類記せ。

(4)　球技のサッカーの個人技能として例示されているものを4つ記せ。

(5)　武道の柔道の基本動作で例示されているものを3つ記せ。

(☆☆☆◎◎◎)

【4】次の文は，中学校学習指導要領「保健体育」の「保健分野　3　内容の取扱い」の一部である。(　①　)～(　⑩　)に適することばを下のa～xから選び，記号で記せ。

(1)　内容の(1)のアについては，身体機能の発達の順序性及び(　①　)，循環器を中心に取り扱うものとする。

(2)　内容の(1)のイについては，妊娠や(　②　)が可能となるような成熟が始まるという観点から，受精・妊娠までを取り扱うものとし，妊娠の経過は取り扱わないものとする。

(3)　内容の(2)については，(　③　)の実態に即して公害と健康との関係を取り扱うことも配慮するものとする。また，(　④　)については，取り扱わないものとする。

(4)　内容の(3)のイについては，(　⑤　)(　⑥　)(　⑦　)など傷害時の応急手当を取り扱い，実習を行うものとする。また，効果的な指導を行うため，(　⑧　)など体育分野の内容との関連を図るものとする。

(5)　内容の(4)のウについては，心身への(　⑨　)影響及び依存症について取り扱うこと。また，薬物は，覚せい剤や大麻等を取り扱うものとする。

(6)　保健分野の指導に際しては，積極的に実験や実習を取り入れたり，(　⑩　)を行うなど指導方法の工夫を行うものとする。

a　生態系	b　体操	c　訴訟	d　一時
e　ロールプレイ	f　出産	g　包帯法	h　深刻な

i 呼吸器	j 生殖	k 人工呼吸法	l 水泳
m 急性	n 射精	o 心肺蘇生法	p 生徒
q 内臓	r 体験学習	s 心臓マッサージ	t 地域
u 課題学習	v 止血法	w 体つくり運動	x 慢性

(☆☆☆◎◎◎)

【5】運動部活動の意義を4つ記せ。

(☆☆☆◎◎◎)

【6】体育分野の学習において，運動に親しむ生徒の資質や能力を伸ばすために練習内容やゲーム方法，または，ルールなどを工夫して取り扱うことが多い。

球技の中で，ゲーム方法やルールを工夫した実践例を2つ(2種目)あげ，それぞれについて，その工夫によって期待する効果も合わせて説明せよ。

(☆☆☆◎◎◎)

【高等学校】

【1】エネルギーの産生について，次の文を読んであとの設問に答えよ。

運動に使うエネルギー産生のしかたによって，運動は(　1　)運動と(　2　)運動に分けることができる。短距離走のように運動強度の①(a　大きな，b　小さな)運動では，酸素を必要としないでエネルギーを供給できるので(　1　)運動という。これに対して，(　3　)や(　4　)のように，運動強度が②(a　大きく，b　小さく)，単位時間あたりのエネルギーが③(a　多く必要な，b　少なくてすむ)運動では，酸素を使ってエネルギーを供給する。このような過程でエネルギーが供給されている運動を(　2　)運動という。(　2　)運動は，(　5　)・(　6　)系の体の働きを高め，酸素供給能力も高める効果を持っている。

〈語群〉

(ア) 呼吸器　(イ) 有酸素　(ウ) 泌尿器

(エ)　骨格　　(オ)　消化器　　(カ)　ウォーキング
(キ)　持久力　　(ク)　筋肉　　(ケ)　無酸素
(コ)　循環器　　(サ)　ジョギング　　(シ)　100m走
(ス)　瞬発力

(1)　文中の(1)～(6)に語群より適語を選び，記号で答えよ。
(2)　①～③の(　　　　)から適語を選び，記号で答えよ。
(3)　＿＿＿＿と同じ効果を持つ運動の代表例を2つ記せ。

(☆☆☆◎◎◎)

【2】トレーニングの5原則をあげ，説明せよ。

(☆☆☆◎◎◎)

【3】RICE療法は，ほとんどのスポーツ外傷に適応できる，現場における応急処置である。R，I，C，Eは4つの単語のそれぞれの頭文字である。それぞれの単語について，簡単に説明せよ。

(☆☆☆◎◎◎)

【4】熱中症は症状によって，4つに分類される。その4つを記せ。また，熱中症予防の注意事項を5つ記せ。

(☆☆☆◎◎◎)

【5】マット運動の「開脚後転」で補助具を使って下り坂をつくった練習では，どんな効果が期待できるか2つ記せ。

(☆☆☆◎◎◎)

【6】次の語句を説明せよ。

(1)　ピグマリオン効果
(2)　PTSD
(3)　ブレインストーミング

(☆☆☆◎◎◎)

解答・解説

【中学校】

【1】① 第2関節 ② 仰臥姿勢 ③ 移動距離 ④ 右側
⑤ 左側 ⑥ クーリングダウン ⑦ 胴 ⑧ 二重踏み切り
⑨ 2 ⑩ 静止

〈解説〉http://www.mcxt-go.jp/a-menu/sports/stamlna/05030101/002.pdf

新体力テスト…①握力（筋力）
②上体起こし（筋力・筋持久力）
③長座体前屈（柔軟性）
④反復横跳び（敏捷性）
⑤1500m走（男子）・1000m走（女子）
及び20mシャトルランテストから選択（全身持久性）
⑥50m走（スピード・走能力）
⑦ハンドボール投げ（巧緻性・筋パワー・投能力）
⑧立ち幅跳び（跳能力・筋パワー・瞬発力）

【2】①被測定者の健康状態を十分把握し，事故防止に万全の注意を払う。なお，医師から運動の禁止または制限をされている者はもちろん，当日身体の異常を訴える者には行わない。②テストは定められた方法のとおり正確に行う。③テスト前後には，適切な準備運動及び整理運動を行う。④テスト場の整備，器材の点検を行う。⑤テストの順序は定められてはいないが，持久走，20mシャトルランは最後に実施する。⑥計器は正確なものを使用し，その使用を誤らないようにする。すべての計器は使用前に検定することが望ましい。

〈解説〉http://www.mext-go.jp/a.menu/sports/stamina/05030101/002.pdf

体力の測定の結果の活用…①自己の能力・適性に即した運動種目を選択する基礎資料として活用する。②自分の体力や運動能力の現状を知り，劣っている体力要因や運動種目に応じた補強運動の実施計画に活用する。③自分が実践してきた運動の効果を確かめ，体力をバランスよく向上させるために活用する。

【3】(1)　体への気付き・体の調整・仲間との交流

(2)　回転系(前(後)転・開脚前(後)転・伸膝前(後)転・跳び前転・後転倒立・側転前方倒立・回転側方倒立回転・首はねおき・頭はねおき・回転倒立回転とびとその変化技など)巧技系(片足水平立ち・Y字バランス・倒立頭倒立・片足旋回

(3)　ベリーロール・はさみ跳び・背面跳び⇒背面跳びについては個々の生徒の技能や体育施設・器具等の安全性の条件が十分に整い安全を考慮した段階的な学び方を身につけている場合のみ。

(4)　ヘディング，トラッピング，キック，ドリブル，シュート，スローイング・ゴールキーピング

(5)　受け身・崩しと体さばき・進退動作一姿勢と組み方

〈解説〉(1)　学習指導要領P2

体つくり運動は，自己の体力や生活に応じて，体の調子を整えるなどの体ほぐしを行うことや体力の向上を図ることを直接のねらいとした領域である。高等学校の段階は，心身の発達が最も充実する時期である。またそれと同時に，個性的な生き方を確立していこうとする時期でもある。したがって，この段階では，全面的な体つくりを配慮しながら，個に応じた体つくりを行うとともに，それぞれの生活の中で計画的に実践していくことができる資質や能力を育成することが大切である。

なお，体つくり運動の学習を効果的にすすめるためには，体育理論の「体ほぐしの意義と体力の高め方」の学習と関連付けながら行うことが大切である。①体への気付き… 運動を通して，自分や仲間の体や心の状態に気付くこと。②体の調整…運動を通して，日常生活での身のこなしや体の調子を整えるとともに，精神的なストレスの解消に役立てる。③仲間との交流…運動を通して，仲間と豊かにかかわることの楽しさを体験し，仲間のよさを互いに認め合う。

(2)　学習指導要領P29

マット運動の内容

①回転系

〈接転技群〉

前転グループ：前転　開脚前転　伸膝前転　跳び前転など

後転グループ：後転開脚後転　伸膝後転　後転倒立など

側転グループ：側転など

〈ほん転技群〉

倒立回転グループ　　　：前方倒立回転　側方倒立回転など

倒立回転跳びグループ：前方倒立回転跳び
側方倒立回転跳び1/4ひねり(ロンダード)
など

はねおきグループ　　　：頭はねおき　首はねおきなど

②巧技系

〈平均立ち技群〉

片足平均立ちグループ：片足直立立ち　片足水平立ちなど

倒立グループ　　　　　：首倒立　頭倒立　手倒立など

〈支持技群>

腕立て支持グループ　：脚前挙支持　片足旋回など

(3)　学習指導要領P38

走り高跳びは，助走のスピードを利用し，より高く跳ぶことがねらいである。したがって，踏切と，バーを越す動作に重点を置いた学習が大切である。踏切については，助走のスピードと関連して扱うとともに，助走の角度の取り方や踏切の位置についても，適切に身に付けていくことができるようにする必要がある。空間動作は，「はさみ跳び」，「ベリーロール」などがあり，生徒が個性に合った跳び方を身に付けることができるようにする。「ベリーロール」では着地の場の安全を確保する必要がある。「背面跳び」については，合理的な跳び方として選手の間に広く普及しているが，すべての生徒を対象とした学習では，中学生の技能レベルや体育施設・器具等の面から危険な場合があるので，個々の生徒の技能や体育施設・器具等の安全性などの条件が十分に整っており，さらに安全を考慮した段階的な学び方を身に付けている場合に限る。

(4)　学習指導要領P48

サッカーでは，相手との攻防の中で手を用いないでボールを運び，ゴールにシュートして得点することを競うゴール型のゲームの特性を理解し，既習の集団的技能や個人的技能を活用して，学習段階に応じた作戦を立て，ゲームができるようにする。集団的技能としては，速攻，遅攻，マンツーマンディフェンス，ゾーンディフェンス，チームのシステム，ゴールキーパーとの連携等での自己の役割を理解し，ゲームで生かせるようにする。

個人的技能としては，パス，トラッピング，ドリブル，ヘディング，タックル，シュート，スローイング，フェイント，ゴールキーピングなどを身に付けるようにする。

(5)　学習指導要領P56

柔道では，素手で相手と直接組み合って技を競い合うという格闘形式の運動の特性を理解し，中学校での経験を考慮して基本動作や対人的技能を身に付け，得意技を生かした練習や試合ができるようにする。基本動作は，対人的技能との関連で取り扱うようにする。投げ技，固め技，技の連絡変化などについては，自己の能力に応じた技を選び，相手の動きに対応した攻防ができるようにする。

基本動作

○投げ技の基本動作

・姿勢と組み方
・進退動作
・崩しと体さばき
・受け身…前受け身，横受け身，うしろ受け身，
　前回り受け身

○固め技の基本動作

・攻撃に必要な基本動作

・防御に必要な基本動作
・簡単な入り方と返し方

【4】① i ② f ③ t ④ a ⑤ g ⑥ v ⑦ k ⑧ l ⑨ m ⑩ u
〈解説〉学習指導要領P103～104

【5】1，豊かな人間性の育成　2，運動の楽しさや喜び，生きがいを味わうこと。　3，明るく充実した豊かな学校生活を経験すること。　4，より高い水準に技能や技術，知識を向上させる中で，生涯に渡ってスポーツに親しむための体力や健康を保持増進していく能力の育成。
〈解説〉運動部活動の意義が十分に発揮されるよう，生徒の個性の尊重と柔軟な運営に留意する。

【6】実践例1：バレーボールのネットを低くする。期待する効果:スパイクが入りやすくなり攻撃がしやすくなる。
実践例1：テニスのポイントのルールを4本先取りにする。期待する効果：カウントの仕方が分かりやすい。
バスケットボール・サッカー・ハンドボール：集団的技能や個人的技能に応じて，チームの人数・ゲームの時間・コートの広さ・ルールの扱い等について工夫。
バレーボール：集団的技能や個人的技能に応じて，チームの人数・ネットの高さ・ルールの扱い等について工夫。
卓球：個人的技能の程度に応じて，ルールの扱い等について工夫。
バドミントン・テニス：個人的技能の程度に応じて，コートの広さ・ルールの扱い等について工夫。

【高等学校】

【1】(1) 1 (ケ)　2 (イ)　3 (カ)　4 (サ)　5 (ア)　6 (コ)　(2) ① a　② b　③ b　(3) サイクリング，水泳

〈解説〉

無酸素運動：無呼吸で行う瞬発的な運動。

有酸素運動：運動の強さは，自分の能力の5割程度，つまり，軽く汗ばむ程度がよいとされている。脈拍が1分間に110～120を越えない程度が目安。

有酸素運動の効果：有酸素運動により心肺の機能が強化され，末梢の血液循環は改善され代謝もよくなる。また，持久力がつき，ストレスも解消される。

【2】

全面性の原則…心身の機能が全面的な調和のもとに高く保たれる(心技体)

意識性の原則…トレーニングの目的や意識をよく理解して意識的に行なうこと

漸進性の原則…個人の到達レベルに応じて徐々に運動内容を高める

反復性の原則…規則的に長期間継続する

個別性の原則…個人差を考慮して各人の技能に応じた運動を行なう

【3】Rest：安静にする，　Ice：冷やす，　Compression：圧迫する，Elevation：患部を心臓より高くする

〈解説〉ABCの原則…気道確保，人工呼吸，心臓マッサージ，気道確保…①舌の落ち込みの防止（あご挙上法)，②口腔内の異物除去，③気管（咽頭）の異物除去

【4】分類：1，熱失神　　2，熱疲労　　3，熱射病　　4，熱痙攣

予防の注意事項：　1，水分補給(自由飲水と強制飲水の併用)　2，暑熱馴化(徐々に暑さに慣らす)　　3，個人の条件の考慮(体調・体型)　　4，服装　　5，具合が悪くなったら早めに運動を中止する。

自由飲水：個人が好きなときにいつでも自由に飲水できるようにする。

強制飲水：適時に強制的に生徒に飲水させる。

〈解説〉熱中症：熱中症とは，体の中と外の"あつさ"によって引き起こされる，様々な体の不調であり，専門的には，「暑熱環境下にさらされる，あるいは運動などによって体の中でたくさんの熱を作るような条件下にあった者が発症し，体温を維持するための生理的な反応より生じた失調状態から，全身の臓器の機能不全に至るまでの，連続的な病態」とされている。熱けいれん：(軽度)大量の汗をかき，水だけを補給して血液の塩分濃度が低下したときに，足，腕，腹部の筋肉に痛みを伴ったけいれんが起こる。熱失神：(軽症)皮膚血管の拡張によって血圧が低下，脳血流が減少して起こるもので，めまい，失神などがみられる。顔面蒼白となり，脈は速くて弱くなる。熱疲労：(中等度)脱水による症状で，脱力感，倦怠感，めまい，頭痛，吐き気などがみられる。熱射病：(重症)体温の上昇のため，中枢機能に異常をきたした状態で，意識障害(応答が鈍い，言動がおかしい，意識がない)が起こり，死亡率が高い。

熱中症対策のこころえ

予防1　運動前の確認事項

・スケジュール…試合や合宿が真夏に計画されていないか？
・天気予報…天気は？　気温は？　湿度は？　風は？
・当日の気象条件…練習や競技を中止する必要はないか？
・最近急に暑くなっていないか？　初夏や合宿初日は危ない。

予防2　運動直前の確認事項

・服装…通気性と吸湿性の良い素材で軽装に。帽子の着用。
・防具の装着が必要なスポーツならいっそう注意。
・体調の確認…かぜ・疲労・食欲不振・下痢などでは警戒。
・体力の確認…無理な練習を計画していないか？

予防3　運動中の確認事項

・水分補給…運動の前・中・後いずれにも必ず水分補給を。
・練習のあいまに休憩を入れる。
・自己申告…無理して頑張っても決して得るものはない。
・早期発見…顔色・目つき・話し方・姿勢・判断力の変化。

・無用な精神論や根性論で縛らない(仲間も自分自身も)。

【5】① 回転の勢いがつく。 ② 重心が後方へ移動しやすい。

【6】(1) 期待することによって相手もその期待に応えるようになる現象。 (2) 心的外傷後ストレス障害(Post-traumatic Stress Disorder)のことで，強い感情を伴う経験をした後に後遺症として残るトラウマ。
(3) 小人数のグループで参加者全員の創意工夫によって課題の解決を図る実務型ミーティング。全員で協調して問題解決にあたる方法。

〈解説〉(1) アメリカのローゼンタール(Rosenthal，R.)らが，小学生に普通の知能テストをさせ，その結果を担任の教師にこのように報告した。「このテストは将来の学力の伸びが確実に予測できるものです。まだ研究中なので結果を教えることはできませんが，先生にだけ，将来伸びる子の名前を教えましょう。」しかし，そこで教えられた数人の生徒は知能テストの成績に関係なく，ランダムに選ばれた子だった。それから1年ほどしたあとで，再び知能テストをしたところ，名前をあげられた子は，そうでない子に比べて明らかに成績が上がっていた。このように，期待することによって，相手もその期待にこたえるようになる，という現象をピグマリオン効果とよんでいる。このような効果が起こる理由として，ローゼンタールは，人は常に相手の期待に対し最も敏感に反応するから，と説明している。
(2) PTSD：戦争，学校・家庭内の暴力，性的虐待，産業事故，自然災害，犯罪，交通事故など，その人自身や身近な人の生命と身体に脅威となるような出来事に対して恐怖，無力感，戦標など強い感情的反応を伴う体験をした後長い年月が経っても，このようなストレスに対応するような特徴的な症状が見られる。例として，患者はその外傷的体験を反復的に再体験(フラッシュバック)したり，外傷的体験が再演される悪夢を見たり，実際にその出来事を今現在体験しているかのように行動したりする。あるいはそのような出来事を思い出させる活動，状況や人物を避けたり，その結果として孤立化したり，感情麻痺や集中困難，不眠に悩まされたり，いつも過剰な警戒状態を続けていたりする。比較的軽症のものから，極めて重症のものまで患者によって大きな幅がある。

(3) ブレインストーミングは，少人数のグループで，全員が自由に意見やアイデアを出し合うことで，案をまとめたり，新しい発想を生み出す手法。ブレインストーミングによってテーマを主体的に把握することかでき，キーワードを使って考えをまとめる，他のメンバーの考えを尊重する，皆で協力して作業する，思いもかけなかった新しい発想を見い出す柔軟さが身につく，などのスキルが得られる。また，多様な考え方があることを知るとともに仲間が何を考えているかを理解でき，このことは，グループが結成されたばかりの場合には，メンバー相互が打ち解けるアイスブレイキングも兼ねることになる。

●書籍内容の訂正等について

弊社では教員採用試験対策シリーズ（参考書，過去問，全国まるごと過去問題集），公務員試験対策シリーズ，公立幼稚園・保育士試験対策シリーズ，会社別就職試験対策シリーズについて，正誤表をホームページ（https://www.kyodo-s.jp）に掲載いたします。内容に訂正等，疑問点がございましたら，まずホームページをご確認ください。もし，正誤表に掲載されていない訂正等，疑問点がございましたら，下記項目をご記入の上，以下の送付先までお送りいただくようお願いいたします。

① **書籍名，都道府県（学校）名，年度**
（例：教員採用試験過去問シリーズ　小学校教諭 過去問　2025年度版）
② **ページ数**（書籍に記載されているページ数をご記入ください。）
③ **訂正等，疑問点**（内容は具体的にご記入ください。）
（例:問題文では“ア～オの中から選べ”とあるが，選択肢はエまでしかない）

〔ご注意〕
○ 電話での質問や相談等につきましては，受付けておりません。ご注意ください。
○ 正誤表の更新は適宜行います。
○ いただいた疑問点につきましては，当社編集制作部で検討の上，正誤表への反映を決定させていただきます（個別回答は，原則行いませんのであしからずご了承ください）。

●情報提供のお願い

協同教育研究会では，これから教員採用試験を受験される方々に，より正確な問題を，より多くご提供できるよう情報の収集を行っております。つきましては，教員採用試験に関する次の項目の情報を，以下の送付先までお送りいただけますと幸いでございます。お送りいただきました方には謝礼を差し上げます。
（情報量があまりに少ない場合は，謝礼をご用意できかねる場合があります）。
◆あなたの受験された面接試験，論作文試験の実施方法や質問内容
◆教員採用試験の受験体験記

送付先	○電子メール：edit@kyodo-s.jp ○FAX：03-3233-1233（協同出版株式会社　編集制作部 行） ○郵送：〒101-0054　東京都千代田区神田錦町2-5 協同出版株式会社　編集制作部 行 ○HP:https://kyodo-s.jp/provision（右記のQRコードからもアクセスできます）	

※謝礼をお送りする関係から，いずれの方法でお送りいただく際にも，「お名前」「ご住所」は，必ず明記いただきますよう，よろしくお願い申し上げます。

教員採用試験「過去問」シリーズ

山梨県の
保健体育科 過去問

編　集	© 協同教育研究会
発　行	令和6年1月10日
発行者	小貫　輝雄
発行所	協同出版株式会社
	〒101-0054　東京都千代田区神田錦町2 - 5
	電話　03－3295－1341
	振替　東京00190－4－94061
印刷所	協同出版・POD工場

落丁・乱丁はお取り替えいたします。